Martin Doerry
# LILLIS TOCHTER

MARTIN DOERRY

# Lillis Tochter

Das Leben meiner Mutter
im Schatten der Vergangenheit –
eine deutsch-jüdische Familiengeschichte

Deutsche Verlags-Anstalt

Die Abbildungen im Bildteil stammen aus Privatbesitz mit Ausnahme der folgenden Fotos: Bildteil Seite 13 oben: © J.H. Darchinger/ Friedrich-Ebert-Stiftung; Seite 15 oben: © Barbara Klemm; Seite 16: © Frank Siemers.

MIX
Papier | Fördert gute Waldnutzung
FSC® C014496

Penguin Random House Verlagsgruppe FSC® N001967

2. Auflage

in der Penguin Random House Verlagsgruppe GmbH,
Neumarkter Straße 28, 81673 München
Bildbearbeitung: Helio Repro GmbH, München
Umschlaggestaltung: Favoritbuero, München
Umschlagabbildung: © privat
Satz: GGP Media GmbH, Pößneck
Druck und Bindung: GGP Media GmbH, Pößneck
Printed in Germany
ISBN 978-3-421-04894-3

www.dva.de

»Der Mensch ist so viel mehr,
als irgendwer je erzählen könnte.«

Richard Ford

*Für meine Töchter*
*Katja, Susanne und Charlotte*

# Inhalt

# Einleitung

Bilder meiner Mutter beherrschen meine frühen Erinnerungen. Bilder von ihren eleganten Kleidern, ihren dunklen, fast schwarzen Haaren, ihrem Gesicht, das mich liebevoll anschaut. Sie und ich lebten in einer Symbiose, nicht ohne Spannungen, aber doch innig miteinander verbunden, wochenlang ganz auf uns allein gestellt, damals in meinen ersten Jahren, als mein Vater nur selten zu Hause war – sie, diese für mich einzigartige, alles bestimmende Person, und ich, ihr kleiner Sohn, ihr erstes Kind.

Aber sind diese Bilder wirklich reale Erinnerungen? Oder sind es die alten Fotografien, die sich in meinem Gedächtnis festgesetzt haben? Ich weiß es nicht. Womöglich mischen sich beide Quellen vor meinem inneren Auge.

Ein besonders schönes Foto meiner Mutter Ilse wurde am ersten Weihnachtstag des Jahres 1961 in der Wohnung ihrer Schwiegereltern in Uelzen gemacht. Ein Familienfoto, aufgenommen wahrscheinlich von meinem Vater. Meine Mutter ist damals 32 Jahre alt, sie sitzt am rechten Bildrand und schaut lächelnd auf ihre Tochter, meine Schwester Beate. Hinter ihr meine Großmutter Wilma, links mein Großvater Albrecht, und in der Mitte sitze ich, sechs Jahre alt, ernst und stolz zu meiner Mutter aufblickend.

Das Bild evoziert weitere Erinnerungen. Den Klang der Stimme meiner Mutter habe ich sofort im Ohr. Auch ihre Bewegungen sind mir noch vertraut. Dann tauchen all die Geräusche und Szenen wieder auf, die mich bei diesen Familienfesten in dem kleinen Wohnzimmer umgaben: das Durcheinander der Stimmen meiner Großeltern, meiner Tanten, meiner Cousins und Cousinen, die aufsteigende Wärme des schweren Kohleofens, der immer dichter werdende Zigarettenqualm, der Geruch von Schweinebraten und Kaffee, die Klänge der preußischen Märsche, die mein Großvater auf dem Klavier spielte.

Dann höre ich auch das Weinen meiner Großmutter, nach einer der üblichen Boshaftigkeiten ihres Mannes. Ihr Lachen kurze Zeit später, nachdem sie von meinen Tanten getröstet wurde. Und in all dem Trubel mittendrin meine Mutter, still und beobachtend: Sie zählte damals, 1961, schon seit acht Jahren zur Familie, doch im Grunde gehörte sie nicht dazu, war eher ein Trabant, eine Randfigur.

Warum das so war, verstand ich noch nicht. Ich wusste nichts von dem Schweigepakt zwischen ihr, der »Halbjüdin«, und meinem Großvater, dem Antisemiten und überzeugten Nationalsozialisten. Ich spürte nur, dass sie das alles mit stoischem Gleichmut ertrug. Nie machte sie einen Hehl daraus, dass sie diese Besuche bei den Eltern meines Vaters als familiäre Pflicht begriff.

Das Foto entstand zu einer Zeit, als sich die Symbiose zwischen meiner Mutter und mir schon aufzulösen begann. Meine Schwester war etwas mehr als ein Jahr zuvor geboren worden und forderte ihre ganze Aufmerksamkeit, mein Vater hatte eine feste Anstellung als Richter in Lüneburg und kam jetzt täglich abends nach Hause. Sie empfand diese neue Familienkonstellation als ebenso beglückend wie anstrengend. Wann immer es ging, zog sie sich aus der Enge der kleinen Familie zurück. Wenn sie sich an ihren Schreibtisch setzte und las oder schrieb, durfte niemand sie stören. Später verließ sie immer wieder das Haus, ging auf Reisen, allein oder mit Freundinnen.

Erst als wir erwachsen waren, konnte sie mit dem Bedürfnis ihrer Kinder nach Nähe besser umgehen. Mir schrieb sie nun viele Briefe und Karten, wir sprachen und telefonierten regelmäßig miteinander, vor allem, nachdem ich 2002 das Buch *»Mein verwundetes Herz«. Das Leben der Lilli Jahn 1900–1944* veröffentlicht hatte. Sie betrachtete die Biografie meiner jüdischen Großmutter, ihrer Mutter, die 1944 in Auschwitz umgebracht worden war, als Auftrag, als Anfang einer ganz eigenen Mission, die uns beide verband. Lillis Geschichte war nun endlich erzählt und sollte weitererzählt werden. Meine Mutter und ich reisten zu Lesungen durch die ganze Republik, wir fuhren zu den Buchmessen in Frankfurt, London und Jerusalem, wir gaben Interviews im Radio und im Fernsehen.

Für meine Mutter war dieser Schritt in die Öffentlichkeit eine Zäsur. Bis dahin hatte sie das Schicksal von Lilli und damit auch ihre eigene Geschichte beschwiegen, nicht einmal ihren Kindern hatte sie anvertraut, was genau damals im Krieg mit ihrer Familie geschehen war. Ihre Mutter sei in Auschwitz getötet worden, weil sich ihr Vater von seiner Frau getrennt habe – so viel immerhin sagte sie, wenn sie nach dem Schicksal ihrer Mutter gefragt wurde. Aber kein Wort mehr. Über Jahrzehnte fügte sie sich dem, was der Historiker Fritz Stern als das »feine Schweigen« bezeichnete, ein Schweigen, das die deutsche Nachkriegsgesellschaft zur Norm gemacht hatte, um die Täter in ihren Reihen zu schützen. Ein Schweigen, das auch vielen Opfern und ihren Nachfahren zunächst gelegen kam, die von ihren Erinnerungen verfolgt wurden.

Meine Mutter sah in der Biografie *»Mein verwundetes Herz«* ein Denkmal für ihre Mutter, viele Menschen lasen darin auch eine Würdigung der jungen Ilse, der ältesten Tochter Lillis, die in den letzten Kriegsjahren zur Ersatzmutter für ihre drei Schwestern geworden war und diese Rolle mit bewundernswerter Selbstverständlichkeit ausgefüllt hatte. Nicht wenige Leserinnen und Leser schrieben mir nach der Lektüre des Buches: Was ist denn nach Lillis Tod aus Ille geworden, was aus ihren Schwestern Hannele, Evchen und der kleinen Dorle? Und je häufiger mir diese Frage gestellt wurde, desto mehr beschäftigte sie mich selbst.

Dieses Buch ist der Versuch einer Antwort. Ein »Versuch« schon deswegen, weil es für jeden Autor schwierig sein dürfte, die eigene Mutter zu beschreiben. Es fehlt die Distanz, die ein ausgewogenes Urteil erst möglich macht. Man habe zur eigenen Mutter nicht das, was man sonst als »Beziehung« bezeichne, schrieb der amerikanische Schriftsteller Richard Ford in einem Porträt seiner Eltern. »Die Liebe beschirmt alles« – die Verbindung von Mutter und Kind sei für beide Seiten etwas absolut Selbstverständliches, nicht Definierbares.

Diese Distanzlosigkeit ist kaum aufzuheben, man kann ihr nur mit bewusster Subjektivität begegnen. Manche Erinnerung schmerzt dabei, manches ist beglückend und schön. Ich schreibe hier über das, was ich in meiner Mutter sehe, gesehen habe. Ich schreibe über meine Mutter als Tochter ihrer Mutter – und ein wenig auch über sie als Frau ihres Mannes, meines Vaters. Vieles andere, was sie außerdem war, was sie darüber hinaus ausmachte und auszeichnete, bleibt im Hintergrund.

Die Geschichte meiner Mutter steht für das Schicksal Tausender Menschen, die ihre Mutter oder ihren Vater im Holocaust verloren haben, die die Jahre der Verfolgung überstanden und danach mit diesen Verletzungen weiterleben mussten.

Von sich aus sprach meine Mutter nicht darüber. Wenn sie danach gefragt worden wäre, so sagte sie mir später, hätte sie auch geantwortet. Das aber war nicht der Fall.

Nun hat die Zeit des »feinen Schweigens« ein Ende.

# Kindheit und Jugend im Nationalsozialismus

## *»Herrlich, dass es ein Mädchen geworden ist«* Ilse kommt zur Welt

In den ersten Wochen des Jahres 1929 gelangte klirrend kalte Festlandsluft am Südrand einer skandinavischen Hochdruckzone nach Mitteleuropa. Eine dichte Schneedecke bedeckte bald weite Teile Deutschlands. Der Winter 1928/29 zählte zu den kältesten des 20. Jahrhunderts.

Besonders hart war die Lage für die Menschen in »Hessisch-Sibirien«, wie man die Region um Immenhausen nördlich von Kassel nannte. Bis in den März hinein herrschten immer wieder Temperaturen von bis zu minus 30 Grad. Die Wände des neuen Hauses in der Immenhäuser Gartenstraße, das das Arztehepaar Ernst und Lilli Jahn kurz vor Weihnachten 1928 bezogen hatte, waren noch feucht, die Kohleöfen brannten rund um die Uhr, aber die meisten Zimmer blieben kalt.

In dieser unwirtlichen Umgebung wurde am 15. Januar 1929 Lillis zweites Kind geboren, mehrere Tage nach dem erwarteten Termin. Ernst und eine Hebamme halfen bei der Geburt des Mädchens. Man hüllte das Baby sofort in mehrere Decken, die nächsten Tage verbrachte es entweder bei Lilli oder in einem Korb neben dem Ofen in der Küche.

Das Mädchen bekam den damals verbreiteten Vornamen Ilse. Seine Eltern verbanden mit dieser Wahl eine Reverenz an

Lillis Großmutter Elise Schloß aus Halle. Ein paar Wochen später, als der Winter endlich vorbei war, wurde Ilse evangelisch getauft; Elises Sohn Josef Schloß, Kinderarzt in Halle, übernahm die Rolle des Patenonkels.

Lilli und Ernst hatten sich zwar 1926 von einem Rabbiner in Köln trauen lassen, aber dass ihre Kinder getauft werden sollten, stand von Anfang an fest. Ernsts christlicher Glaube war stärker als die Bindung Lillis an die jüdische Religion. Außerdem wollten die beiden ihre Kinder vor antisemitischen Vorurteilen schützen, die schon damals, in den späten zwanziger Jahren, immer deutlicher spürbar waren.

Seit drei Jahren wohnte das junge Paar nun in Immenhausen. Lange hatte sich Lilli gegen einen Umzug in das gerade einmal 2300 Einwohner zählende Städtchen gesträubt, zu sehr liebte sie das Großstadtleben im heimischen Köln. Doch Ernst hatte in Immenhausen nach langer Suche endlich eine frei werdende Arztpraxis gefunden und Lilli überredet, mit ihm in die hessische Provinz zu ziehen.

Lilli bestand im Gegenzug darauf, dass auch sie ihren Beruf als Ärztin ausüben dürfe, trotz erheblicher Vorbehalte Ernsts. Eine erfolgreiche berufstätige Partnerin widersprach eigentlich seinem religiös geprägten Idealbild der Frau und Mutter, verkörpert in den mittelalterlichen Madonnendarstellungen, die er schon bald im ganzen Haus aufhängte.

Wenige Wochen nach Ilses Geburt nahm Lilli ihre Arbeit wieder auf. Eine Kinderfrau versorgte das Baby sowie Lillis erstes Kind, den 1927 geborenen Gerhard. Die Praxisräume von Lilli und Ernst lagen im Erdgeschoss des neuen Hauses, gleich daneben Ernsts Arbeitszimmer mit einer umfangreichen Bibliothek. Im ersten Stock folgten die Wohn- und Schlafräume der Familie; die Dienstmädchen wohnten in einer Mansarde unter dem Dach.

Die besten Freunde lebten weit entfernt, in Mannheim vor allem Hanne und ihr Mann, der Journalist Leo Barth, Weggefährten von Ernst und Lilli seit Studienzeiten. Die beiden Paare pflegten einen intensiven Briefwechsel, in dem Ernst das von Lilli gewählte Pseudonym »Amadé« und Leo den Namen »Posa« führte – eine Spielerei, die noch aus den Anfängen ihrer Freundschaft stammte. Im Mittelpunkt der Briefe stand in diesen Jahren die heranwachsende Kinderschar in Mannheim und Immenhausen. Am 20. Februar 1929 schrieb Lilli an Posa und Hanne, die damals hochschwanger war:

*Ihr Lieben,*
*meine Gedanken sind in diesen Tagen so oft bei Euch mit so unendlich vielen guten herzlichen Wünschen für Hannele, dass ich mir ganz flink die Zeit stehlen muss, während ich einen Patienten unter der Höhensonne habe, um Euch recht liebe Grüße zu senden.*
*Nun muss ich Euch erst noch herzlich danken für Weihnachtsgrüße und für die guten und lieben Wünsche zur Geburt unserer kleinen Ilse. Gell, es ist doch herrlich, dass es ein Mädchen geworden ist, und ich bin so glücklich und dankbar dafür. Sie hat sich in diesen fünf Wochen nun schon zu einem ganz ansehnlichen Menschlein entwickelt und verspricht ein ebenso ruhiges Kindchen zu werden, wie es der Junge in den ersten sechs Monaten war. Sonst aber hat sie keine Ähnlichkeit mit Gerhard, nur die gleichen großen blauen Augen, aber im Übrigen viel hellere Haut und Haare und ein ganz anderes Gesichtchen. Ich bin neugierig, wem sie einmal ähnlich sein wird.*
*Mir selbst geht es wieder ganz gut, allerdings erst seit kurzer Zeit, denn ich bekam 14 Tage nach der Geburt*

*eine böse Brust, mit Fieber und Schmerzen, und Amadé hat's dann aufschneiden müssen. Das hatte mich ein bisschen arg mitgenommen, aber nun ist's vorbei, und ich schaffe wieder tüchtig und fühle mich sehr wohl. Heute verlässt mich auch meine Pflegerin, und am 15. Februar hatte ich sogar Mädchenwechsel, hoffe hier einen guten Tausch gemacht zu haben. Das sind nun alles so große und kleine Hausfrauensorgen!*

*Unser Bübchen macht uns sehr viel Freude, er ist solch ein temperamentvoller, lebhafter kleiner Kerl, versucht alles nachzumachen, ist oft sehr komisch, aber immer recht lieb. Von seinem Schwesterchen nimmt er nur insofern Notiz, dass er es nachmacht, wenn es weint, dass er es noch etwas derb und unbeholfen streichelt, wenn ich es auf dem Arm halte, dass er ihm Tiere und Bauklötze liebevoll in den Wagen legt und dass er diesen Wagen mit Begeisterung durch die Zimmer schiebt. Man muss schon recht auf ihn aufpassen.*

*Amadé hat ungeheuer viel Arbeit, es ist in den letzten 14 Tagen ganz toll, dass er es kaum schaffen kann und oft nicht die notwendige Ruhe und Zeit zu den Mahlzeiten hat. Und dazu immer die anstrengende Autofahrerei über verschneite und vereiste Landstraßen, es ist schon eine mächtige Anstrengung für ihn, und er tut mir oft furchtbar leid, wenn er so gar nicht zur Ruhe kommt und seine Kinderchen kaum zu sehen bekommt. Hoffentlich wird es bald besser.*

*Wie bekommt Euch denn dieser endlose und kalte Winter? Ich kann es kaum erwarten, dass die Welt mal wieder ein anderes Gesicht zeigt.*

*Meine innigsten Wünsche und Euren Kindern viel Liebes!*

*Eure Li*

Die letzten Wochen vor der Niederkunft hatte Lillis Freundin Hanne in einem Krankenhaus verbringen müssen. Als Hannes Tochter Ursula dann endlich zur Welt gekommen war, gratulierte Lilli am 14. März 1929:

*Wie freuen wir uns mit Euch, Ihr Lieben! Nun wünsche ich Dir, liebe Hanne, recht schnelle Genesung! Und das kleine Urselchen soll tüchtig trinken und zunehmen und viel schlafen und wenig schreien und sich so gut entwickeln wie unser Ilselein.*
*Meine beiden Kleinen machen uns viel Freude; heute haben wir Ilschen zum ersten Mal in die Sonne gefahren, und der Junge ist nebenher getippelt, stumm vor lauter Staunen über die Dinge um ihn her.*

Schon wenige Monate nach Ilses Geburt nannte Lilli ihre Tochter nur noch mit wechselnden Kosenamen. Aus Ilse wurde Ilslein, Ilschen oder Ilsemaus, Ille oder Illekind, so auch in einem Brief, den Lilli am 14. Mai 1929 an Ernst schickte, der gerade ein paar Tage bei den Schwiegereltern Josef und Paula Schlüchterer in Köln verbrachte:

*Hier geht alles seinen gewohnten Gang. Ilslein wiegt 13 Pfund, 100 Gramm, trinkt mit Appetit und ohne Störung nun seit 2 Tagen ihre 2/3 Milch, trägt Strampelhöschen und lacht und kräht vor Wonne.*

Lillis Briefe aus diesen Jahren dokumentieren die Entwicklung ihrer Kinder bis ins Detail. Bei aller Liebe neigte sie jedoch nicht zur Überbehütung. Sie hatte ein anderes, moderneres Verständnis der Mutterrolle, die vielen Aufgaben in der Praxis und daneben im Haushalt verlangten ihr eine

Menge ab. Neben ihrer Arbeit als Hausärztin musste sie ihren labilen, zu Grübeleien neigenden Mann unterstützen, sie organisierte den Einsatz der Hausmädchen, kümmerte sich um die Einkäufe, kochte. Und bald war sie auch wieder schwanger: 18 Monate nach Ilse, am 26. Juli 1930, kam Johanna zur Welt.

Einige Wochen zuvor hatte Ilse ihre ersten eigenen Schritte gemacht. »Ilschen läuft schon ganz ordentlich«, schrieb Lilli am 9. Juni 1930 an Ernst, der damals Verwandte in Süddeutschland besuchte. Lilli genoss währenddessen den Frühsommer im eigenen Garten, zusammen mit der Kinderfrau Anna und ihren Kindern, sie verbrachte Stunden im Liegestuhl, und von Zeit zu Zeit spielte sie auch wieder Klavier. Ihr Onkel Josef Schloß hatte ihr zur Hochzeit einen Blüthner-Flügel geschenkt, der mit großer Mühe in das kleine Wohnzimmer hinaufgeschleppt worden war.

In ihren ersten Lebensjahren wuchs Ilse mit einer glücklichen Mutter auf. Lilli war der Ruhepol der Familie, sie gab allen Kraft und Selbstvertrauen, auch wenn sich um sie herum das Bild verfinsterte. Die Weltwirtschaftskrise, durch den Börsenkrach des Jahres 1929 ausgelöst, ließ die politischen Konflikte eskalieren. Selbst im kleinen Immenhausen kam es zu heftigen Schlägereien zwischen Kommunisten und Nationalsozialisten. Ernst musste anschließend die Beteiligten medizinisch versorgen.

Dass all das nichts Gutes für die junge Familie bedeutete, ahnte Lilli bereits. Ihre Sorgen offenbarte sie jedoch nur im engsten Freundeskreis. Bei Hanne und Leo etwa wusste sie genau, dass sie verstanden wurde. Leo hatte nicht umsonst den Beinamen »Posa« erhalten, nach Schillers Marquis de Posa. Schon als junger Student trat er als leidenschaftlicher Verteidiger der Weimarer Demokratie auf. Später, als Journalist, geriet er mehrmals ins Visier der Nationalsozialisten, wurde auch kurz inhaftiert.

Lilli hingegen war schon damals vor allem darum bemüht, nicht aufzufallen. In Immenhausen erzählte sie niemandem von ihrer jüdischen Herkunft. Und zumindest äußerlich fügte sie sich auch ganz in die christliche Tradition ihrer Umgebung ein. »Bei uns ist alles in Weihnachtsfreude durch die Kinderchen«, schrieb sie am 23. Dezember 1931 an die Barths, kurz vor Ilses drittem Geburtstag. »Sie können es kaum erwarten, bis morgen Abend das Christkindchen seinen Lichterbaum bringt.«

Gerhard, Ilse und Johanna bekamen von den Mannheimer Freunden Bilderbücher zu Weihnachten geschenkt. Lilli bedankte sich am 9. Februar 1932:

*Mit den Bilderbüchern habt Ihr unseren Kindern eine große Freude gemacht, sie sind aber auch ganz besonders nett, und die Kinder konnten sie schon sehr bald auswendig.*
*Es geht uns gut, wir haben keinen Grund und keine Berechtigung zu klagen, wenn es natürlich auch Stunden gibt, in denen man die Not und den Druck der Zeit besonders intensiv empfindet und man sich Sorgen macht betreffs des allgemeinen und des persönlichen Schicksals, so glaube ich doch fest daran, dass die natürliche Entwicklung allen Geschehens uns auch aus dieser schweren Zeit wieder herausführen wird. Und das kleine Kindervolk sorgt für genügende Ablenkung und bringt allen notwendigen Sonnenschein.*
*Seit Samstag ist unsere Mutter hier und lebt förmlich auf durch die Kinder. Sie sieht ja auch zum ersten Mal unser Haus.*

Ilse hatte keine besonders intensive Beziehung zu ihrer Kölner Großmutter Paula, die ältere Dame war eher unnahbar. Aber da deren Mann, der Fabrikant Josef Schlüchterer, bereits 1932 gestorben war und die Großeltern väterlicherseits schon lange nicht mehr lebten, waren Paula und Lillis ein Jahr jüngere Schwester Elsa in diesen Jahren doch die wichtigsten Verwandten im Leben des kleinen Mädchens.

Ilse und ihre Geschwister fanden Spielkameraden in der Nachbarschaft. Die Kinder- und Hausmädchen nahmen Gerhard, Ilse und bald auch Johanna mit zu Besuch in ihre eigenen Familien, und stets brachten die Kinder von diesen Ausflügen zu den Bauernhöfen der Umgebung frische Milch, Äpfel, Kartoffeln und Wurstwaren mit nach Hause. Lilli, die immer noch die Großstadt vermisste, wusste, dass es ihren Kindern hier gut ging. Dass sie selbst ein anderes Leben führte als die übrigen Immenhäuser Mütter, konnten Lillis Kinder noch nicht erkennen. Als berufstätige Akademikerin wurde Lilli erst später für ihre Töchter zum Rollenvorbild.

Nach der Machtergreifung der Nationalsozialisten am 30. Januar 1933 musste Lilli ihre Praxis aufgeben. Lilli und Ernst war sofort klar, dass die Ernennung von Adolf Hitler zum Reichskanzler dramatische Folgen für die junge Familie haben würde. Die beiden hatten die liberale *Kölnische Zeitung* abonniert und waren politisch stets auf dem Laufenden. Zunächst bemühten sie sich, ihre Bestürzung vor den kleinen Kindern zu verbergen. Doch der sogenannte Judenboykott vom 1. April 1933 ließ sich nicht verheimlichen. Die Immenhäuser Nationalsozialisten boykottierten auch Ernst und seine Praxis, große Unruhe entstand an diesem Tag in der Familie. Warum kamen plötzlich keine Patienten mehr?

Die vierjährige Ilse erlebte nun eine stark veränderte, deprimierte Mutter, auch wenn sie die Ursache dieser Erschütterung noch nicht verstand. In wenigen Tagen sollte Lillis viertes Kind zur Welt kommen, alle Vorfreude wurde nun überschattet von Zukunftssorgen und Ängsten. Ernst war weniger verzweifelt als empört. »Und doch Christus vincet«, Christus wird siegen, schrieb er am 2. April 1933 an Hanne und Leo Barth.

Am 10. April kam Lillis Tochter Eva zur Welt. Ilse durfte das Baby im Arm halten und im Kinderwagen durch den Garten schieben. Und nach einigen Wochen schien der Alltag auch wieder zurückzukehren. Selbst die SA-Kolonnen, die durch Immenhausen zogen und das »Horst-Wessel-Lied« sangen, hatten für die Kinder nichts Bedrohliches. Im Gegenteil: Gerhard, Ilse und Johanna paradierten ebenfalls mit einer kleinen Reichsfahne vor dem Haus und trällerten einträchtig: »Die Fahne hoch, die Reihen fest geschlossen ...«

Lilli beschränkte sich jetzt ganz auf den inneren Kreis der Familie. Ihre Schwester Elsa sah für sich keine Zukunft mehr in Deutschland und wanderte nach England aus; an eine akademische Karriere als Chemikerin war unter den Nationalsozialisten nicht mehr zu denken.

Den Kindern wurden die Gründe für Elsas Emigration nicht erklärt, aber dass sich etwas verändert hatte, war nicht zu übersehen. Die Immenhäuser Honoratioren kamen plötzlich nicht mehr zu Besuch, der Pfarrer, der Gutsherr, ein ärztlicher Kollege – sie alle nannten jetzt irgendwelche Vorwände, um den Kontakt abzubrechen. Nur die Freunde in der Ferne blieben der Familie treu. Die Barths in Mannheim vor allem, aber auch der Rechtsanwalt Leo Diekamp und seine Frau Lise in Bochum. Ernst kannte Leo aus seiner Studienzeit. Leos Rat war in den kommenden Jahren immer wieder gefragt, gerade wenn es darum ging, mit den Sanktionen der Nationalsozialisten gegen jüdisch-christliche Familien umzugehen.

Lillis Leben wurde nun zu einem Wechselbad aus Ängsten um die Zukunft ihrer Kinder und manchen glücklichen Momenten. Am 8. Juli 1934 berichtete sie den Barths vom aktuellen Krankenstand in Immenhausen:

*Bei uns ist zur Zeit der Keuchhusten, das heißt, der Junge ist ganz verschont, Ilse hat ihn nur in Andeutungen, aber Hannele und Evchen sind schwer geplagt. Unsere Stimmung ist nicht immer zum Besten, und wir mühen uns jeden Tag von Neuem, mit dieser Zeit und ihren Problemen fertigzuwerden.*

Drei Monate später, am 25. Oktober, hatte sich die Lage etwas aufgehellt: »Ich habe jetzt einmal all meine Sorge und meine Bangnis über die Zukunft der Kinder von mir fortgeschoben und genieße die vier und mein Glück mit ihnen.« Schon im folgenden Frühjahr dann der nächste Rückschlag: »Ilse hatte eine doppelseitige Mittelohrentzündung und Lungenentzündung, aber am schwersten krank war unser kleines Hannele«, schrieb Lilli am 22. März 1935. Johanna hatte Asthma. Ihre Eltern bemühten sich immer wieder um einen Platz in einem Erholungsheim für ihre Tochter, doch zunächst bekamen sie nur Absagen, weil es sich ja um ein »nichtarisches Kind« handle. Nach mehreren vergeblichen Versuchen wurde Johanna schließlich in einem Kindersanatorium aufgenommen. Aber das ganze Hin und Her ließ Ilse und ihre Geschwister schon ahnen, dass sie anders als andere Kinder waren, dass irgendein Makel an ihnen haftete.

Diese Erfahrung beherrschte den Alltag der Kinder noch nicht durchgehend, nur in Einzelfällen erlebten sie Momente der Diskriminierung. Noch hatte der Schutzraum Bestand, den Lilli und Ernst für ihre Kinder errichtet hatten.

## *»Stolz mit zwei straffen Zöpfchen«*
## Die Ausgrenzung beginnt in der Schule

Ilses großes Vorbild war ihr Bruder Gerhard, er ging seit 1934 zur Schule, konnte schon bald lesen und schreiben. Nach den Osterferien des Jahres 1935 sollte es auch für sie endlich so weit sein: »Ilse wartet nun gespannt auf den 1. Schultag, stolz mit zwei kleinen straffen Zöpfchen, mit denen sie zwar verändert, aber doch sehr niedlich aussieht«, schrieb Lilli ihren Mannheimer Freunden in einem Brief am 22. März. Der Schulstart glückte problemlos. »Ilse ist ein eifriges, selbstbewusstes kleines Schulmädel«, berichtete Lilli am 13. Juli.

Dass sich die Welt um sie herum in diesen Jahren stark veränderte, konnte Ilse zwar schon erkennen, aber dass dieser Wandel sie auch persönlich treffen würde, ahnte sie noch nicht. Unbeschwert ging sie jeden Tag in die Immenhäuser Volksschule. Nachmittags traf sie sich weiterhin mit ihren Freundinnen aus der Nachbarschaft. Auch die ein halbes Jahr nach ihrer Einschulung erlassenen Nürnberger Rassengesetze spielten in ihrem Leben noch keine Rolle.

Schockiert waren dagegen Lilli und Ernst. Die Einstufung ihrer Kinder als »Mischlinge I. Grades« wurde nun immer dann zum Thema, wenn die Eltern abends beisammensaßen und über die Zukunft der Familie sprachen. Mit welchen Einschränkungen mussten die Kinder rechnen? Was sollte, oder besser: Was konnte aus ihnen werden? Würden Ilse und ihre Geschwister als sogenannte Halbjuden überhaupt studieren dürfen?

Die Immenhäuser Volksschule wurde vor allem von Kindern aus Bauern- und Arbeiterfamilien besucht. Als Tochter eines Akademikerhauses war Ilse hier privilegiert und auch unterfordert. Ihre Eltern zogen daraus den Schluss, dass das Kind schon nach drei Jahren auf ein Gymnasium in Kassel wechseln sollte. Lilli erklärte ihrer Freundin Hanne diese Entscheidung am 16. April 1938:

*Ilschen hat ihre Aufnahme-Prüfung an der Deutschen Oberschule glatt bestanden. Sie wird es bestimmt genauso schaffen wie Gerhard. Ihr Klassenlehrer riet uns sehr zu dieser verfrühten Umschulung, sie sei der Klasse hier so weit voraus, dass er sie immer zurückhalten müsse, weil die anderen nicht mitkämen. Und wir sind froh über jedes Jahr, das wir für unsere Kinder hier gewinnen. Die Zukunft ist ohnehin schwer und undurchsichtig für sie.*

Der frühe Wechsel auf die Jacob-Grimm-Schule, eine Oberschule für Mädchen in Kassel, erwies sich allerdings schnell als Fehler. Anders als in Immenhausen sei sie dort wegen ihrer jüdischen Mutter sofort verspottet worden, erinnerte sich Ilse später. Da sie als »Halbjüdin« nicht in die Jungmädel-Gruppe der Hitlerjugend aufgenommen worden sei und ihr die entsprechende Uniform fehlte, habe sie beim täglichen Appell auf dem Schulhof immer abseitsstehen müssen.

Ilse war zudem ein Jahr jünger als die meisten Mitschülerinnen und hatte deswegen auch Probleme mit dem Unterrichtsstoff. Das Lernen fiel ihr plötzlich schwer. Jeden Morgen stieg die eben noch so selbstbewusste Schülerin verängstigt in den Zug nach Kassel, weil sie sich den neuen Herausforderungen nicht gewachsen sah.

Vor allem aber wurde sie nun auch von den Lehrern schikaniert. »Bei Ilschen«, schrieb Lilli am 23. August 1938 an die Mannheimer Freunde, »tauchen in der Schule jetzt doch die von mir befürchteten Kränkungen und Zurücksetzungen auf, wir hoffen jedoch sehr, durch energischen Einspruch bei dem Direktor, diesen Dingen Einhalt zu gebieten.«

Doch eine solche Intervention war von vornherein zum Scheitern verurteilt, Ilses Ängste interessierten die Schulleitung nicht. Lilli und Ernst mussten ihrer Tochter also erklären, warum sie in der Schule so schlecht behandelt wurde. Eines Tages riefen die Eltern Gerhard, Ilse und Johanna zu einem langen Gespräch in Ernsts Arbeitszimmer. Sie hätten den Kindern »jetzt reinen Wein eingeschenkt über ihre Abstammung und die besondere Situation innerhalb der ›Volksgemeinschaft‹«, berichtete Lilli danach an Hanne Barth. Sie sei froh, dass sie diesen Schritt nun endlich getan und die Kinder das Gesagte auch »ohne große Erschütterungen« aufgenommen hätten.

Ilse begriff jetzt, was um sie herum vorging. Die beiden jüdischen Familien aus Immenhausen, die Friedemanns und Goldins, wanderten nach Palästina aus, Lilli blieb als einzige Jüdin in der kleinen Stadt. Einige Verwandte kamen auf der Durchreise zu den Seehäfen in Hamburg oder Bremen ein letztes Mal in Immenhausen vorbei, bevor auch sie Deutschland verließen.

Lilli und Ernst diskutierten nun sogar in Gegenwart der Kinder die Frage, ob sie ebenfalls einen Neuanfang in der Fremde wagen sollten. Elsa hatte für die Familie ihrer Schwester alle nötigen Papiere in England besorgt. Eine Auswanderung war also möglich, aber Ernst wollte seine gut laufende Praxis nicht aufgeben und lieber in Immenhausen bleiben, obwohl er immer häufiger zu spüren bekam, dass man seine Ehe mit einer Jüdin missbilligte und ihn deshalb ausgrenzte.

Lillis Freundin Lotte Paepcke, die Tochter ihrer Cousine Olga, hatte ebenfalls einen Protestanten geheiratet, kannte also die Probleme einer sogenannten Mischehe. Lotte beschrieb kurz nach dem Krieg in ihrem Erinnerungsbuch *Unter einem fremden Stern,* was die Diskriminierung der jüdischen Frauen damals für ihre nichtjüdischen Männer bedeutete:

*Der Mann einer jüdischen Mischehe musste in zwei Welten wohnen: in der Gesellschaft der Menschen und bei seiner Frau. Draußen, bei jenen, hatte der Beruf seinen Platz, dort waren die Theater, die Konzerte, dort die Bilder. Aber der Mann einer ausgestoßenen Ehe durfte nicht einen Augenblick vergessen, dass er in Wahrheit keiner der Ihren war. Sie hatten ihm die bergende Sicherheit entzogen und verweigerten ihm die Anerkennung seines Daseins. Und trotzdem musste er bleiben: denn auf dem Fußbreit Boden, den er hielt, stand sein und seiner Familie Leben.*
*Ein Mann einer jüdischen Frau war mit ihr verfemt. Die Zeitungen waren erfüllt von Worten: gegen sie. Das Radio brachte Aufrufe: gegen sie. Er aber musste jeden Tag an einem Dennoch bauen, mit dem er ihr und sein Leben schützte. Ein eigenes Recht musste er erschaffen, stark genug, das Sagen und Schreiben der anderen zu Unrecht zu machen. Sie war das Schöne, war das Gute, und er holte es täglich mit den bloßen Händen aus dem Schmutz, den sie darüber gossen.*

Ernst zeigte sich mit dieser Aufgabe überfordert. Zwar schweißte der äußere Druck ihn und Lilli erst einmal enger zusammen, er machte auch keinen Hehl daraus, dass er die allgegenwärtige Propaganda der Nationalsozialisten verachtete. So beschwerte er sich lautstark über die SA-Männer, die das Ärztehaus immer wieder mit ihren Spendenbüchsen heimsuchten. Andererseits verlor er nun auch im Kreis der Familie häufig die Fassung, schimpfte aus nichtigen Anlässen mit Lilli und den Kindern. Entnervt zog er sich danach in sein Arbeitszimmer zurück, zu seinen kunst- und religionsgeschichtlichen Studien.

Von seiner tief empfundenen Religiosität zeugten nicht nur die Madonnenbildnisse überall im Haus. Ernst ging mit seinen Kindern regelmäßig zur Kirche, und vor allen Mahlzeiten wurden Tischgebete gesprochen. Lilli nahm das widerspruchslos hin, sie wusste, unter welchem Druck ihr Mann stand, und wollte ihn besänftigen. Ihre Kinder gaben den Madonnenbildern eine ganz andere Bedeutung. Für sie war Ernsts Marienverehrung immer auch ein Zeichen der besonderen Verehrung für ihre eigene Mutter.

Ernst löste sich damals immer stärker aus der protestantischen Welt, schon seine Mutter hatte einst mit ihm katholische Gottesdienste besucht. Lilli hingegen zog sich in diesen Jahren auf ihre jüdische Herkunft zurück. Von Zeit zu Zeit besuchte sie eine Synagoge in Kassel, in ihrem Nachttisch lag ein jüdisches Gebetbuch. Ilse beobachtete ihre Mutter dabei, wie sie abends hebräische Gebete sprach. An jedem Todestag ihres Vaters entzündete Lilli nach jüdischer Tradition für 24 Stunden ein »Jahrzeitlicht«.

Die Kinder empfanden es als ganz normal, dass die Mutter ihre eigene Religion hatte und sie auch nur in Ausnahmefällen in die Kirche begleitete, bei Taufen oder Gerhards Konfirmation zum Beispiel. Sie gingen ja auch nie mit ihrer Mutter in eine Synagoge.

Überfordert waren Ilse und ihre Geschwister jedoch davon, dass ihre Mutter in der Schule als Angehörige einer feindlichen Rasse verfemt und verachtet wurde. Nicht jeder Lehrer erwies sich als treuer Parteigänger der Nationalsozialisten, aber jedes Schulbuch verbreitete inzwischen die Botschaft, Juden seien

»Schädlinge im deutschen Volkskörper«. Was hatte ihre Mutter also falsch gemacht? Eine Frau, die Rilkes Gedichte und klassische Musik liebte, die so schön auf ihrem Flügel spielte. Was war an ihr verkehrt? Niemand konnte ihnen das erklären.

An der Hauptstraße in Immenhausen wurde in einem Schaukasten regelmäßig die neueste Ausgabe des Hetzblatts *Der Stürmer* ausgehängt. Auf dem hölzernen Rahmen befand sich die geschnitzte Karikatur eines alten Juden, darunter standen die Zeilen:

*Sei vor dem Juden auf der Hut,*
*er stiehlt die Seele, saugt das Blut.*

Täglich liefen Ilse und ihre Geschwister daran vorbei, und fast immer warfen sie einen kurzen Blick auf die dort ausgestellten antisemitischen Bilder. Anfangs verstanden sie gar nicht, dass auch ihre Mutter damit gemeint war, bald aber wurde es von Mal zu Mal schmerzhafter. Der Jude, ein hässliches, niederträchtiges Wesen – so war ihre Mutter doch nicht!

Im Gegenteil, Lilli verhielt sich jetzt noch freundlicher, ja devot, wollte zu allen gut sein. In ihrem Buch *Unter einem fremden Stern* schilderte Lillis Freundin Lotte diese Verhaltensänderung:

*Die Waffe des ausgestoßenen Menschen war, sympathisch zu sein um jeden Preis, – auch um den Preis der Achtung vor sich selbst. Denn wie musste man sich hassen lernen, jeden Tag mehr! Wie musste man sie verachten lernen, diese Zucht geheuchelter Gefühle, diese Pflanzung verlogenen Einvernehmens mit der Umwelt! Zum Gespött seiner selbst musste man werden, wenn man mit beflissenen Worten die Post entgegennahm, die*

*Briefträgerin bedauerte wegen des Regenwetters, – in Wirklichkeit angstvoll prüfend, ob sie entdeckt hatte, dass der Brief von der Gestapo kam.*

Doch nicht nur Lilli war in ihrem Selbstwertgefühl verletzt, auch ihre Kinder wurden mehr und mehr verunsichert. Weil sie »Halbjuden« waren, so hatten es ihnen die Eltern erklärt, betrachtete man sie ebenfalls als minderwertig. In dramatischer Form erlebten sie diese Zurücksetzung zu Beginn der Sommerferien 1938. Wie in den beiden Jahren zuvor hatten ihre Eltern ein Hotel im Schwarzwald gebucht, unweit von Freiburg, wo Lillis Cousine Olga und deren Mann Max lebten. Man reiste gemeinsam mit der Bahn in den Süden, schon das war immer ein kleines Abenteuer für die Familie. Dann ging alles gründlich schief: Das Hotel weigerte sich, eine Jüdin und ihre Kinder aufzunehmen. Lilli und Ernst, Ilse und ihren Geschwistern wurde die Tür gewiesen. Ein Schock für die Kinder. Nach einigen hektischen Telefonaten fand man schließlich mit Olgas Hilfe ein Hotel in der Nähe, das Lillis jüdische Herkunft gnädig übersah. Wenn sie sich später daran erinnerten, wie sie als Heranwachsende stigmatisiert und ausgegrenzt wurden, war das Chaos am Anfang dieses Sommerurlaubs ein Schlüsselerlebnis.

Das nächste folgte nur wenige Monate später. Am 9. November 1938, dem Tag der sogenannten Kristallnacht, die Familie saß gerade beim Abendbrot, zog ein Trupp Immenhäuser SA-Leute zum Ärztehaus in der Gartenstraße. Die Männer kletterten auf die Garage und warfen im Haus eine Scheibe ein. Die Kinder hörten ihre Stimmen noch ein paar Minuten im Garten, dann war der Spuk vorbei.

Lilli und Ernst erklärten ihren verängstigten Kindern, die Männer seien wohl betrunken gewesen. In Wahrheit handelte es sich um einen Anschlag, der der Familie zeigte, dass sie von hier verschwinden sollte. Am nächsten Morgen rief Ilses Großmutter Paula aus Köln in Immenhausen an: SA-Männer waren in ihre Wohnung in der Kitschburger Straße gestürmt und hatten dort gewütet. Paula und ihr Hausmädchen mussten mitansehen, wie die Männer alle Betten aufschlitzten und die Federn in der ganzen Wohnung verstreuten. Mit Messern zerstachen sie die niederländischen Ölgemälde. Schränke wurden umgerissen, die Kristallgläser und das Porzellan zerschlagen. Lilli fuhr noch am selben Tag nach Köln, um ihrer Mutter beizustehen.

Ilse, so hatten die Eltern entschieden, solle an diesem Morgen der Schule fernbleiben. Gerhard wollte unbedingt fahren, wurde jedoch von einem Lehrer seines Gymnasiums gleich wieder zurückgeschickt.

Fünf Jahre lang hatten sich Lilli und Ernst darum bemüht, ihre Kinder möglichst unbeschwert heranwachsen zu lassen, trotz aller Repressalien des NS-Regimes. Das Jahr 1938 aber markierte einen Einschnitt. Gerhard, Ilse und Johanna waren nun alt genug, um die politischen Veränderungen um sich herum wahrzunehmen, die Eltern konnten sie nicht mehr von den Schreckensnachrichten aus der Außenwelt abschirmen.

Die Pogromnacht vom 9. November war ein Warnzeichen für Lilli und Paula. Max Mayer, der Mann von Lillis Cousine Olga, wurde am 9. November verhaftet und einen Monat lang im Konzentrationslager Dachau eingesperrt. Völlig entkräftet und desillusioniert kehrte er zurück. Viele jüdische Familien, die bis jetzt noch auf eine Besserung der Lage gehofft hatten, verließen in den kommenden Monaten Deutschland.

Ernst glaubte indessen, dass Lilli durch die Ehe mit ihm, dem Nichtjuden, und durch ihre Kinder vor weiteren Sanktionen geschützt sei. Die Nationalsozialisten schienen diese

Einschätzung zu bestätigen: Im Dezember 1938 sortierten sie die christlich-jüdischen Familien nach neuen Kriterien. Die Verbindung von Lilli und Ernst galt demnach als die sicherste aller möglichen Varianten. Die beiden führten eine »privilegierte Mischehe«, weil nicht der Vater jüdischer Herkunft war, sondern die Mutter, und weil die Kinder christlich erzogen wurden.

Ilses Großmutter Paula dagegen hatte keinen Anspruch auf dieses vermeintliche Privileg. Es war nicht einfach, den Kindern zu erklären, warum die Oma zu Tante Elsa nach Birmingham ziehen sollte, die Mutter aber in Deutschland bleiben konnte. Paula musste fast ihr gesamtes Barvermögen an staatliche Stellen zahlen, damit sie im Mai 1939 nach England ausreisen durfte.

Lilli hatte weitere Einschränkungen hinzunehmen. Seit dem 1. Januar 1939 musste sie in allen offiziellen Dokumenten den Namen Lilli Sara Jahn führen. Sie durfte nicht mehr ins Theater oder Konzert gehen. Und mit dem Kriegsbeginn am 1. September kamen neue Sanktionen hinzu. Für alle Juden galt ab sofort ein abendliches Ausgehverbot. Besuche bei Nachbarn oder Verwandten waren damit für Lilli unmöglich geworden. Am 8. Oktober 1939 schrieb sie an ihre Mannheimer Freundin:

*Meine liebste Hanne,*
*seit Kriegsbeginn sind meine Gedanken schon unzählige Male zu Dir geeilt, und allen Hemmungen zum Trotz greife ich nun doch heute zur Feder, um Dir und Euch allen zu sagen, wie von ganzem Herzen wir in diesen unheilvollen, schweren Wochen Euch Gutes wünschen. Ach, wenn doch dieses Fünkchen Hoffnung, an das wir uns klammern, sich erfüllen wollte und der Krieg im*

*Westen verhindert werden kann! Es ist ja gar nicht auszudenken, welches Leid und welches Unheil allen beteiligten Völkern daraus entstehen würde!*
*Wir hier sind alle gesund, Ernst ist hier, aber ob das so bleiben wird, wenn der Krieg weitergeht, ist noch fraglich. Bisher hat er sehr viel Arbeit mehr durch die bereits eingezogenen Nachbarkollegen. Aber jeder Tag bringt neue Verordnungen und Änderungen, und man lebt, wie wohl jeder heute, von einem Tag zum anderen in ununterbrochener Spannung. Und noch viel schmerzlicher als sonst empfinden wir unsere vollkommene Abgeschlossenheit, es täte doch gut, in ruhigem und vernünftigem Gespräch alle die Fragen, Hoffnungen und Befürchtungen, die uns bewegen, durchsprechen zu können.*
*Den Kindern geht es gut, Gerhard und Ilse haben durch den zeitweise sehr eingeschränkten Zugverkehr mancherlei Schwierigkeiten zu überwinden und konnten zeitweise überhaupt erst abends wieder zurückkommen. Momentan geht es etwas besser. Die beiden Kleinen leben gottlob noch genauso kindlich froh und unbeschwert wie die Euren wohl auch.*
*Von meiner guten Mutter und meiner Schwester höre ich nichts, gar nichts, trotz eines Versuchs, über die Schweiz Nachricht zu erhalten. Wenn es Dir recht ist, liebste Hanne, schicke diese Zeilen weiter nach Birmingham, man soll auch dort wissen, dass wir täglich unserer alten liebsten Freunde innigst gedenken mit tausend guten Wünschen. Für eine noch so kurze Nachricht wären wir sehr dankbar.*
*Gottbefohlen all Ihr Lieben, unverändert eure Li*

Unterdessen häuften sich Ilses Schwierigkeiten mit der Schule. Anders als Gerhard besaß sie nicht genug Widerstandskraft, um sich gegen die Bösartigkeiten von Lehrern und Mitschülern zu behaupten. Diese spürten, wie empfindlich sie war, und versuchten, sie zu entmutigen. Eines Tages erklärte ihr eine parteitreue Lehrerin: »Du kannst zu Hause bleiben« – einfach so, ohne jede Begründung. Am 17. November 1939 berichtete Lilli ihrer Mannheimer Freundin von den Problemen ihrer ältesten Tochter:

*Wir sind sehr glücklich, dass Gerhard es in der Schule gut getroffen hat, und empfinden das umso dankbarer, als Ilschen sich in der Schule kaum durchsetzen kann und mancherlei Zurücksetzungen erfahren muss. Das beeinträchtigt natürlich sehr die Lust und die Liebe zum Lernen bei ihr, und ihre Leistungen lassen manchmal etwas zu wünschen übrig.*

Lilli registrierte, dass Ilse sich besonders schwertat, während Gerhard, Johanna und Eva bis dahin noch alle Hindernisse überwanden. Stets war es Ilse, die bedrückt und unglücklich aus der Schule kam. Sie litt mehr als ihre Geschwister unter der Ausnahmesituation, in die die Familie geraten war.

Zudem wurde Lilli gewahr, dass ihre älteste Tochter auch als Klavierschülerin nur langsame Fortschritte machte und den Unterricht manchmal schwänzte. Dieses Desinteresse ärgerte Lilli, die selbst doch so gern Klavier spielte. Anerkennung erfuhr Ilse von ihr nur als »Hausmütterchen«, das ihr fleißig zur Hand gehe. Den Begriff benutzte sie mehrmals in ihren Briefen – ein Kompliment mit spöttischem Unterton.

Umso entschiedener suchte Ilse die Nähe zu ihrer Mutter, nicht nur bei der Hausarbeit und in der Küche. Auf den Familienfotos aus den späten dreißiger Jahren schmiegt sie sich immer eng an Lilli, zusammen mit ihrer Schwester Eva. Gerhard und Johanna umringen stets Ernst.

Auch im Kreis ihrer Geschwister hatte es Ilse nicht leicht. Sie stand eher am Rande, eine stille Beobachterin, zurückhaltender als die anderen. Während Johanna und Eva die Natur eroberten, auf Bäume kletterten, blieb sie lieber daheim, las Bücher und machte Handarbeiten. Johanna besaß zudem ein überschäumendes Temperament, das sie schnell zum Liebling ihres Vaters werden ließ. Wegen ihrer Asthma-Erkrankung zog sie ohnehin mehr Aufmerksamkeit auf sich als ihre Schwestern. Und Gerhard verfügte schon früh über das notwendige Selbstbewusstsein, um äußere Anfeindungen weitgehend abzuwehren.

Das erste Kriegsweihnachten stand vor der Tür. »Die Kinder sind natürlich voll froher Erwartung, es wird heimlich gehandarbeitet und Klavier geübt«, schrieb Lilli am 11. Dezember 1939 an Hanne. Die militärischen Erfolge der Wehrmacht ließen den Krieg vorübergehend etwas weniger bedrohlich erscheinen. Lilli konnte die Festtage mit ihren Kindern sogar genießen. Auch der Start ins neue Jahr verlief ruhiger als gewohnt. Am 8. Februar 1940 berichtete Lilli:

*Gerhard und Ilse bekommen tüchtig Hausaufgaben, aber das ist gut so, sonst wüssten sie gar nicht, was sie mit all ihrer Freiheit anfangen sollten, und würden nur noch mehr lesen, als sie ohnehin schon tun. Vor allem Gerhard ist ein ganz großer Bücherwurm. Übrigens, Hannele tut's ihm bald gleich, momentan verschlingt sie sämtliche Karl-May-Bände ihres Bruders. Nun, Rita wird Dir mehr und lebendiger von den Kindern berichten, als ich es vermag, besonders wohl von ihren Lieblingen Ilse und Eva.*

Die hier beiläufig erwähnte Rita war eine junge Ärztin aus Göttingen, die seit wenigen Monaten Ernst in der Praxis entlastete und die von Lilli zunächst mit Freuden begrüßt worden war. »Für uns Einsiedler ist es eine schöne und anregende Bereicherung«, schrieb Lilli an Hanne. Endlich bekam sie etwas Gesellschaft in ihrer erzwungenen Einsamkeit. Auch die Kinder mochten die junge Frau, die ihnen so freundlich begegnete und immer wieder wertvolle Geschenke mitbrachte. Rita wohnte und arbeitete jeweils für mehrere Monate im Immenhäuser Ärztehaus, besuchte von Zeit zu Zeit aber auch Freunde in Süddeutschland. Bei einer dieser Reisen lernte sie die Mannheimer Barths kennen. Auch von dort kamen zunächst nur positive Urteile über »die junge Doktorin«.

Zu Lillis großem Glück wurde schließlich die Geburt ihrer vierten Tochter, Dorothea, am 25. September 1940. »So viel Glanz und Licht strahlt sie aus, und ein kleines Stückchen Himmel ist in den großen blauen Augen gefangen«, schrieb sie ihren Mannheimer Freunden. »Es sind Amadés Augen! Das alles hilft über anderes Schwere hinweg.«

Auf einem kurz nach der Geburt aufgenommenen Foto hält Ilse ihre jüngste Schwester auf dem Arm, ihr Bruder Gerhard beugt sich über das Baby und berührt das winzige Händchen. Er ist dreizehn Jahre alt, Ilse bald zwölf. Fast hat es den Anschein, dass die beiden schon jetzt verantwortlich für das Leben des kleinen Mädchens waren.

## *»Bis zu seinem letzten Atemzug«*
## Josefs Geschichte

Ende der dreißiger Jahre durften Ilse und Johanna von Zeit zu Zeit nach Halle an der Saale fahren; dort, im Elternhaus ihrer Großmutter Paula, verbrachten sie dann einen Teil ihrer Ferien. Die prächtige Gründerzeitvilla an der Königstraße gehörte damals bereits Paulas Bruder, Ilses Patenonkel Josef Schloß. Der Vieh- und Pferdehandel, den Paulas und Josefs Vater, Moritz Schloß, hier betrieben hatte, existierte nicht mehr. Aus den großen Pferdeställen hatte man inzwischen Garagen gemacht. Es gab also genug Platz zum Spielen für Ilse und Johanna. Die beiden hatten sich mit einigen Kindern aus der Nachbarschaft angefreundet und tobten mit ihnen über das weitläufige Gelände.

Josef war 1867 im fränkischen Oberlauringen zur Welt gekommen. Die Eltern Moritz und Elise waren fromme Juden. Elise hatte 13 Kindern das Leben geschenkt, von denen nur acht überlebten, drei Mädchen und fünf Jungen. Moritz war mit seinem Vieh- und Pferdehandel zur Zeit der Kriege von 1866 und 1870/71 zu einem wohlhabenden Mann geworden, er verkaufte Pferde an die sächsische und die preußische Armee. 1887 zog er mit seiner Familie nach Halle, in die Nähe seiner Kunden in Berlin und Dresden. Die Villa war geräumig genug für die Kinderschar, für viel Personal und ein geselliges Leben in der Großstadt. 1907, nach Moritz' Tod, übernahmen die Söhne Simon und Wilhelm das Geschäft. Schon bald aber lohnte sich der Handel mit Armeepferden nicht mehr.

Während ihres Medizinstudiums verbrachte auch Lilli drei Semester in Halle. Ihr Onkel Josef, der Kinderarzt, wurde damals zu einem väterlichen Freund und Berater in allen Fragen des ärztlichen Berufs.

Zu Kaisers Zeiten war Josef mit dem Titel Sanitätsrat ausgezeichnet worden. Doch weder diese Ehrung noch sein Dienst als Soldat im Ersten Weltkrieg bewahrten ihn vor der Verfolgung durch die Nationalsozialisten. Im Herbst 1938 wurde ihm die Approbation entzogen, wenige Monate später musste er im Zuge der sogenannten Arisierung auch die vom Vater geerbte Villa zu einem viel zu niedrigen Preis verkaufen. Außerdem wurde ihm eine »Judenvermögensabgabe« in Höhe von 16350 Reichsmark auferlegt. Laut einer Aufstellung aus dem Februar 1939 besaß er damals zwar noch ein Vermögen von 153390 Reichsmark. Josef durfte darüber aber nicht mehr verfügen, sondern musste einem staatlichen Treuhänder eine Vollmacht ausstellen und für dessen angebliche Dienstleistung sogar bezahlen: Am 10. März 1940 wurden 1977,80 Reichsmark als Honorar für den Treuhänder aus seinem Depot abgebucht. Josef war empört, aber machtlos.

Nach Kriegsbeginn begann das NS-Regime, Juden aus deren Wohnungen zu vertreiben und in sogenannten Judenhäusern unterzubringen. Die Nationalsozialisten nutzten zu diesem Zweck die Institutionen der jüdischen Selbstverwaltung. In Halle übernahm diese Aufgabe der Vorsitzende der »Jüdischen Kultusvereinigung«, der eng mit der Gestapo kooperierte. Nach dem Krieg erklärte eine Sekretärin der jüdischen Gemeinde, der Vorsitzende der Kultusvereinigung habe Josef Schloß sogar erpresst: Er dürfe, so habe dieser Josef gesagt, nur in seiner Wohnung bleiben, wenn er ihm 5000 Reichsmark zahle.

Aber Josef ließ sich nicht unter Druck setzen. Er war 73 Jahre alt, herzkrank und wollte unter diesen Umständen nicht mehr weiterleben. Am 14. Oktober 1940 machte er sein

Testament. Als Erben setzte er seine verwitwete Schwester Marie Klein ein, seine nach Chile emigrierte Schwester Frida, seinen Neffen Georg Schloß sowie seine Patentochter Ilse.

»Ilse Jahn ist keine Jüdin«, notierte er im Testament hinter ihrem Namen. Sie sollte 5/24 seines Eigentums erben. Auch Georg erhielt 5/24. Nach dem frühen Tod von Georgs Eltern war Josef dessen Vormund geworden. Weil Georg eine christliche Mutter gehabt hatte, galt er ebenfalls als »Halbjude« und besaß, wie Lillis Tochter, nach Josefs Einschätzung gute Aussichten, das Erbe auch antreten zu können.

Danach fertigte Josef eine genaue Aufstellung aller Gegenstände an, die er seiner Familie als Vermächtnis zukommen lassen wollte. Ilse erhielt seinen Schreibtisch, den »Bücherschrank mit grünseidenen Vorhängen«, einen »Afghan-Teppich« sowie »die Bilder meiner Eltern«. Auch Ilses Eltern und Geschwistern wurden Teile seines Hausstands zugesprochen. In vorsorglicher Dankbarkeit bedachte Josef sogar den Testamentsvollstrecker, dem er den »Weinschrank samt Inhalt« schenkte. Die Vollstreckung übernahm dann ausgerechnet jener Treuhänder, der sich schon an der Verwaltung von Josefs Vermögen bereichert hatte und sich in seinem Briefkopf zur Mitgliedschaft in der NSDAP bekannte.

Am 9. November 1940 ließ Josef noch einen »Nachtrag« zu seinem Testament beurkunden. Darin wurde festgehalten, dass zunächst seine Schwester Marie über alle genannten Gegenstände verfügen möge, bevor sie später an die Erben weiterzureichen seien. »Ich danke ihr für all ihre Liebe und Treue von ganzem Herzen«, fügte er hinzu.

Zwei Wochen später, am 25. November, setzte Josef seinem Leben ein Ende, mithilfe von Medikamenten aus seiner Praxisapotheke – und im Beisein von Marie. Am Tag darauf schrieb Josefs Schwester an ihren Neffen Georg:

*Mein lieber, guter Georg!*
*Dein guter Onkel und mein lieber Bruder ist nun nicht mehr. Ich kann es immer noch nicht glauben und fassen, trotzdem ich bis zu seinem letzten Atemzug bei ihm war und seine Hand hielt und ihm die Augen zudrückte. Er hatte früher oft in glücklichen Zeiten mit mir davon gesprochen, es sich gewünscht, nun habe ich ihm diesen Liebesdienst erwiesen. Ich habe ihm alles Liebe und Gute getan, was ich nur irgend konnte, es hat mir leidgetan, dass ich nicht noch mehr machen konnte. Ein Trost war es mir, dass mir der Arzt sagte, Schmerzen würde er nicht fühlen, durch die Bewusstlosigkeit, es war noch eine Lungenentzündung dazugekommen, mir hat das erschwerte Atmen vom Onkel so sehr wehgetan, aber Dr. J. sagte mir, das fühlt er nicht. Onkel hatte mir schon Monate vor seinem Tod gesagt, ich solle nach seinem Ableben seine Kassette aufmachen, da wäre ein Brief für Jahns, für Dich und für mich. Es war eine sehr schwere Pflicht für mich, beiliegend ist Dein Brief. Ich weiß noch nicht, wann die Beisetzung der Urne sein wird, ich teile es Dir rechtzeitig mit. Herzlichste Grüße und Küsse,*
*Deine Tante Marie*

Dass sich ihr Bruder umgebracht hatte, verschwieg Marie ihrem Neffen, wohl aus Gründen der Pietät. Nur die Bemerkung, dass eine »Lungenentzündung« noch »dazugekommen« sei, deutete auf eine andere, nicht benannte Todesursache hin. Der an die Familie Jahn gerichtete Brief, von dem Marie schreibt, ist nicht überliefert. Der Brief an Georg hingegen liegt vor, er war ursprünglich auf den 1. Februar 1940 datiert. Offenbar hatte Josef schon damals den Suizid geplant. Später hatte er das Datum auf den 14. Oktober 1940 korrigiert:

*Mein lieber Georg,*
*ich möchte mich gern mit Dir noch guter Zeiten erfreuen, fürchte aber, es wird ein frommer Wunsch bleiben, da meine Herzbeschwerden sich, trotz aller Behandlung, nicht bessern und so vieles mein Herz bedrückt. Ich bin trotzdem ruhiger geworden, weil ich meine Habseligkeiten testamentarisch so gerecht wie möglich verteilt habe. Unter anderem habe ich Dir auch meinen Sportpelz vermacht.*
*Ich wünsche Dir von ganzem Herzen ein zufriedenes, glückliches und vor allem gesundes Leben. Dazu empfehle ich Dir Mäßigkeit in allen Dingen, erfolgreiche Arbeit und eine gute harmonische Ehe, dass Du im Alter nicht alleinstehst. Vergiss auch nicht ganz Deinen alten Onkel*
*Josef*

Da Marie keine Möglichkeit hatte, die vielen Erbstücke von Josef zu verwahren, bat sie alle übrigen Erben, die ihnen zugedachten Möbel, Teppiche und Kleidungsstücke möglichst bald zu übernehmen. Lilli fuhr daraufhin nach Halle, um Josefs Nachlass abzuholen. Ihrer Tochter Ilse erklärte sie nur, dass Josef überraschend gestorben sei. Ilse erfuhr erst nach dem Krieg vom Freitod ihres Patenonkels.

Das ihr zugedachte Erbe enthielt auch Aktien und Anleihen aus Josefs Depot im Wert von 12 076,25 Reichsmark – Papiere, die nach dem Krieg allerdings weitgehend wertlos waren. Außerdem bekam sie eine größere Summe Bargeld. Lilli und Ernst kauften damit einen Brillantring für ihre älteste Tochter, den sie zeitlebens trug.

1941 starb Josefs Bruder Simon. Nun wohnten in der Villa in der Königstraße nur noch Simons Witwe Eva, Wilhelms Witwe Gretchen, Josefs Schwester Marie sowie eine Reihe von jüdischen Freunden und Bekannten, die alle ihre Wohnungen verloren hatten. Am 26. Juni 1942 mussten die drei Frauen der Familie Schloß die Villa verlassen und in ein »Altersheim« am Rande des Jüdischen Friedhofs in der Dessauer Straße ziehen. Am 19. Dezember 1942 wurden sie in das Konzentrationslager Theresienstadt deportiert.

Gretchen Schloß starb dort am 25. Januar 1943. Sie war 66 Jahre alt.

Eva Schloß wurde am 15. Dezember 1943 nach Auschwitz deportiert und dort umgebracht. Sie war 67 Jahre alt.

Marie Klein starb am 31. Mai 1944 in Theresienstadt. Sie war 66 Jahre alt.

## *»Das so unfassbare Geschehen«*
## Die Eltern lassen sich scheiden

Am 20. Januar 1942 wurde auf der Berliner Wannseekonferenz auch über das Schicksal Ilses und ihrer Geschwister diskutiert. Nachdem sich die Vertreter der SS, der NSDAP und der Reichsministerien über die »Endlösung der Judenfrage« verständigt hatten, sollte noch die Zukunft der »Mischlinge I. Grades« geklärt werden. Etwa 70 000 »Halbjuden« lebten damals im Deutschen Reich. Führende Nationalsozialisten wie Reinhard Heydrich, Chef des Reichssicherheitshauptamtes und Gastgeber der Konferenz, wollten zunächst auch diese Gruppe töten lassen. Doch die anwesenden Ministerialbürokraten blockierten den Plan – nicht etwa aus ethischen Gründen, sondern weil sie fürchteten, ein solches Vorgehen könnte Unruhe in der Bevölkerung auslösen. Schließlich wären auch viele »arische« Deutsche, die mit Juden »versippt« waren, wie es damals hieß, von einer solchen »Maßnahme« betroffen gewesen.

Ein Kompromissvorschlag sah vor, die »Mischlinge« nicht umzubringen, sondern zu sterilisieren. Aus Sicht der nationalsozialistischen Rasseideologen hätte das den Vorteil gehabt, »arisches Blut« nicht weiter zu »verunreinigen«. Aber auch diese Idee erwies sich als schwer umsetzbar. Eine weitere Konferenz wurde zur Frage der Sterilisation anberaumt, diverse Ministerialbeamte entwickelten Konzepte und Verordnungen, doch man konnte keine Verständigung erzielen und vertagte sich. SS-Chef Heinrich Himmler verfolgte noch bis zum Ende des Krieges den Plan, auch die »Mischlinge« zu töten.

Lillis Kinder befanden sich somit in großer Gefahr, auch wenn sich die Verfolgung vorerst noch auf scheinbar harmlose Maßnahmen beschränkte. Die Erste, die konkret erlebte, dass auch ihre Rechte eingeschränkt wurden, war Ilses Schwester Eva. Ein Erlass aus dem Jahr 1942 verbot den »Mischlingen I. Grades« den Besuch aller weiterführenden Schulen. Eva durfte nach der vierten Klasse nicht mehr auf die Oberschule in Kassel wechseln und musste weiter in Immenhausen zur Volksschule gehen. Gerhard, Ilse und Johanna hatten ebenfalls jederzeit damit zu rechnen, dass ihnen der Besuch des Gymnasiums untersagt werden würde.

Auch Lilli wurde mit neuen Sanktionen belegt. Zu den vielen Einschränkungen, die für sie bereits galten, kam im Frühjahr 1942 das nun für alle jüdischen Deutschen geltende Verbot, öffentliche Verkehrsmittel zu benutzen; selbst die kurze Fahrt mit der Eisenbahn in das nahe gelegene Kassel war fortan nicht mehr erlaubt. Der Immenhäuser Bürgermeister Karl Groß verfolgte schon damals das Ziel, sie, die letzte Jüdin in Immenhausen, aus der Stadt zu vertreiben.

Ernst wurde von den Behörden mehrmals aufgefordert, sich von seiner jüdischen Frau scheiden zu lassen. Zwar gab es kein Gesetz, das die Auflösung einer christlich-jüdischen Ehe erzwingen konnte, aber die Ehe von Lilli und Ernst war aus anderen Gründen verwundbar: Ernst hatte inzwischen eine Affäre mit seiner Aushilfsärztin Rita begonnen.

Ilse und ihre Geschwister waren schockiert, als sie eines Tages erfuhren, dass die nette »Tante« ein Kind von Ernst erwartete. Natürlich war es schon merkwürdig gewesen, dass der Vater abends immer mit Rita ausging, auch ins Theater und ins Konzert. Dass er mit ihr sogar in den Urlaub fuhr. Den Kindern war auch nicht entgangen, dass ihre Mutter nun oft weinte und dass sich die Eltern mehr stritten als bisher. Als dann im Frühjahr 1942 Ritas Tochter Magda zur Welt kam, wurde den Kindern endgültig klar, dass die Ehe ihrer Eltern zerbrochen war.

Die Situation im Immenhäuser Ärztehaus erinnerte damit an den Anfang der Beziehung von Ernst und Lilli zwanzig Jahre zuvor. Ernst war während seines Medizinstudiums nicht nur mit Lilli, sondern auch mit einer zweiten Frau liiert, die sich dann aber von ihm lossagte, um ihm die Entscheidung für Lilli zu erleichtern. Lillis Eltern, die starke Vorbehalte gegen eine sogenannte Mischehe hatten, erfuhren von der Ménage-à-trois erst, nachdem sie ihr Einverständnis mit der Hochzeit erklärt hatten, und waren entsprechend verstört.

Der Widerstand der Eltern gegen eine Ehe von Lilli und Ernst rührte aus einem grundsätzlichen Misstrauen gegen einen nichtjüdischen Partner. Mit Ernst persönlich hatte das zunächst nichts zu tun, er war ihnen durchaus sympathisch. Doch Lilli verließ mit ihrer Eheschließung den Schutzraum ihres jüdischen Umfelds, sie begab sich in eine Welt mit kulturellen Normen, die aus Sicht der Eltern weniger gefestigt und berechenbar waren.

Lilli wusste, dass ihr Verlobter gläubiger Christ war und bereits damals starke Sympathien für den Katholizismus hegte. Allein schon deswegen wies sie ihn in den ersten Briefen, die sie ihm schrieb, mehrmals darauf hin, dass sie an ihrer jüdischen Identität stets festhalten wolle, dass sie sich keinesfalls von der Religion ihrer Vorfahren abwenden werde. In den zwanziger Jahren schien Ernst das Judentum seiner Braut jedoch kein Hindernis für eine Ehe zu sein.

Eher im Gegenteil. Lillis jüdische Herkunft und vor allem ihr intellektueller Umgang mit dieser Prägung faszinierten ihn. In der Korrespondenz des gleichaltrigen Paares – Lilli war am 5. März 1900 geboren worden, Ernst am 28. März desselben Jahres – wurde buchstäblich über Gott und die Welt philosophiert. Die Briefe lassen erkennen, wie sich Lilli und Ernst gegenseitig erforschten, wie aus diesem Austausch ein eigener gemeinsamer Kosmos der Ideen und Vorstellungen entstand. Sie enthüllen aber auch schon das brüchige Fundament dieser Beziehung.

Wahrscheinlich war es gerade die Fremdheit des jeweils anderen, die die jungen Leute zunächst als attraktiv empfanden: hier die lebensfrohe junge Frau aus jüdischem Hause, die gern tanzte und gut Klavier spielte, dort der grüblerische, von Selbstzweifeln geplagte junge Mann mit christlichem Hintergrund. Ein Foto aus den Anfängen der Freundschaft von Lilli und Ernst zeigt ihn mit schwarzem Anzug, weißem Hemd, Einstecktuch und Krawatte, auf einem Lehnstuhl sitzend und skeptisch in die Kamera schauend, dahinter seine Freundin, stehend und mit freundlichem Blick, eine Hand auf seiner Schulter. Sie trägt ein schlichtes dunkles Kleid, die linke Schulter teilweise entblößt, als wäre sie gerade erst hineingeschlüpft. Klarer könnte der Gegensatz kaum sein: strenge Form und lässige Sinnlichkeit.

Lilli hatte in den ersten Jahren ihrer Beziehung, in denen das Paar aus beruflichen Gründen oft monatelang getrennt war, die Aufgabe der Führenden, Treibenden übernommen. Dabei schlüpfte sie unwillkürlich in die Rolle einer Ersatzmutter für den früh Verwaisten, manchmal sprach sie ihn in ihren Briefen sogar als »Mein liebes Kind« an, etwa als sie ihn trösten musste, weil sich ihre Nebenbuhlerin von ihm losgesagt hatte, um das für alle Beteiligten unerträgliche Chaos der Gefühle aufzulösen.

Offensichtlich wurde Lillis Leidenschaft nicht durchgehend erwidert. Sie liebte Ernst ohne jede Einschränkung, Ernst hingegen schwankte zwischen ihr und anderen Frauen. Dass er schließlich in die Ehe eingewilligt hatte, war eher das Ergebnis einer Kapitulation vor Lillis Werben als ein klares Bekenntnis. Sie wusste das – und wollte es doch nicht wahrhaben.

Ihre bedingungslose Zuneigung, so muss sie geglaubt haben, würde am Ende alle Widerstände brechen und ihn dauerhaft an sie binden.

Dass das nicht gelang, war nicht nur die Folge seines Wankelmuts, sondern auch des politischen Drucks, der von Jahr zu Jahr mehr auf der Ehe lastete. Als Ilse am 29. März 1942 in der evangelischen Stadtkirche St. Georg konfirmiert wurde, gingen ihre Eltern bereits getrennte Wege. Anwesend waren nur ihr Vater, die Geschwister Gerhard, Johanna und Eva sowie ihre Cousine Marilis, die Mutter blieb mit Dorothea daheim; das Erscheinen einer Jüdin hätte für unnötiges Aufsehen gesorgt.

Lilli und ihre Kinder mussten nun mitansehen, wie Ernst nach einem Ausweg aus seiner verfahrenen Lage suchte. Einerseits war es in der kleinen Stadt undenkbar, dass ein verheirateter und so angesehener Mann wie Ernst Jahn mit seiner Geliebten ein Kind zeugte, sich aber nicht scheiden ließ, sondern mit seiner Frau weiterhin unter einem Dach lebte, ganz gleich, ob sie Jüdin war oder nicht. Andererseits bestürmten ihn Freunde wie der Bochumer Rechtsanwalt Leo Diekamp, er dürfe sich auf keinen Fall von Lilli trennen, das setze sie unkalkulierbarer Gefahr aus. In diesen Monaten wurden Hunderttausende deutscher Juden in den Osten deportiert, wie sollte Lilli ohne den Schutz ihrer Ehe diesem Schicksal entgehen?

Ernst musste eine Entscheidung treffen, das ungeklärte Verhältnis zwischen ihm, Lilli und Rita konnte nicht bestehen bleiben. Von Rita wollte er sich nicht lossagen, zu sehr war er in die junge Frau verliebt, zu attraktiv war diese Bindung, die ihm ein Ende seiner Stigmatisierung und eine Rückkehr in die Gesellschaft versprach. Lilli, die Mutter seiner fünf Kinder, wollte er aber auch nicht preisgeben. Am Ende verließ er sich auf eine damals noch geltende Regel: Geschiedene jüdische

Frauen, die das Sorgerecht für minderjährige »Mischlingskinder« besaßen, waren von einer Deportation in die Konzentrationslager ausgenommen. So hieß es zumindest in den Richtlinien des Reichssicherheitshauptamtes »zur technischen Durchführung der Evakuierung von Juden in das Altersghetto Theresienstadt« vom 15. Mai 1942.

Am 8. Oktober 1942 ließen sich Ernst und Lilli scheiden, und am 14. November heirateten Ernst und Rita. Seine Geliebte und ihre Tochter waren unterdessen in eine Wohnung in Kassel gezogen, wo Ernst die beiden am Wochenende regelmäßig besuchte.

Ilse, die sich so stark mit Lilli identifizierte, ergriff von Anfang an Partei für die Mutter. Sie versuchte, Lilli zu trösten, und gab ihrem Vater zu verstehen, dass sie sein Verhalten ablehnte. Auch ihre Schwestern standen aufseiten der Mutter. Gerhard hingegen verehrte seinen Vater über alles und wusste nicht, wie er sich jetzt verhalten sollte.

Da Rita nun in der Praxis von Ernst nicht mehr aushelfen konnte, übernahm der Arzt Karl-Werner Schupmann diese Aufgabe. Er war nach Beginn des Krieges zum Einsatz in verschiedenen Praxen der Region verpflichtet worden; auch im Ärztehaus in Immenhausen hatte er bereits einmal gearbeitet. Am 24. November 1942 berichtete Schupmann seiner Frau in einem Brief über die Verhältnisse im Hause Jahn:

*Da mein Dachkämmerchen wenig zum Aufenthalt einlädt, bin ich in den Zimmern der Familie meistens bei den Büchern, schon ihre Umgebung genügt mir zu einem Gefühl der Häuslichkeit; die Kinder stören weniger als das letzte Mal, weil sie größer sind. Der Älteste, der einzige Sohn, hat oben sein Zimmer, bleibt meistens für sich und ist augenblicklich wegen Erkrankung ans Bett gebunden. Die folgenden zwei Mädchen gehen wie er nach Kassel zur Schule. Die vierte ist noch auf der Volksschule, und das Nesthäkchen ist etwas über zwei Jahre und ganz drollig. Gegessen wird gegen 3 und 8 Uhr, weil es nicht anders geht. Die Verpflegung ist ausreichend, gut, zeitgebunden. Vor den Mahlzeiten wird gebetet, das ganze Haus atmet Religion aus, wenn auch in anderer Weise als bei uns. Und darein kommt nun das dem Betrachter so unfassbare Geschehen, dessen Wirkung in der Ferne vielleicht größer sein wird als heute.*

Das »so unfassbare Geschehen«, also die Trennung von Lilli und die Heirat mit Rita, passte nicht zu Schupmanns christlichen Überzeugungen. Ernst wohnte weiterhin mit seiner nun von ihm geschiedenen Frau und den gemeinsamen Kindern unter einem Dach. Lilli war verzweifelt, tat aber alles, um den Alltag bestmöglich zu bewältigen. Das Jugendamt hatte ihr, wie von Ernst erwartet, nach der Scheidung das Sorgerecht für die Kinder zugesprochen.

Am 14. Dezember 1942 notierte Karl-Werner Schupmann mit Erstaunen in seinem Tagebuch, wie scheinbar reibungslos das Zusammenleben von Ernst, Lilli und Rita weiter funktionierte.

*In Immenhausen traf ich die geistigste Atmosphäre, Religion, Philosophie und Kunst im ausgewogenen Verein. Der Arzt muss eine Klause der Sammlung haben, um der drohenden rationellen Massenabfertigung seiner Patienten entgegenzuwirken. Fünfzehn Jahre war der Kollege mit einer Jüdin verheiratet und hatte mit ihr fünf Kinder. Ob nun durch politischen Zwang, mag dahingestellt sein, bewogen, heiratet er jetzt eine jüngere arische Frau, von der er ein neun Monate altes Kind besitzt. Und alle Parteien äußerlich im schönsten Einvernehmen.*

Lilli musste den Schein wahren und sich in ihr Schicksal fügen, das war ihre einzige Chance, um nicht aus dem Haus in der Gartenstraße vertrieben zu werden. »Ich habe in den letzten 2½ Jahren sehr viel Hartes und Bitteres durchgemacht«, schrieb Lilli am 11. März 1943 ihrer Mannheimer Freundin Hanne. Erst jetzt berichtete sie ihr von der Scheidung. Sie sei »krank vor Kummer« geworden, und »die drei Großen haben auch schon viel mitgemacht«. Dennoch verteidigte sie das Verhalten ihres Ex-Manns, man möge ihn bitte nicht vorschnell verurteilen: »Er verdient es nicht, denn weder Leichtsinn noch Herzlosigkeit noch Schlechtigkeit kann man ihm vorwerfen.«

Lilli zeigte wohl auch deswegen so viel Verständnis für Ernst, weil sie ja erlebt hatte, wie sehr er unter der Ausgrenzung durch die Nationalsozialisten gelitten hatte. Außerdem liebte sie ihn immer noch und wusste, dass ihre Kinder den Vater weiterhin brauchten. Für Ilse und ihre Geschwister schien es besonders wichtig, dass sich die Situation in ihrem Elternhaus nach der Scheidung wieder stabilisierte. Eine Eskalation hätte vermutlich das Verhältnis der Kinder zu ihrem Vater dauerhaft beschädigt und ein Zusammenleben unmöglich gemacht. Und Lilli ahnte wohl, dass seine Rolle in der Zukunft noch wichtiger werden würde.

In diesen Monaten gab ihr Lore Sasse, die in Essen lebende Schwester von Ernst, den nötigen Halt. Je schwieriger das Verhältnis zu ihrem Ex-Mann wurde, desto enger wurde ihre Freundschaft mit Lore sowie mit Lores Tochter Marilis. »Amadés Schwester hält in großer Liebe zu den Kindern und mir«, schrieb Lilli ihrer Freundin Hanne, »aber von meiner

Familie und allen mir nahestehenden Freunden ist ja niemand mehr da.« Tatsächlich war der Kontakt zu ihrer Schwester Elsa und ihrer Mutter Paula in Birmingham nach Beginn des Krieges fast abgerissen. Nur mithilfe des Roten Kreuzes konnten von Zeit zu Zeit kurze Botschaften nach England geschickt werden.

Die Industriestadt Essen wurde im Frühjahr 1943 immer wieder zum Ziel alliierter Bombenangriffe. Mehrmals lud Lilli ihre Schwägerin ein, mit den Kindern nach Immenhausen zu kommen, dort seien sie alle in Sicherheit. Über Ostern zogen Lores Kinder, die 19-jährige Marilis und der 18-jährige Wilhelm, denn auch für ein paar Wochen ins Ärztehaus. Ilse verliebte sich ein bisschen in den charmanten Cousin und schickte ihm nach seiner Abreise zum Geburtstag eine Glückwunschkarte mit einem Selbstporträt von Albrecht Dürer.

Immerhin hatte Wilhelm seine Cousine in diesen Tagen ein wenig von den zerrütteten Verhältnissen in ihrem Elternhaus abgelenkt. Ilse litt unter den Spannungen noch mehr als ihre Geschwister. Lilli schrieb ihrer Nichte Marilis am 6. Mai 1943, dass sie sich Sorgen um ihre älteste Tochter mache. Sie sei mit ihr wegen einer Sehstörung bei einem Nervenarzt gewesen, doch der habe »nichts Besonderes feststellen« können. »Er führt das Doppelsehen auf eine Kreislaufschwäche zurück«, schrieb Lilli, der Arzt habe »ihr Tropfen verschrieben, und in vier Wochen sollen wir wiederkommen«.

Doch noch vor diesem erneuten Arztbesuch kam tatsächlich die von Lilli befürchtete Schreckensnachricht: Wieder hatte es einen schweren Bombenangriff auf Essen gegeben. Und diesmal war auch Ilses Cousin Wilhelm unter den Opfern, zusammen mit seinem Vater kam er bei dem Angriff in der Nacht vom 27. auf den 28. Mai ums Leben. Lilli und Ernst kondolierten bereits am nächsten Abend. Zunächst schrieb Lilli:

*Meine liebe Lore, meine geliebte Marilis,*
*wir sind alle wirklich zutiefst erschüttert, und aus ganzem Herzen und mit ganzer Seele trauern wir mit Euch um Eure beiden lieben Toten. Ach, was sollen die Worte, sind so arm und können Euch nicht sagen, wie ich mit Euch fühle. Ihr beiden Lieben, sobald Ihr das Dringendste und Notwendigste erledigt habt, kommt zu uns, hier habt Ihr Ruhe, und Du, liebe Lore, brauchst für nichts zu sorgen …*

Und Ernst fügte hinzu:

*Die Kinder haben alle ganz schmerzlich geweint, sie sind ganz verstört, und ihre jungen Herzen sind weh und traurig, so lieb haben sie den Vetter gewonnen, und so fröhlich und heiter waren sie mit ihm. Es war diese Zeit für sie ein rechtes Geschenk.*

Die Kette der Katastrophen riss nicht ab. Die nationalsozialistischen Parteifunktionäre wollten nun die aus ihrer Sicht untragbare Wohngemeinschaft im Immenhäuser Ärztehaus nicht länger hinnehmen. Und sie beendeten sie mit einem Doppelschlag: Ernst wurde – mit einem niedrigen Dienstgrad, der einer Degradierung gleichkam – im Juli zum Dienst als Arzt in einem Wehrmachtslazarett verpflichtet, Lilli mit ihren Kindern aus Immenhausen vertrieben. Lilli berichtete ihrer Nichte Marilis am 9. Juli 1943 von der neuen Wendung des Schicksals:

*Meine liebe Marilis,*
*eigentlich habe ich gar keine Zeit, aber ich will Dir eigenhändig von sehr schwerwiegenden Veränderungen bei uns berichten, denn es ist doch nicht so hergesagt,*

*wenn ich immer betone, Du seiest mir so lieb und nahe wie meine eigenen Kinder. Und so sollst Du, meine Marilis, von mir selber hören, dass die Kinder und ich nach Kassel ziehen müssen. Wir haben unruhige und aufregende Wochen hinter uns, die Einzelheiten erzähle ich Dir, wenn wir uns wiedersehen, oder die Mutti mag sie dir auseinandersetzen. Man hat an der Wohngemeinschaft zwischen Onkel Ernst und mir Anstoß genommen. Onkel Ernst wurde sogar mit einer Kriegsabkommandierung gedroht, bis dieser Ausweg gefunden wurde. Ich bekomme nun die von Tante Rita gemietete Wohnung (Motzstraße 3), und Tante Rita zieht hierher. Die Wohnung ist schön und geräumig und hell. Und wenn erst einmal alles in Ordnung sein wird, was aber noch ein paar Wochen dauert, wird es bestimmt gemütlich sein. Aber was das alles für die Kinder und mich bedeutet, ganz besonders für mich mit meiner Liebe zu Bäumen, Feldern und Himmel und all den Banden und Erinnerungen, die mich an unser Haus fesseln, das kannst Du mir wohl nachfühlen, nicht wahr? Ach, Liebes, wer hätte gedacht, dass unser »Fest« an den Ostertagen so sehr und so schmerzlich ein Abschiedsfest sein würde! Deiner lieben Mutti habe ich's ganz anheimgestellt, ob sie bei Onkel Ernst in Immenhausen bleiben möchte oder mit mir ziehen will, ich warte nur sehr auf eine Nachricht von ihr und werde für ihren Entschluss, wie er auch ausfallen mag, immer vollstes Verständnis haben. Ob Du mich bald einmal besuchen kannst, liebe Marilis? Heute schon wieder ein Angriff auf mein liebes altes Köln! Was soll das noch werden?*
*Liebes, leb wohl für heute, ich habe noch ungeheuer viel Arbeit! Sei ganz fest liebgehalten von Deiner Tante Lilli*

Am Vorabend ihres Umzugs lud Lilli noch einmal den Vertretungsarzt Karl-Werner Schupmann zu einem gemeinsamen Essen im Ärztehaus ein. Schupmann berichtete seiner Frau am selben Tag von dieser Einladung. »Die erste Frau« des Kollegen Jahn habe ihm gestanden, wie unglücklich sie über den Gang der Dinge sei und dass sie das einst gemeinsam gebaute Haus sehr vermissen werde, zumal in Kassel die Gefahr von Bombenangriffen viel größer sei. Am Morgen des 21. Juli wurden die Habseligkeiten von Lilli und ihren Kindern auf einen Lastwagen geladen und in die Motzstraße nach Kassel gefahren.

Wie von Lilli erwartet, wurde der Umzug für die vier Mädchen zu einer bitteren Erfahrung. »Wir Kinder waren verletzt und getroffen, dass man uns wegschickte«, erinnerte sich Ilse später. »Die Großstadt Kassel: Das war ein Horror, es gab keinen Garten, keine Sandkiste für Dorle und keine Schaukel mehr, nur hohe Häuser.«

Das Mehrfamilienhaus in der Motzstraße, in das Lilli, ihre Kinder sowie das Hausmädchen, eine aus Belgien stammende Zwangsarbeiterin, nun einzogen, stand teilweise leer. Wegen der nächtlichen Bombenangriffe auf die Rüstungsbetriebe in Kassel waren viele Bewohner aus der Stadt zu Verwandten aufs Land gezogen. Lilli und die Mädchen richteten sich in der neuen Wohnung mit den Möbeln aus Immenhausen ein, sogar Lillis Flügel wurde in die Wohnung im zweiten Stock geschleppt. Auch Ilses Bruder Gerhard war dort jetzt gemeldet, allerdings kam er nur an seinen freien Tagen nach Kassel. Seit dem Frühjahr diente er als Flakhelfer in einer Geschützstellung im benachbarten Vellmar.

Genau eine Woche nach dem Einzug, am 28. Juli, erfolgte der erste Tagesangriff amerikanischer Bomber auf Kassel. Hauptziel waren Industrieanlagen, doch die Piloten verfehlten die Fabriken und legten eine große Anzahl von Wohnhäusern am Stadtrand in Schutt und Asche, viele Menschen wurden getötet.

Immerhin besaß das Haus in der Motzstraße einen stabil gebauten Keller. Lilli packte einen Luftschutzkoffer mit den nötigsten Dingen sowie mit Wertsachen und Schmuck und stellte ihn neben die Wohnungstür, sodass er jederzeit für die Flucht in den Keller griffbereit war.

Ein paar Wochen später, Mitte August 1943, wurde Lilli plötzlich zur Gestapo in der Wilhelmshöher Allee vorgeladen. »Mutti hat uns Kindern nicht gesagt, was sie bei den Verhören erlebt hat«, erinnerte sich Ilse später. Aber dass da irgendetwas Bedrohliches geschah, wurde ihr wenige Tage später klar:

*Irgendwann erschienen zwei Männer in Zivil in der Kasseler Wohnung. Ihre großen Hüte behielten sie auf dem Kopf. Sie schlenderten durch die Zimmer, öffneten Schränke und Schubladen, griffen sich dies und das, legten es zurück und verschwanden wortlos wieder. Fassungslos sahen wir diesen unheimlich wirkenden Männern zu.*

Am 30. August musste Lilli ein zweites Mal zur Gestapo. »Bis gleich, Kinder!«, rief sie ihren Töchtern noch zu. Die Mädchen warteten und warteten, hielten vom Balkon Ausschau nach einer Frau im blauen Kleid, die bestimmt bald in die Motzstraße einbiegen würde. Doch dann klingelte das Telefon. Ilse nahm den Hörer auf, die Gestapo, so sagte man ihr, habe die Mutter verhaftet. Eine Begründung habe man ihr nicht genannt, erinnerte sich Lillis älteste Tochter:

*Später erfuhren wir von Frau Lieberknecht, einer guten Bekannten der Eltern, die über eine geheime Verbindung zu einer Person bei der Gestapo verfügte, den Grund für die Verhaftung. Mutti hatte gegen ein Gesetz verstoßen, indem sie als provisorisches Namensschild an der Haustür eine alte Visitenkarte benutzt hatte. Darauf fehlte der Zwangsvorname Sara, und der Doktortitel, den sie nicht mehr führen durfte, war noch zu lesen.*

Lilli war eine neue Regelung zum Verhängnis geworden. Die »13. Verordnung zum Reichsbürgergesetz« vom 1. Juli 1943 legte fest, dass »strafbare Handlungen von Juden« nicht mehr durch die Justiz, sondern gleich von der Polizei geahndet werden sollten. Mit anderen Worten: Lillis Verstoß gegen die Vorschrift, den Namen Sara zu führen, gab der Gestapo das Recht, sie nach Belieben und ohne Prozess einzusperren.

## *»Oh Mutti, es ist so schwer ohne Dich!«*
## Lilli im Arbeitserziehungslager

Die Nachricht von Lillis Verhaftung löste nicht nur bei ihren Kindern Entsetzen aus. Lillis in Kassel lebende Freundin Maria Lieberknecht und deren Mann, Pfarrer Paul Lieberknecht, alarmierten sofort Ernst und Rita. Ilse und ihre Schwestern müssten schnellstmöglich zurück nach Immenhausen gebracht werden, sonst würden auch sie verhaftet, so habe es Marias Schwager erfahren, der über Kontakte zur Gestapo verfügte. Doch Rita lehnte eine Rückkehr der Kinder ab. Nach einigen hektischen Telefonaten wurde vereinbart, dass immer eine erwachsene Person bei Ilse und ihren Schwestern in der Motzstraße übernachten sollte.

Maria Lieberknecht erzählte später, sie sei sofort beim »Judenreferenten« der Stadt Kassel vorstellig geworden und habe Lillis Freilassung gefordert, ihre Freundin habe doch minderjährige Kinder. Stattdessen habe die Gestapo ihren Mann Paul zwei Tage lang inhaftiert und immer wieder gefoltert.

Paul Lieberknecht gehörte der Bekennenden Kirche an und zählte zu den erklärten Gegnern der Nationalsozialisten. Die Wohnung des Ehepaares diente während des Krieges als Anlaufstelle für viele rassisch Verfolgte in Kassel.

Maria Lieberknecht wurde damals zu Ilses wichtigster Ratgeberin. Auch Ilse ging kurz nach Lillis Verhaftung gleich zweimal zur Gestapo und fragte, wann ihre Mutter entlassen werde. Die Atmosphäre dort sei furchterregend gewesen. »Ich sah Zimmertüren ohne Griffe, die sich auf geheime Art öffneten«, erinnerte sie sich später, »Männer mit schwarz glänzenden, hohen Stiefeln, die mir große Angst machten.« Ilse hatte keinen Erfolg. Beim zweiten Mal habe ein Uniformierter zu ihr gesagt, wenn sie noch mal komme, werde man sie ebenfalls festnehmen.

Für die 14-Jährige war der Gang zur Gestapo ein Wendepunkt. Aus der zurückhaltenden, etwas schüchternen Tochter wurde plötzlich ein tatkräftiges Mädchen. Mit dem Mut der Verzweiflung kämpfte Ilse nun und in den folgenden Monaten um ihre Mutter. Sie sei doch die Älteste gewesen, erklärte sie nach dem Krieg, da sei es selbstverständlich, dass man Verantwortung übernehme.

In den ersten Tagen nach Lillis Verhaftung glaubten die Kinder noch an einen Irrtum der Behörden, zumal die Lieberknechts das auch immer wieder behaupteten. Andererseits hatte die Familie in den vergangenen Jahren miterlebt, wie Lillis Freiheiten immer weiter eingeschränkt worden waren, wie sie drangsaliert worden war. Man musste also mit allem rechnen.

Vorerst richtete sich die Familie in einem Provisorium ein und überließ Ilse für eine Übergangszeit – wie man meinte – die Fürsorge für ihre drei Schwestern. Johanna war damals dreizehn Jahre alt, Eva zehn und Dorothea, genannt Dorle, knapp drei. Nur abends erschienen Rita oder Ernst, manchmal auch Ilses Tante Lore, die nun vorübergehend in Immenhausen lebte, oder deren schon erwachsene Tochter Marilis in der Motzstraße, damit die Mädchen nachts nicht auf sich allein gestellt waren.

Am Tag übernahm Ilse die Rolle ihrer Mutter. Und je länger die Ungewissheit dauerte, was mit Lilli geschehen war, desto mehr wurde ihr klar, welche Aufgaben sie nun hatte. Wenn sie mittags aus der Schule zurückkam, organisierte sie den Alltag ihrer Schwestern, sie kaufte ein und kochte, sie besorgte die Wäsche und hielt den Kontakt zu den wenigen Freunden, die der Familie geblieben waren.

Nur wo sich Lilli befand, wusste sie zunächst nicht. Erst elf Tage nach der Verhaftung, am 10. September 1943, teilte die Gestapo der Familie mit, dass Lilli im Arbeitserziehungslager Breitenau interniert worden war. Ilse hatte zu diesem Zeitpunkt keine Vorstellung davon, was das für ein Lager war, geschweige denn, wie es dort zuging. Von den Lieberknechts hörte sie nur, dass es sich um eine Art Gefängnis handelte, eingerichtet in einem ehemaligen Kloster in Guxhagen etwa zwanzig Kilometer südlich von Kassel, ein Lager für osteuropäische Zwangsarbeiter vor allem, aber auch für Juden.

Als Ilse den Aufenthaltsort ihrer Mutter erfuhr, war sie zunächst erleichtert. Endlich ein Lebenszeichen, auch wenn sie nicht begreifen konnte, warum man ihre Mutter eingesperrt hatte. Ilse schickte Lilli sofort einen Brief – den ersten von insgesamt 89, die erhalten geblieben sind. »Hoffentlich kommst Du bald wieder«, schrieb sie in diesem Brief, einen Satz, den sie dann immer wiederholte, anfangs noch in dem festen Glauben, dass sich dieser Wunsch erfüllen werde, später wie eine Beschwörungsformel. Zu groß war bald ihre Angst vor dem Verlust der Mutter.

Ilse berichtete ausführlich vom Leben in der Motzstraße, informierte Lilli über Einkäufe, Kleiderfragen, Mahlzeiten, Besuche. Offensichtlich wollte sie die ihr nun auferlegte Verantwortung mit der Mutter teilen. In den ersten Wochen versuchte sie, ihren Briefen noch einen Anschein von Unbeschwertheit zu geben, so auch am 30. September:

*Mein liebes, gutes, herzallerliebstes Muttileinchen!*
*Wie hast Du denn geschlafen? Hoffentlich erträglich. Musst Du viel frieren? Wir frieren uns hier die Glieder blau. Heute soll die Heizung angemacht werden, wir merken bloß nichts davon. Du kommst doch wohl bald*

*wieder zu uns?! Wir erwarten Dich mit jeder neuen Woche. Gestern waren Vati, Tante Rita und Magda da. Der Radau war einfach einzigartig. Morgen kommt Gerhard auf Nachmittagsurlaub. Tante Lore ist heute nach Essen gefahren. Marilis kocht für uns. Sie ist sehr nett. Wenn wir unseren großen Kürbis eingeweckt haben, sind alle Gläser voll. Jetzt sind alle Wohnungen im Haus besetzt, nur Parterre noch nicht. Das wird erst noch gestrichen. Nun Liebling, einen festen lieben Kuss und viele Grüßchen von Deiner Ilse*

Schon in Ilses ersten Briefen zeigte sich, dass sich das Verhältnis von Mutter und Tochter veränderte. Ilse blickte nicht mehr ehrfürchtig zu ihrer Mutter auf, sie sprach mit ihr fast auf Augenhöhe, nannte sie »Liebling« wie eine enge Freundin, fragte sie, wie sie geschlafen habe, stellte ihr also eine Frage, die eher eine Mutter an ihr Kind richten würde. Aus dem »Hausmütterchen« war unvermittelt ein selbstbewusster Teenager geworden. Ilse wollte ihre Mutter nicht unnötig belasten und verschwieg ihr deswegen, dass sie und ihre Schwestern oft verzweifelt waren und weinten. Stattdessen bezog sie ihre Mutter so detailliert wie nur möglich in ihren Alltag ein, so auch in ihrem Brief vom 3. Oktober 1943. Sie schrieb ihn aus Nienhagen bei Kassel, wo sie ihre Freundin Gisela besuchte:

*Mein herzallerliebstes Muttilein!*
*Heute bin ich schon den zweiten Tag in Nienhagen. Es ist Sonntag. Gestern Nachmittag bin ich raufgefahren, und Gisela hat mich abgeholt. Als wir um vier Uhr ankamen, haben wir Kaffee getrunken. Dann haben Gisela und ich eine Buttercremetorte hergestellt. Giselas Eltern waren auf einer großen Wanderung und kamen erst abends zum*

*Abendbrot wieder. Die Torte haben wir zweimal mit einem Zwirnsfaden geteilt. Dann haben wir ganz unten hin Buttercreme getan. In die zweite Lage Marmelade und oben drauf Karamellpudding und auf den noch Buttercreme gespritzt. An die Seiten haben wir auch Buttercreme gestrichen. Es hat heute Nachmittag, eben gerade, himmlisch geschmeckt.*
*Zum Abendbrot gab es von uns zubereitete Bratkartoffeln und Wurst und Käse. Dann haben Gisela und ich noch gespielt bis um 10 Uhr. Daraufhin mussten wir uns ins Bett begeben, haben aber ziemlich gebummelt und dann auch noch gelesen.*
*Oh, Du musst nicht traurig sein, wenn Du das liest.*
*Ich sage Dir auch einmal, was ich angezogen habe. Denn Du möchtest doch sicherlich wissen, wie Deine Tochter bei anderen Leuten gekleidet ist. Mein blaues, schiefgeknöpftes, faltiges Kleid. Mein grünes Armband, Deinen Ring, Brosche mit Koralle, rote Schuhe, grauweiße Kniestrümpfe und gut liegende Frisur. Gut so? Also einen lieben Kuss, mein liebes Muttiherzchen, und tausend liebe Grüße von Deiner unentwegt an Dich denkenden Ilse*

Die Ernährung, die Schilderung der Mahlzeiten nahm in den Briefen Ilses am Anfang eine wichtige Rolle ein. Schließlich war Krieg, man war froh, wenn die Lebensmittelkarten für das Nötigste reichten. Und wenn dann sogar eine solche Torte gebacken werden konnte, so war das ein mitteilenswertes Ereignis. Ilse wusste zu diesem Zeitpunkt bereits, dass ihre Mutter nicht genug zu essen hatte, dass sie in Breitenau hungerte. Deswegen bat sie auch Lilli, sie möge nicht traurig sein, wenn sie von der Kuchenschwelgerei höre. Seit Wochen schon schickten die Töchter ihrer Mutter in kurzen Abständen Pakete mit allem, was sie an Essbarem erübrigen konnten, in der Regel Obst, Brot und Käse.

Während Ilse diesen Brief aus Nienhagen schrieb, wurde Kassel erneut zum Ziel eines schweren Angriffs. Ihre Geschwister blieben zum Glück unversehrt, die meisten Bomben schlugen in den Vororten ein. An den folgenden Tagen fiel Ilses Schulunterricht an der Jacob-Grimm-Schule aus. Ihre Klasse war zum »Katastrophendienst« eingeteilt worden, die Mädchen mussten den Bombenopfern helfen und Schutt wegräumen. »Diese armen Leute sind ja von den gemeinen Terrorbombern so mitgenommen, dass sie dringend Hilfe brauchen«, schrieb Ilse ihrer Mutter ein paar Tage später. Auch im Brief vom 8. Oktober ging es um einen solchen Einsatz:

*Mein herzallerliebstes Muttilein!*
*Heute war ein aufregender Tag. Ich bekam zuerst sehr nette Post. Dann bin ich zur Schule. In der Schule sitze ich kaum, da kommt der Dr. Braue rein und sagt: »Sofort weg zum Katastrophendienst nach dem Fasanenhof.« Wir sind erst heim, dort habe ich mich umgezogen. Und dann haben wir uns vor dem Kastell getroffen. Von dort aus sind wir nach dem Fasanenhof marschiert. Heute Abend zurück, und alles tut weh. Morgen früh um 8 Uhr muss ich wieder am Kastell sein.*
*Tante Rita kam gerade vom Vati, der wohl viel zu tun hat, aber gut aussieht. Seine eingefallenen Backen sind auch voller geworden.*
*Heute hat es neue Karten gegeben. Es gibt sehr viel mehr Weißbrot. Dann gibt es Öl und Speck statt Butter. Die Kleinen bekommen anstatt etwas Butter Margarine. Aber es geht uns gut mit dem Essen. Werd mir nur satt mit unseren Dingen! Liebes Muttchen, sei nur recht vorsichtig,*

*ich bitte Dich heiß und innig, dass Dir nichts geschieht, wenn Du arbeiten musst.*
*Dorle ist sehr munter. Sie kriegt jetzt jeden Abend die Zähne geputzt, das freut sie immer sehr. Sie sieht sich ihr »Eia, Popeia«-Buch furchtbar gerne an.*
*Nun Gute Nacht, schlaf gut, sei nicht so traurig, und lass Dich feste küssen und umarmen und liebhalten von Deiner Ilsemaus.*

Ilses Bemerkung, sie habe »sehr nette Post« bekommen, sollte Lilli wissen lassen, dass ihr letzter Brief in Kassel angekommen war. Lilli durfte nur einmal im Monat an die Kinder schreiben, es gelang ihr jedoch, weitere Briefe illegal aus dem Lager zu schleusen. Meistens half ihr dabei eine Aufseherin in der Pharmafabrik Braun in Spangenberg bei Melsungen, wo sie als Zwangsarbeiterin eingesetzt war und Medikamente verpacken musste. Ilse durfte also höchstens einmal im Monat die Ankunft eines Briefes bestätigen, um ihre Mutter nicht zu gefährden.

Beide, Ilse und Lilli, kommunizierten schon nach kurzer Zeit nur noch in einer codierten Sprache. Lillis älteste Tochter wusste, dass alle Briefe, die nach Breitenau geschickt wurden, eine Postzensur durchliefen, und vermied jede Kritik an der Inhaftierung ihrer Mutter. Lilli wiederum täuschte nicht nur die Zensur, sie beschönigte ihre Lage auch gegenüber den eigenen Kindern. Wenn sie schrieb: »Eure Mutti kann schon immer gut früh aufstehen, und das Arbeiten ist eine Wohltat«, bedeutete das nichts anderes, als dass sie und ihre Leidensgenossinnen zu nachtschlafender Zeit geweckt und zur Arbeit in der Fabrik getrieben wurden.

»Hast Du ein Zimmer für Dich? Hast Du ein erträgliches Bett?«, fragte Ilse anfangs noch in aller Naivität. Lilli antwortete ausweichend. Kein Wort dazu, dass die Häftlinge in großen, kalten Sälen in Stockbetten schlafen mussten, dass sie misshandelt und schikaniert wurden. Stets war sie darauf bedacht, Ilse und ihre Geschwister nicht noch mehr zu ängstigen.

Lilli konzentrierte sich in ihren Briefen vielmehr darauf, ihren Kindern zu zeigen, dass sie an deren Leben weiterhin Anteil nahm, sie fragte jedes einzelne ausführlich nach den Erlebnissen im Alltag, nach den Freundinnen, nach Schule und Klavierunterricht. Aber sie bat auch mehrmals um die Zusendung weiterer Nahrungsmittel, »denn wir bekommen hier nur Suppe oder Pellkartoffeln«.

Lilli hatte angenommen, dass ihre Schwägerin Lore sich nun in der Motzstraße um die Kinder kümmern würde. »Und Du, meine gute große Illemaus, Du bist sicher Tante Lore eine große Stütze«, schrieb sie eines Tages – nicht wissend, dass es sich eher umgekehrt verhielt. Ilse verschwieg ihrer Mutter, dass Lore, traumatisiert durch den Tod ihres Mannes und ihres Sohnes, nicht in der Lage war, für die vier Mädchen zu sorgen. Lore tauchte zwar von Zeit zu Zeit unangekündigt in der Motzstraße auf, kochte für die Kinder, half Ilse und ihren Schwestern ein wenig, verschwand dann aber wochenlang wieder nach Essen oder nach Süddeutschland, um eine neue Wohnung zu suchen. Nach den ersten schweren Angriffen auf Kassel übernachtete Lore nur noch in Immenhausen, zu groß war ihre Angst vor den Bomben, die schon ihren Mann und ihren Sohn getötet hatten.

Auch Ernst war, anders als von Lilli erhofft, keine große Hilfe. Wenn seine Arbeit im Lazarett es erlaubte, kam er von Zeit zu Zeit in die Motzstraße, gab seiner ältesten Tochter das nötige Haushaltsgeld, fuhr dann jedoch weiter nach Immenhausen zu seiner neuen Frau.

Rita wiederum kam manchmal nach Kassel, um Ilse ihre kleine Tochter Magda anzuvertrauen. Sie wusste das Kind bei ihr in guten Händen, wenn sie in der Stadt Einkäufe machen oder Ernst im Lazarett besuchen wollte.

Am 10. Oktober 1943 schilderte Ilse ihrer Mutter ihren Tagesablauf als »Ersatzmutter«, wie sie sich nun selber zuweilen nannte:

*Mein mir unvergessliches Muttchen!*
*Nun ist wieder ein Tag verstrichen. Es ist spät, alles schläft schon, ich hatte aber doch vielerlei zu tun. Heute früh bin ich um 8 Uhr aufgestanden, habe alle Zimmer entdunkelt, und dann habe ich mich gewaschen. Ich wollte baden, aber das Wasser war noch nicht geheizt. Dorle hat mir zugesehen.*
*Dann kam Tante Lore, und wir haben den Kaffeetisch gedeckt und Dorle angezogen. Eva ist Milch holen gegangen. Nach dem Kaffee ist Eva zur Kirche, und ich und Hannele sind zur Tante Maria. Diese hat uns eine schöne Stolle für Dich gebacken. Und sie lässt Dich auch schön grüßen. Als ich zu Hause ankam, gab es bald Mittagsbrot. Schmorbraten, Kartoffeln, Wirsing und Tunke. Hinterher gab es Zitronenpudding. Als das ganze Mittagsbrot fortgeräumt war, habe ich unser Dorlemäuschen ins Bett gelegt, und dann brachte Tante Rita mir die Magda. Sie fuhr nämlich zu Vati. Magda plärrte den ganzen Nachmittag immerzu »Mama, Mama …«. Es war einfach süß. Magda trägt jetzt Dorles weißes Mäntelchen, das sollte doch das Magdalein haben, nicht wahr! Für Dorle habe ich beim Rauskramen aus den Kartons einen braunen Kamelhaarmantel gefunden. Der Mantel passt Dorle gut. Es ist Dir doch sicherlich recht.*

*Wie viel Leibchen hat unsere Dorlemaus? Nur zwei? Wenn, dann stricken wir ihr noch eines aus Wollresten, denn ihre jetzigen Leibchen sind ja sehr altersschwach. Als mir die Magda nun genug gebrüllt hat, hab' ich sie angezogen und das Dorle auch. Danach bin ich mit Dorle und Maria zum Briefkasten getippelt und habe dort der Gisela einen kleinen Gruß eingeworfen.*
*Zum Abend gab es Wurst, Käse, Bratkartoffeln und Brot. Dann habe ich Magda ins Bett getan, dann Dorle. Danach habe ich ein Zimmer nach dem anderen in Ordnung gebracht. Als ich damit fertig war, habe ich Dorle an ihr Kleid einen Kragen genäht, und nun sitze ich und schreibe. Heute nach dem Mittagessen habe ich noch ein Paket für Dich gepackt. Wir haben all das übrig. Die Bonbons sind auf Zuteilung für die Kinder. Die Stolle ist von Tante Maria. Alles andere ist von uns. Lass Dir alles gut schmecken und Dich feste liebhalten von Deiner Ilsemaus.*

Seit der Verhaftung ihrer Mutter korrespondierte Ilse mit Lillis Freundin Lotte Paepcke, sie traf sich mit Maria Lieberknecht, sprach mit Lore und Ernst. Und immer ging es um eine Frage: Wie könnte man Lilli aus Breitenau herausholen? Auch Lili Zschiegner, die Frau des Klavierlehrers von Gerhard und Ilse, wurde informiert. »Frau Zschiegner ist bald ohnmächtig geworden, sie wurde kreidebleich«, berichtete Ilse ihrer Mutter – warum sie beinahe ohnmächtig geworden war, schrieb sie nicht. Aber Lilli wusste genau, dass die Frau des Klavierlehrers die Lage beurteilen konnte: Lili Zschiegner war ebenfalls Jüdin und mit einem Nichtjuden verheiratet – der allerdings dem Druck der Nationalsozialisten standhielt und sich nicht von seiner Frau trennte. Lili Zschiegner überlebte das NS-Regime.

Ilse sammelte damals alle Informationen über Lilli und gab sie im Freundeskreis ihrer Eltern weiter. »Ich höre immer von Zeit zu Zeit von Ilschen, sie schreibt sehr lieb«, berichtete Lotte am 17. Oktober in einem Brief an Lilli. Am selben Abend schrieb Ilse ebenfalls an ihre Mutter:

*Meine allerliebste Mutti!*
*Jetzt ist Sonntagabend. Marilis und ich sitzen zusammen im Bücherzimmer. Eben war Vati da. In der vergangenen Woche hat er nur sehr wenig Zeit gehabt. Er hat mein neues Kleid betrachtet, und er findet es auch sehr schön und ordentlich. Vati war recht erschöpft, denn er hat sehr viel Arbeit.*
*Heute Morgen bin ich um halb acht Uhr aufgestanden. Hab in allen Zimmern entdunkelt. Hab mich angezogen, hab den Kaffeetisch gedeckt, Kaffee gekocht. Neue Küchenwäsche und Handtücher rausgetan. Dorle angezogen. Mein Zimmer in Ordnung gebracht. Da kam Tante Lore. Die hat sich gefreut, dass alles fertig war. Nach dem Kaffee habe ich Apfelbrei gekocht. Mit Dorle gespielt.*
*Daraufhin habe ich noch Klavier geübt. Ich spiele jetzt im zweiten Band Zuschneid. Und dann aus der »Zauberflöte«: »Das klinget so herrlich.«*
*Zu Mittag gab es Rinderbraten, Weißkohl und Sauce und Apfelbrei. Kurz nachdem ich Dorle im Bett hatte, kam Gisela. Sie sagte mir, ihr Vater habe Geld gestiftet und ihre Mutter Brotmarken. So zogen wir denn ins Café Jung und von dort aus zu Paulus. Zwischendurch sind wir gebummelt. Wir hatten viel Spaß.*
*Aber vor mir steht andauernd Dein Bild. Nie und nimmer vergesse ich es. Mittendrin im Frohsein denk ich an Dich,*

*und dann ist alles gar so traurig und öde. Denn wenn ich heimkomme, bist Du ja nicht da. Und vor allem: Weiß ich denn, wie es Dir geht? Oh Mutti, es ist so schwer ohne Dich! Aber alles hat sein Ende. Nun schlaf gut. Aber auch wirklich! Sei schön vorsichtig. Lass Dich fest umarmen und liebhalten von Deiner Ilsemaus.*

Ilses Briefe klangen nun von Mal zu Mal ängstlicher. Seit mehr als sechs Wochen war die Mutter in Breitenau, und nichts deutete darauf hin, dass sie zurückkehren würde. »Ich halte es oft vor Kummer nicht aus«, schrieb Ilse ein paar Tage später. »Dann liegt es wie ein Zentnerstein auf mir, und ich kann einfach an nichts anderes denken.«

Lilli erkannte, dass ihre Tochter den Mut verlor. »Um Ilse müsst Ihr Euch wohl ein wenig mehr kümmern als um die anderen Kinder«, schrieb sie an ihre Schwägerin Lore, »sie leidet so sehr unter meinem Fortsein, ihre Briefe sind oft erschütternd.« Lilli fügte allerdings hinzu, dass auch sie selbst am Ende ihrer Kräfte sei. Der Alltag im Lager, der Hunger, die Kälte und die Ungewissheit, was aus ihr werde, seien kaum zu ertragen: »Es ist natürlich viel schwerer, als ich den Kindern schreibe.«

Die Lebenssituation der Mädchen hatte sich unterdessen verändert: Eva fuhr jetzt, wann immer es ging, mit der Bahn nach Immenhausen und half dort auf einem Bauernhof, sie liebte Tiere über alles. Johanna verbrachte die Wochenenden meistens bei ihrer Freundin Heidi, der Tochter eines Pfarrers in Hümme bei Kassel. Für die dreijährige Dorothea schließlich war die große Schwester nun zur einzigen Bezugsperson geworden. »Die Dorle hängt, seitdem du fort bist, so sehr an mir«, schrieb Ilse an ihre Mutter. »Jedes Mal, wenn ich fortgehe, gibt es Geschrei.«

Die Bombenangriffe auf Kassel häuften sich in diesen Oktobertagen. Gerhards Flakbatterie war fast ununterbrochen im Einsatz, nur selten kam er noch zu Besuch nach Kassel. Immer wieder heulten die Alarmsirenen, Ilse und ihre Schwestern mussten dann auch mitten in der Nacht in den Keller flüchten. Sie hätten darin jetzt eine gewisse Übung, schrieb sie ihrer Mutter am 19. Oktober. »In zwei Minuten sind wir unten, wenn wir angezogen sind. In fünf Minuten sind wir unten, wenn wir schlafen.«

Drei Tage später war es wieder so weit. Eine Flotte von mehr als 500 britischen Bombern drang abends gegen 20 Uhr in den Luftraum über Kassel ein. Alle Bewohner des Hauses in der Motzstraße liefen in den Luftschutzkeller, auch Ilse, ihre Schwestern und Rita, die diesmal bei den Kindern übernachten sollte, sowie Gerhard, der an diesem Tag Urlaub hatte. Um 20.49 Uhr begann der Angriff. Rund 400 000 Brand- und Sprengbomben wurden über der Stadt abgeworfen.

## *»Immer diese grausame Angst«*
## Die Kinder im Krieg

Der Bombenangriff am Abend des 22. Oktober 1943 entfachte in der Kasseler Innenstadt ein Inferno. Etwa 10 000 Menschen kamen ums Leben. Auch das Haus in der Motzstraße 3 wurde getroffen und brannte lichterloh. Seine Bewohner überlebten jedoch im Luftschutzkeller. Erst als sich der Koks entzündete, der in einem benachbarten Kellerraum lagerte, mussten Ilse und ihre Familie den Schutzraum verlassen. Rita, Johanna und Eva schleppten die Koffer und Decken nach oben auf die Straße vor dem brennenden Haus, Ilse trug Dorle, »unser teuerstes Gut«, auf dem Arm, wie sie später Lilli in einem Brief berichtete.

Im Laufschritt ging es durch die zerstörte Stadt. Aus den Häusern schlugen hohe Flammen in den Nachthimmel, ein wilder Funkenregen stob durch die Straßen, die Luft war glühend heiß – eine traumatische Erfahrung für die Kinder, noch Jahre später wurden sie von Albträumen verfolgt. In einem Bunker verbrachten die aus der Motzstraße Geflüchteten die Zeit bis zum nächsten Morgen, während Gerhard bei den Löscharbeiten half.

Als es hell wurde, liefen Rita, Ilse und ihre Schwestern zur Stadthalle, wo Butterbrote für die Überlebenden ausgegeben wurden. Danach ging es in einem langen Fußmarsch zu einer am Stadtrand gelegenen Kaserne, dort sollten sich die obdachlos gewordenen Bewohner der Stadt sammeln. Viele Straßen waren durch Trümmer blockiert, die Gleise der Straßenbahn zerstört, Busse fuhren nicht mehr. Erst am späten Abend kamen Lillis Kinder und ihre Stiefmutter per Anhalter in Immenhausen an.

Notgedrungen nahm Rita die vier Mädchen wieder in ihrem Haushalt auf. Im Dachgeschoss des Ärztehauses, in zwei kleinen Zimmern und einer fensterlosen Kammer, wurden sie untergebracht. Ilse und ihre Schwestern besaßen nur noch die Sachen, die sie in der Bombennacht getragen hatten, und waren völlig erschöpft. Alles war verbrannt, sämtliche Möbel, auch Lillis Flügel.

In den folgenden Tagen kehrten Rita, Ilse und Johanna noch ein paarmal in das ausgebrannte Haus in der Motzstraße zurück, um die Wohnung nach Brauchbarem zu durchsuchen, ein paar zerbeulte Töpfe und ein wenig Besteck konnten aus dem Schutt geborgen werden.

Dann mussten Bezugsscheine für Kleidung und Gegenstände des täglichen Gebrauchs organisiert werden. Rita fuhr zweimal mit Ilse in ihre schlesische Heimat, um dort Kleider für die Mädchen zu besorgen. Außerdem stand im Keller ein Rohrplattenkoffer von Lillis Tante Tilly Schlüchterer, die ihn dort deponiert hatte, als sie auswandern wollte. Ilse brach irgendwann das Schloss auf und holte sich eine »weiße Unterhose« heraus, später wurde der Rest auf die Geschwister verteilt. Tilly hatte es nicht mehr ins Ausland geschafft, ihre Spur verlor sich in Theresienstadt.

Ängstlich warteten die Mädchen nun auf ein Lebenszeichen von Lilli: Waren auch über Breitenau Bomben abgeworfen worden? Zwei Wochen lang blieben die Kinder im Ungewissen, niemand informierte sie über das Schicksal ihrer Mutter. Immer wieder schrieben Ilse und ihre Schwestern an Lilli und berichteten über die Bombennacht. Erst Anfang November gelang es Lilli endlich, einen Brief nach Immenhausen aufzugeben und die Kinder zu beruhigen.

Auf einem beigelegten Blatt bat sie Ernst um Auskunft, »was vorläufig mit den Kindern werden soll«. Außerdem fragte sie ihn, ob er nicht doch ein »Gesuch« bei der Gestapo-Zentrale in Berlin machen könne: »Bitte hilf mir doch noch einmal!!«

Auch die Schule von Ilse und Johanna, die Jacob-Grimm-Schule in Kassel, war bei dem Angriff zerstört worden. Drei Wochen dauerte die Suche nach einer anderen Schule. Schließlich durfte sich Ilse am Gymnasium in Hofgeismar anmelden. Johanna wurde von einer Jungenschule aus Bremen-Vegesack aufgenommen, die wegen der Bombenangriffe ebenfalls nach Hofgeismar ausgelagert worden war.

Am 11. November 1943 fuhr Ilse erstmals mit der Bahn in das zwölf Kilometer nordwestlich von Immenhausen gelegene Städtchen. Die Situation, die sie dort vorfand, war chaotisch. Die Jungen der 7. Klasse des Gymnasiums – nach heutiger Zählung der 11. Klasse – hatten die Schule verlassen und ihren Dienst als Luftwaffenhelfer angetreten. Um die Klasse aufzufüllen, wurden die Schülerinnen und Schüler der 6. Klasse einfach hochgestuft, darunter auch Ilse. »Da muss ich viel nachholen«, schrieb sie an die Mutter, »aber ich hoffe, es wird gehen. Beim Pfarrer habe ich Nachhilfe in Latein.«

Obwohl sie im Unterricht oft überfordert war, fühlte sich Ilse in Hofgeismar wohler als in Kassel. Den Kunstlehrer Adolf Faust verehrte sie geradezu. Wie ihr Vater liebte Faust die Malerei des Mittelalters. Eines Tages erklärte er der Klasse sogar Stefan Lochners »Madonna im Rosenhag« – das Bild, das bei Ernst im Bücherzimmer hing. Auch der Deutschunterricht des Klassenlehrers Johannes Müller begeisterte sie. Müller verstand es, seine Schülerinnen und Schüler für die Klassiker zu gewinnen, eine Welt, von der sie wusste, dass sie die Welt ihrer Mutter war: »Dr. Müller ist rasend interessant. Wir lesen *Egmont*«, schrieb sie schon am Abend ihres ersten Schultags in Hofgeismar an Lilli.

Maria Lieberknecht war weiterhin Ilses erste Adresse, wenn es um die Zukunft der Mutter ging. Immer wieder fuhr sie nach Kassel, um mit »Tante Maria« die Lage zu erörtern. Ab und an tauchte ein neuer Hoffnungsschimmer auf: »Wir haben eine günstige Unterhaltung gehabt«, schrieb Ilse etwa am 15. November an ihre Mutter. Aber dann zerschlugen sich die Rettungspläne auch gleich wieder.

Die 14-Jährige litt sehr unter der allgemeinen Nervosität und Anspannung, bei Luftalarm geriet sie schnell in Panik. Wenn die alliierten Bomberflotten das nördliche Hessen auf ihrem Weg nach Berlin oder Leipzig überflogen, wurde stets auch Kassel alarmiert. Das Heulen der Sirenen und das Geschützfeuer der Flugabwehr lösten bei Ilse Angstzustände aus. »Oh entschuldige bitte, dass ich gestern nicht schrieb«, notierte sie am 18. November. »Ich war so müde und so arg erkältet, dass ich nicht mehr konnte. Dann war mir der Alarm mit dem Flakgeballer so in die Glieder gefahren, dass ich auch furchtbar aufgeregt war.« Ein paar Tage später schrieb sie erneut, dass sie und Dorle gerade wieder »eine wüste Ballerei« überstanden hätten: »Immer diese grausame Angst. Ich kann es wirklich nicht mehr ertragen.«

Ilse erzählte ihrer Mutter ganz offen von ihren Ängsten: »Ich habe dann eine unbändige Zappeligkeit in mir.« Natürlich blieb diese Ängstlichkeit auch ihren Schwestern nicht verborgen. Dorle klammerte sich in solchen Stresssituationen noch enger an ihre Ersatzmama. Johanna hingegen reagierte schon mal leicht genervt. »Mir geht es ausgezeichnet«, schrieb sie am 9. Dezember an ihre Mutter, »nur Ille ist noch viel zu aufgeregt. Das muss anders werden. Du kennst sie ja selbst, wenn sie so unausstehlich ist.«

Ilse beichtete in diesen Tagen ihrer Mutter, dass sie ihre erste Zigarette geraucht habe. »Schimpfst Du auch nicht?«, fragte sie Lilli. Doch ihre Mutter wusste ja, wie angespannt und erschöpft ihre älteste Tochter war.

Lilli verzehrte sich vor Sehnsucht nach ihren Kindern. Einmal schlug sie sogar ein geheimes Treffen vor: Ilse und Johanna sollten an einem Samstagnachmittag in jenen Zug einsteigen, mit dem sie und die übrigen Zwangsarbeiterinnen aus Spangenberg über Malsfeld zurück nach Breitenau fahren mussten. Während der 20-minütigen Zugfahrt könne man dann miteinander reden: »Wäre das nicht fein?«

Um sicherzugehen, dass der Plan nicht von der Zensur entdeckt würde, hatte Lilli den Brief an Ilses Freundin Gisela geschickt, die ihn wiederum an Ilse weiterleiten sollte, was sie auch tat. Ilse sagte Lilli erst in einer verschlüsselten Antwort zu, wenige Tage später aber wieder ab. Offenbar hielt man das Manöver für zu gefährlich für Lilli. Wäre das Treffen beobachtet worden, hätte sie mit einer Bestrafung rechnen müssen, mit strengem Arrest oder Schlimmerem.

Doch ein paar Tage später ergab sich eine neue Möglichkeit: Ilse erhielt von der Gestapo die Erlaubnis, ihre Mutter in Breitenau zu besuchen. Man hatte einen entsprechenden Antrag gestellt, weil nur mit Lillis Hilfe eine Liste aller Haushaltsgegenstände aufgestellt werden konnte, die in der Motzstraße beim Bombenangriff verbrannt waren.

Nach mehr als zwei Monaten kam es endlich zu einem Wiedersehen, wenn auch unter trostlosen Bedingungen. Am Sonntag, dem 12. Dezember 1943, fuhr Ilse mit der Bahn nach Guxhagen. Es war nasskalt und regnerisch. Passanten zeigten ihr den Weg zum Eingangstor des ehemaligen Klosters Breitenau. Ein Beamter führte sie in einen kleinen, dunklen Raum, wo sie auf ihre Mutter warten sollte. Nach einigen Minuten betrat Lilli in Begleitung einer Wärterin das Zimmer. Lilli hatte ihrer Tochter vorher geschrieben, dass sie einen Schneidezahn verloren habe, sie möge bitte nicht erschrecken. Dennoch war Ilse schockiert, ihre Mutter so elend zu sehen. Lilli trug Holzpantinen und ein Sackkleid aus grobem Stoff. Die Wärterin gab den beiden zehn Minuten Zeit. Ilse drückte ihrer Mutter ein paar Mitbringsel in die Hand, die ihr die Geschwister anvertraut hatten. Lilli wiederum gab ihrer ältesten Tochter kleine Geschenke für die Kinder mit, für Johanna ein selbst gesticktes Taschentuchtäschchen.

An den Inhalt des Gesprächs konnte sich Ilse später kaum erinnern, nur dass sie ihrer Mutter zugeflüstert habe, sie dürfe keine geheimen Briefe mehr schreiben, sie würde sonst schwer bestraft werden. Diesen Rat hatte Maria Lieberknecht Ilse mit auf den Weg gegeben.

Zum Abschied umarmten sich die beiden ein letztes Mal, Ilse verließ weinend das Lager. Zurück in Immenhausen, erzählte sie sofort ihren Geschwistern von dem Besuch bei der Mutter, allerdings in einer geschönten Version: »Die Kleinen sollten nicht die volle grausame Wahrheit erfahren«, erklärte sie später, »dieser Besuch bei meiner Mutter im Lager war die schlimmste Erfahrung meines Lebens.«

Nur dem Vater berichtete sie am nächsten Tag in allen Einzelheiten von Lillis Situation. Ilse war ins Lazarett am Rande von Kassel gefahren, wo Ernst arbeitete, und bedrängte nun den Vater, er solle unbedingt etwas zur Freilassung seiner Ex-Frau unternehmen. Ernst reagierte nervös und wirkte überfordert. »Es wird alles geschehen, was nur irgendwie gemacht werden kann«, versprach er seiner Tochter – was die aber nicht überzeugte. Wenn jetzt immer noch nichts passiere, werde sie zusammen mit Tante Lore »die Geschichte in die Hand nehmen«, kündigte sie ihrer Mutter am selben Abend an. Drei Tage später hakte sie bei ihrem Vater nach; eine befriedigende Antwort erhielt sie auch diesmal nicht.

In der Vorweihnachtszeit erreichten Lilli viele Briefe, nicht nur von den Kindern, sondern auch von ihrer Freundin Lotte, von Marilis und Lore. Und da Dorle als einziges ihrer Kinder noch nicht schreiben konnte, berichtete Ilse ihrer Mutter besonders ausführlich von dem dreijährigen Mädchen. »Dorlekind ist so lieb«, schrieb sie zwei Tage nach dem Treffen in Breitenau, »sie denkt oft an Dich und erzählt mir dann immer von Dir. Das fängt so an: ›Weißt Du noch, als Mutti da war, da …‹«

Ilse bereitete ihre Mutter schonend darauf vor, dass mit einer Freilassung vor dem Fest nicht mehr zu rechnen sei. Wenn sie nun wirklich Weihnachten alleine feiern müssten, so schrieb sie an Lilli, »dürfen wir zwei Freundinnen nicht verzweifeln« – eine Formulierung, die Ilse von nun an immer wieder wählte.

Lilli übernahm den ungewöhnlichen Begriff sofort. »Deine ausführlichen Berichte, meine Ille-Freundin«, so schrieb sie ein paar Tage später in einem Brief an die Kinder, »sind mir immer sehr wertvoll und auch beruhigend.« Und direkt an ihre älteste Tochter gewandt: »Illemaus, mein Liebes, Du bist so tapfer und musst es auch weiter bleiben und brauchst nicht zu denken, ich sei immerzu und nur traurig.« Immer wenn sie Briefe der Kinder aus Immenhausen erhalte, sei sie »sogar ganz stolz und froh«.

Fast täglich schrieb Ilse inzwischen an die Mutter. Am 24. Dezember berichtete sie von ihren letzten Weihnachtsvorbereitungen:

*Meine liebe, gute Mutti!*
*Oh, nun ist heute schon Heiligabend. Heute früh kam von Tante Lotte eine Karte, sie habe ein Weihnachtspaket für uns abgeschickt und sie habe Grippe. Von Tante*

*Maria, bei der ich am Mittwoch mit Marilis war, habe ich ein Buch und eine große Tüte Plätzchen für Dich mitgebracht. Tante Maria hat mir viel Hoffnungsvolles gesagt.*
*Vati ist gekommen. Er ist natürlich wieder furchtbar zappelig. Tante Lore hat eine furchtbare Auseinandersetzung mit Tante Rita gehabt.*
*Gestern Abend habe ich den Weihnachtsbaum geschmückt und die Weihnachtstische aufgebaut. Oh, liebes, gutes Muttileinchen, Du kannst Dir nicht vorstellen, wie schwer es mir fällt, jetzt hier den Weihnachtsbaum zu schmücken und die Sachen aufzubauen. Oh, es ist so bitter ohne Dich. Wir hoffen und glauben doch, dass Du bald wieder bei uns bist. Bis dahin habe ich noch viel Arbeit. Die ganze Bettwäsche muss noch Knopflöcher haben oder zum Teil noch genäht werden. Ein Herd muss beschafft werden.*
*Nun Liebchen, ich wünsche Dir ein frohes Fest, und sei doch bitte nicht so traurig. Ich nehme mich bestimmt zusammen vor den Kleinen, dass sie nicht weinen. Lass Dich fest liebhalten und Dir tausend Grüßchen von Deiner Ilsemaus schicken, die so an Dich denkt immerzu.*

Ernst stand mittlerweile erheblich unter Druck. Er sah die Gefahr, in der sich seine erste Frau befand, wusste aber nicht, wie er ihr helfen sollte. Anders als Ilse annahm, konnte er Lilli nicht wieder in Immenhausen aufnehmen, das hätten die Behörden nicht akzeptiert. Eine verfahrene Situation.

Am nächsten Abend berichtete Ilse von dem traurigen Weihnachtsfest im Ärztehaus. Ihr Vater sei wieder mal »grässlich nervös« gewesen. Dorle habe Bauchweh gehabt. Nicht ein einziges Weihnachtslied sei gesungen worden. Immerhin habe es ein paar schöne Geschenke gegeben, vom Vater habe sie ein

Buch über Kunstgeschichte bekommen und von Rita eines über Caspar David Friedrich.

Kaum waren die Festtage vorbei, übernahm Ilse wieder die Aufgaben einer Ersatzmutter. Am 27. Dezember schrieb sie an Lilli:

*Mein liebes Muttilein!*
*Heute war wieder ein arbeitsreicher Tag. Zuerst alle Sonntagssachen ausgebürstet und fortgehängt. Da ein Stück Saum angenäht, da ein paar Druckknöpfe festgenäht. Dann mal die Betten hingelegt und Ordnung gemacht, gekehrt. Von unten alles raufgeholt und fortgeräumt. Das hat den ganzen Vormittag gedauert. Für Dorles Puppe, die Gisela, habe ich vom Boden Puppensachen runtergeholt, denn die Puppe hatte ein seidenes Kleidchen an, und das ist ja so schnell schmuddelig.*
*Nach dem Essen habe ich an meiner Jacke gestrickt und Latein gelernt für morgen. Am Abend habe ich Dorle gebadet. Zwei Schlüpfer geflickt. Die Eva hatte von Heidi ein schwarzes Winterkleid bekommen, das war immer so dunkel, da habe ich es mit Bäumchenstick bestickt. Darüber hat Eva sich sehr gefreut.*

(Es folgt Buntstiftgekritzel von Dorle.)

*Das soll heißen: Liebe Mutti, komm bald wieder. Viele Grüße, Dorle.*
*Nun sei schön vorsichtig, sei nicht immer so traurig, und lass Dich fest liebhalten von Deiner nur an Dich denkenden Ilsemaus.*

Ilse und ihre Geschwister hatten sich in den letzten Wochen weitgehend aus dem Haushalt ihrer Stiefmutter gelöst und im Dachgeschoss einen eigenen Hausstand gegründet. Statt eines Herdes wurde im Abstellraum neben den Kammern ein kleiner Gaskocher aufgestellt. Nur noch im Ausnahmefall nahmen die Kinder am Leben der neuen Familie ihres Vaters teil.

Noch glaubte Ilse fest daran, dass Lilli irgendwann zurückkehren würde. Deswegen bemühte sie sich um die Anschaffung weiterer Einrichtungsgegenstände. »In Kassel habe ich schon angefangen, auf unseren Haushaltsausweis einzukaufen«, schrieb sie ihr am 30. Dezember 1943, »20 Kleiderbügel und eine Schrubb-Bürste« habe sie bereits erworben. »Bin dann auf dem Kriegsschädenamt gewesen und habe Formulare geholt«, fügte sie hinzu.

Zur »Kinderfamilie«, wie sie nun im Ärztehaus genannt wurde, gesellte sich auch der als Ersatz für Ernst verpflichtete Hausarzt Karl-Werner Schupmann. Die Mädchen mochten seinen trockenen Humor. Er wiederum hatte Mitleid mit ihnen. Und nicht zuletzt verband sie alle die Abneigung gegen Rita. Für die Mädchen war sie die böse Stiefmutter, Schupmann hielt sie für egoistisch und unfähig, den Alltag zu organisieren. »Sie weiß wohl selbst, dass sie für einen Haushalt gar nichts taugt«, schrieb er in einem Brief an seine Frau.

Und so entstanden im Ärztehaus zwei Fraktionen: Parterre und im ersten Obergeschoss wohnten Rita und Magda, oben Ilse und ihre Geschwister, Schupmann sowie das Hausmädchen Gerda. Den Verlauf des Silvesterabends 1943 schilderte der Arzt am Neujahrstag seiner Frau:

*Frau Jahn hat mich gestern Abend nach unten geladen, die Kinder erklärten, nur wenn ich käme, würden sie auch erscheinen! Ich habe mit Hannele Schach gespielt. Im*

*Übrigen wurde kaum ein Wort gesprochen, bei einem Glas Rotwein saßen wir dann bis 12 Uhr.*

Nach Mitternacht zog die Kinderfamilie wieder nach oben. Johanna und Ilse stiegen noch in die Badewanne. Schließlich kam auch Schupmann in die kleine Wohnung unter dem Dach und wünschte den Kindern eine gute Nacht. »Dr. Schupmann hat uns noch lustig unterhalten«, berichtete Ilse am Neujahrstag ihrer Mutter.

Am 2. Januar, einem Sonntag, schrieb sie erneut nach Breitenau:

*Mein Liebling! Liebes Herzchen!*
*Heute früh habe ich bis um 10 Uhr geschlafen. Das war schön. Ob Du Dich wohl auch mal ausschlafen darfst? Wie geht es eigentlich Deinem Arm? Tut Dir die Galle auch nicht weh? Heute hast Du doch sicherlich schreiben dürfen! Hoffentlich kommt der Brief bald an.*
*Bis zum Mittagessen habe ich eigentlich nichts getan. Heute Mittag gab's Kalbfleisch, Weißkohlsalat.*
*Tante Rita ist Gott sei Dank zum Vati gefahren. Nach dem Essen habe ich schon gestopft und genäht. Habe mir aber auch noch Illustrierte beguckt.*
*Als Dorle angezogen war, haben wir jeder zwei Stück Kuchen bekommen. Dann kam Dr. Schupmann und fragte, ob wir ihm helfen wollten. Was, das sagte er nicht. Da haben wir alle, Gertrud, Hannele und ich, ja gesagt, das wollten wir. Was meinste, was wir da mussten??? Wir mussten Karteikarten einordnen. Deine alte Arbeit. Von halb 4 bis 7 Uhr. Das war geisttötend. Oh je, ach je.*
*Nun, mein Liebchen, schlaf gut. Lass Dich tausendmal grüßen und küssen von Deiner Ilsemaus.*

Die ganze Familie hoffte weiterhin auf ein Ende der Haft in Breitenau. Weder Lilli noch Ernst wussten jedoch, dass das Reichssicherheitshauptamt in Berlin am 1. Januar 1944 die Verfolgung der letzten noch in Deutschland lebenden Juden ein weiteres Mal verschärft hatte. Dass Juden aus aufgelösten Mischehen deportiert werden sollten, war schon früher entschieden worden. Geschiedene Jüdinnen mit »halbjüdischen« Kindern waren von dieser Regelung nach wie vor ausgenommen. Jetzt wurde zusätzlich verlangt, dass diese Frauen noch mit ihren Kindern unter einem Dach lebten. Das aber war bei Lilli seit vier Monaten nicht mehr der Fall. Für Lilli galt nun die Vorschrift, dass Juden aus Arbeitserziehungslagern nach Beendigung ihrer Haft grundsätzlich in ein Konzentrationslager zu bringen waren, in der Regel nach Auschwitz.

Lillis Schicksal war also längst beschlossene Sache, während die Familie noch an einen Übergangszustand glaubte. Ernst machte ein paar zaghafte Versuche, Dorle vorerst in seine neue Familie aufzunehmen, konnte das aber nicht durchsetzen, weil er zu selten in Immenhausen war und Ilse sich ihre kleine Schwester nicht nehmen lassen wollte. Ernst schrieb seiner ältesten Tochter lange Briefe und warb um Verständnis für sein Verhalten, auch im Hinblick auf seine Scheidung von Lilli. Ilse berichtete ihrer Mutter nur in Andeutungen von den »grauenhaften« Briefen des Vaters. »Wenn ich ihm darauf antworte, was ich denke, tue ich ihm bestimmt weh«, schrieb sie am 7. Januar. Also werde sie ihm gar nicht schreiben.

Mittlerweile war sie sehr darüber beunruhigt, dass von ihrer Mutter keine Post mehr eintraf. Der Lilli zu Jahresbeginn erlaubte Brief hatte Immenhausen noch immer nicht erreicht. Schließlich konnte Ilse die Ungewissheit nicht mehr aushalten. Eines frühen Morgens setzte sie sich in Kassel in den Zug, der über Breitenau nach Malsfeld fuhr. Und tatsächlich sah sie, wie ihre Mutter zusammen mit anderen Zwangsarbeiterinnen auf dem Bahnsteig wartete und dann in den Zug stieg. Um Lilli nicht zu gefährden, gab sich Ilse aber nicht zu erkennen.

Und so schickten die Kinder weiter Briefe und Päckchen an ihre Mutter. Ilses Brief vom 13. Januar 1944:

*Mein gutes, bestes Muttilein!*
*Eben bin ich gerade fertig mit einem schönen Paket an Dich. Hoffentlich erhältst Du es, und es schmeckt Dir. Ich bin schon in Unruhe, dass Du so lange nicht geschrieben hast. Ich hoffe jeden Mittag, wenn ich aus der Schule komme, einen Brief vorzufinden. Na, vielleicht morgen Mittag.*
*Das Paket hat folgende Dinge in sich: 1 Weißbrot, 8 Päckchen Pumpernickel, 1 Wurst, die Hannele geschenkt bekommen hat, ein Viertelpfund Butter, 500 gr. Marmelade von mir, einige Bonbons von allen, zwei Nüsse von Eva, Äpfel von Tante Rita, Zeitungen vom 3.–12. und noch einige Plätzchen. Hoffentlich bekommen wir doch bald Post.*
*Die Kinder sind alle vergnügt, vor allem das Dorle. Sie macht sich jetzt den lieben langen Tag Ketten. Eine für Sonntag, eine für Montag und so weiter.*
*Heute kam der Zug grässlich pünktlich. Jetzt kommen wir gar nicht mehr zu spät. Gestern hatten wir wieder zwei so langweilige Stunden, Erdkunde und Geschichte. Jedes Mal, wenn man nicht gespannt zuhört, ruft der Lehrer gleich jemanden auf. Es ist geisttötend, dieser Unterricht. Um so schöner ist der Unterricht bei meinem so verehrten Dr. Müller. Er setzt uns Probleme vor, die mir wache Nächte bringen. Dinge, über die ich nachdenken muss Stund um Stund, ohne zum Ziel zu kommen. Da merke*

*ich sehr wohl, dass ich für die Klasse noch zu jung bin. Vor allem, da wir doch das Pensum von der Klasse 7 mit durchnehmen. So bin ich immer am Grübeln und Überlegen. Der Mann wirft eine Frage in die Klasse, und darüber wird dann geredet. Der eine sagt hü, der sagt hott. Ich weiß nie, welcher Partei ich zustimmen soll. Ich habe noch keine Meinung dazu. Gelernt haben wir schon unbändig viel.*
*Lass Dich fest liebhalten, Dir tausend Küsschen und Grüße von Deiner Ilsemaus, die soo an Dich denkt, senden.*

Am nächsten Abend schrieb Ilse erneut:

*Liebstes, bestes Muttilein!*
*Heute ist ein schöner Tag hinter mir. Der erste schöne Tag nach unserer Trennung. Aber zwischendurch doch immer und immer wieder das traurige Bild vor Augen: Mutti ist fort, Mutti kann nicht froh sein. Muttilein, wie schwer mir das gerade am Vortag meines Geburtstages ist, kannst Du Dir sicher denken. Eine zentnerschwere Last drückt auf mein Herz. Wenn ich diese Last nur endlich los wäre …*
*Heute ganz früh habe ich noch gelernt. In der Schule hatten wir wieder zwei Stunden Kunstbetrachtung. In diesen Stunden ging es etwas sanfter zu als sonst. Nicht so viele Probleme wie in den anderen Kunstgeschichtsstunden wurden aufgewühlt.*
*In Mathematik habe ich den Krempel Gott sei Dank wieder verstanden. Biologie bietet uns: Mendel. Das haben wir in Kassel schon gehabt, und darum leuchteten wir Kasselaner dann im Unterricht.*
*Die 5. Stunde war frei. Ich bin durchgefahren zur Tante*

*Maria. Die hat mir zum Geburtstag eine Schokoladentorte geschenkt, welche morgen Abend auf dem »Olymp« verzehrt wird. »Olymp« ist das oberste Stockwerk. Vor allem Dr. Schupmanns Zimmer. Wenn nämlich die Torte von der Allgemeinheit verzehrt werden sollte, hätte ich nichts mehr. So machen wir es morgen Abend, Dr. Schupmann, Gerda, Hannele und ich. Heute Abend gab es Eierpfannkuchen. Danach wollten Gerda und ich zu einem lustigen Abend bei Pflegings. Fliegeralarm kam dazwischen. Die Flak ballerte von Ferne. Wir gingen wieder zurück. Dann rief Dr. Schupmann an, er bleibe zum lustigen Abend. Da sind wir dann auch fort, Hannele, Gerda und ich. Der Abend ist von 32 Soldaten gemacht worden, die in Afrika in Gefangenschaft waren, die jetzt krank sind. Manches war kitschig, es war aber auch Nettes dabei. Dr. Schupmann hat uns dann im Auto mit nach Hause genommen. Nun Gute Nacht, lass dich fest liebhalten, Dir tausend Grüßlein und Küsslein geben von Deiner Ilsemaus.*

Ilses Geburtstagsfest fand am nächsten Tag in zwei Etappen statt. Zunächst unten bei Rita und Ernst, der nachmittags aus dem Lazarett nach Immenhausen gekommen war. Nach kurzer Zeit zogen die Mädchen dann hoch zu Dr. Schupmann auf den »Olymp«, wo nicht nur die Schokoladentorte verzehrt wurde, sondern auch ein Berg von Butter- und Streuselkuchen, den der Arzt beigesteuert hatte. Ernst war ein wenig eifersüchtig auf seinen bei den Kindern so beliebten Vertreter und löste die kleine Party unter dem Dach nach einer halben Stunde auf: Die Mädchen müssten jetzt dringend ins Bett. Ilse und Johanna aßen den Rest des Kuchens am nächsten Morgen zum Frühstück.

Angeblich hatte Ernst nun tatsächlich bei der Gestapo in Berlin ein Gesuch um Lillis Freilassung gestellt – so erzählte er es jedenfalls Ilse. Und sie wiederum informierte sofort ihre Mutter und Karl-Werner Schupmann darüber. Noch einmal gab es also einen Hoffnungsschimmer.

Schupmann zog seinerseits die 15-Jährige nun immer öfter ins Vertrauen und unterstützte sie bei der Betreuung der Kinderfamilie. Ilse rückte damit langsam in den Kreis der Erwachsenen auf, auch äußerlich. Ein paar Tage vor dem Geburtstag hatte sie sich beim Friseur in Immenhausen eine »Rolle« legen lassen, eine Frisur, die damals bei jungen Frauen als besonders schick galt. Sie und ihr Bruder trafen sich von Zeit zu Zeit auf eine Zigarette mit dem Hausmädchen Gerda. Und sie suchte nach Gelegenheiten, Immenhausen zu verlassen. Mal verbrachte sie ein paar Tage bei ihrer Freundin Gisela, deren Klasse in eine Jugendherberge bei Fulda evakuiert worden war. Mal fuhr sie nach Marburg, wo ihre Cousine Marilis studierte. Johanna vertrat sie in ihrer Abwesenheit, gab aber nach Ilses Rückkehr das Amt einer »Vizemama« schnell wieder an die ältere Schwester ab.

Ilse schrieb zwar weiterhin eifrig Briefe an die Mutter, packte Päckchen und schickte sie nach Breitenau. Und doch mehrten sich die Momente der Verzweiflung. Manchmal ging sie sogar in die Kirche, um für eine Rettung der Mutter zu beten. »Gestern Abend habe ich noch einmal Deinen letzten Brief gelesen«, schrieb sie am 28. Januar an Lilli. »Ich habe so sehr an Dich gedacht, Muttilein, ob Du wohl auch nicht zu traurig bist? Ob Du Dich wohl auch einmal freust?«

Lilli versuchte erneut, Ilse zu beruhigen. Sie sei durchaus nicht immer traurig. »Die schönen Karten von Hannele, Ille und Marilis haben mir viel Freude gemacht«, schrieb sie am 6. Februar an die Kinder. Und direkt an Ilse gewandt: »Ille-

Freundin, Deine Schulberichte freuen mich immer besonders.« Nur solle sie bitte nicht zu spät zu Bett gehen. »Du hast doch den Schlaf so nötig.« Der Brief enthielt freilich noch eine Bitte, die den wahren Ernst der Lage zeigte: »Der Vati soll doch noch mal hingehen zur Stapo und darauf bestehen, dass ich endlich freikomme.« Lillis Brief endete mit den Worten: »Liebe, liebe gute Kinder, helft, dass ich bald hier erlöst werde.«

Aber was sollte Ilse tun? Den Vater hatte sie oft genug bedrängt. Auf Lilli angesprochen, reagierte Ernst inzwischen nur noch »hysterisch«, wie Dr. Schupmann seiner Frau berichtete. Und Maria Lieberknecht wusste auch keinen Rat.

Am 12. März 1944 verfasste Lilli einen letzten Brief aus Breitenau. Adressiert war er an Johanna, deren Konfirmation bevorstand, aber gerichtet war er auch an die übrigen Kinder:

*Mein innigstgeliebtes gutes Hannelekind,*
*ganz ganz fest schließe ich Dich in Gedanken in meine Arme, leg Dein liebes schwarzes Köpfchen an meine Brust, nehme Deine gefalteten Hände zwischen die meinen, Du mein Kind, und bete zu unserem Herrgott, voll Dankbarkeit, dass er Dich so werden ließ, wie Du bist, und voll heißer inniger Wünsche für Dein ferneres Leben. Wie immer, so bin ich erst recht an Deinem Konfirmationstag mit all meinem Denken und Fühlen in Eurer Mitte. Vati wird ja sicher bei Euch sein, Tante Lore und Marilis wohl auch und hoffentlich auch unser Junge. Dass ich Deinen feierlichen Tag nicht richten durfte, wie bei Gerhard und Ilse auch mit aller Liebe und Sorgfalt, dass ich nicht bei Dir, bei Euch allen sein darf, das ist mir ein bitterer Verzicht. Aber auch ihr dürft nicht weinen. Du erzählst mir dann genau, wie es gewesen ist, nicht wahr?*

*Über Eure lieben lang ersehnten Briefe hab' ich mich unsagbar gefreut. Habt von Herzen Dank, Ihr Kinder. Wie froh bin ich, dass Du, mein Hannele, gar kein Asthma mehr hast und nichts mehr einzunehmen brauchst. Wie werdet Ihr in all den Monaten größer und kräftiger geworden sein. Und so viel gute Bücher liest Du? Natürlich kenne ich Oliver Twist und auch das Wintermärchen. Ob's wohl zu Deinem Ehrentag auch ein paar Bücher gegeben hat? Liebes gutes Hannelekind, grüße Vati und alle Kinder, Tante Lore und Marilis. Seid tapfer und verzagt nicht, wenn wir auch sobald uns noch nicht wiedersehen. Ich küsse Dich zärtlich und voller Liebe.*
*»Der Herr segne Dich und behüte Dich,*
*Der Herr wende Dir sein Antlitz zu und sei Dir gnädig,*
*Der Herr lasse Dir sein Antlitz leuchten*
*Und schenke Dir Frieden«. Amen*
*Deine treue Mutti*

Fünf Tage später wurde Lilli aus Breitenau zum Hauptbahnhof nach Kassel gebracht. Dort musste sie in einen Zug einsteigen, der sie zusammen mit Hunderten von Leidensgenossen in das Konzentrations- und Vernichtungslager Auschwitz fuhr.

## *»Ein Meer von Tragik«*
## Die Mutter stirbt in Auschwitz

Dass ihre Mutter nicht mehr in Breitenau inhaftiert war, erfuhren Ilse und ihre Geschwister durch eine Postkarte, die Lilli ihnen am 18. oder 19. März 1944 aus Dresden schrieb. Dort war der Transport nach Auschwitz zunächst gestoppt worden, die Luftangriffe hatten eine Weiterfahrt unmöglich gemacht. Lillis Postkarte ist nicht mehr erhalten, dafür aber ein Brief, den sie am 21. März ebenfalls noch aus Dresden nach Immenhausen schicken konnte.

»Morgen Abend werden wir dann in Auschwitz sein«, schrieb Lilli an ihre Kinder. Die »Mitteilungen darüber, wie es dort sein soll«, so erklärte sie, seien »sehr widersprechend« – was wohl eine diplomatische Umschreibung war. Lilli wollte ihre Kinder nicht beunruhigen.

Die Kinder hatten von Auschwitz noch nie gehört. Weder ihr Vater noch Rita, Tante Lore oder Maria Lieberknecht erzählten ihnen nun Genaueres. Lilli kündigte in dem Brief an, dass sie jetzt für unbestimmte Zeit keine weiteren Briefe schicken könne, die Kinder sollten sich keine Sorgen machen, sie könnten ihr ja weiterhin schreiben und auch Päckchen oder Pakete senden. »Und nun lebt alle miteinander nochmals wohl«, schrieb sie am Schluss: »Wir bleiben unlöslich miteinander verbunden.«

Ilse und ihre Geschwister hatten keine Adresse, an die sie nun hätten schreiben können, deswegen warteten sie erst einmal auf ein weiteres Lebenszeichen ihrer Mutter. Aus Breitenau kamen Ende März noch drei Sendungen von Lilli: ein Päckchen mit kleinen Aufmerksamkeiten für die Familie und ein größeres Paket mit jenen Büchern, die ihr die Kinder in den letzten sechs Monaten nachgesandt hatten und die sie nun wiederum den Kindern schenkte. Ilse bekam Adalbert Stifters *Der Nachsommer*. Mit Bleistift hatte Lilli an den Rand der ersten Seite eine Widmung geschrieben: »Meiner lieben, so rührend um mich besorgten Ilsemaus, in Liebe und Dankbarkeit von ihrer Mutti«. Außerdem war es Lilli mithilfe einer Wärterin gelungen, die Briefe ihrer Kinder zurückzuschicken. Gerhard nahm das Päckchen in Empfang und verwahrte es zeitlebens.

In ihrem Brief aus Dresden hatte Lilli die Kinder ein letztes Mal gebeten, sie sollten doch dem »Vati« bestellen, dass er sich »bis an die höchsten Stellen nach Berlin« wenden möge, um sie freizubekommen. Ilse berichtete ihrem Vater sofort von diesem Wunsch.

Möglicherweise folgte Ernst dieser Bitte. Wenig später nämlich wollten ihn seine Vorgesetzten beim Militär offenbar loswerden. Sein Kollege Schupmann hörte am 26. April von Rita, dass ihr Mann demnächst aus der Wehrmacht entlassen werden solle. Schupmann wusste allerdings nicht, wie er seiner Frau schrieb, ob das »auf Grund seiner ersten jüdischen Heirat« geschehen sei, »ob auf Grund seiner ersten Kinder, die er zu versorgen hat oder auf Grund seiner zweiten Ehe, die unter nicht alltäglichen und von keiner Gesellschaft zu billigenden Grundsätzen begonnen hat«.

Dass »politische Gründe« bei der geplanten Verabschiedung eine Rolle spielten, bestätigte Ernst dem Kollegen Schupmann am 13. Mai persönlich.

Doch danach war von einer Entlassung keine Rede mehr: Im Laufe des Sommers 1944 wurde Ernst Jahn als Militärarzt nach Libau (heute Lettland) versetzt, weit entfernt von seiner Familie, ohne Angabe von Gründen – und nicht allzu weit entfernt von der näher rückenden Roten Armee.

Ernst hatte nie einen Hehl daraus gemacht, dass er die Nationalsozialisten ablehnte. Mit Ilse und ihren Geschwistern sprachen er und Lilli jedoch nie über ihre Überzeugungen, schon um die Kinder zu schützen. Und so fehlte ihnen die nötige politische Orientierung, als ihre Mutter um ihr Leben bangen musste. Sie sahen das Unrecht, das ihrer Mutter widerfuhr. Aber sie begriffen nicht, dass dieses Unrecht das Merkmal einer Diktatur war und dass die »Terrorbomber der Alliierten«, über die sich Ilse echauffierte, nicht nur ihr Leben bedrohten, sondern auch das NS-Regime. Und wenn sich der Flakhelfer Gerhard darüber freute, dass man den britischen Bombern »ein paar Schuss auf den Pelz gebrannt habe« und das dann stolz seiner Mutter berichtete, so klingt auch dort ein uns heute irritierendes Wir-Gefühl mit.

Im Ärztehaus wurde es nun immer enger. Am 15. Mai zog Ernsts Schwester Lore endgültig in Immenhausen ein. Es war ihr nicht gelungen, eine eigene Wohnung zu finden. Um Platz für Lore zu schaffen, mussten die vier Mädchen ihr kleines Reich im Dachgeschoss mit anderen teilen. Das Hausmädchen Gerda nahm Eva in sein Zimmer auf, Ilse und Dorle zogen zu Johanna. Ilse und Johanna waren empört, ihr Zorn richtete sich jedoch nicht gegen Lore, sondern gegen ihre Stiefmutter. Rita hatte wenig Verständnis für die Nöte ihrer Schwägerin gezeigt und ihr die Unterkunft nur widerwillig abgetreten.

Im Juni 1944 kam dann endlich das erhoffte Lebenszeichen von Lilli, freilich in ungewohnter Form. Ihr Brief vom 5. Juni, gerichtet an Lore und geschrieben auf einem für Auschwitz-Häftlinge vorgesehenen Briefpapier, trug erkennbar nicht ihre Handschrift. Möglicherweise wurde er von einer Mitgefangenen geschrieben, die nicht deutscher Herkunft war, darauf deuteten einige Schreibfehler hin und der steife, für Lilli untypische Stil. »Gehen Ilse und Hanele nach Hofgeismar in der

Schule?«, fragte sie, dann bedankte sie sich »für die regelmäßigen Geldsendungen«. Und der Schluss lautete: »Ich bin in großer Liebe als Mutter und Schwägerin. Lilli o. Mutti«.

Nur die etwas wacklige Unterschrift erinnerte an Lillis Handschrift. Der Brief gab den Kindern Rätsel auf: Sie hatten ihrer Mutter kein Geld geschickt. Es gehe ihr gut, schrieb Lilli. Aber warum schrieb die Mutter nicht selbst? War sie erkrankt? Noch immer hatten Ilse und ihre Geschwister keine Vorstellung von dem, was in Auschwitz vor sich ging.

Während Ilse auf einen weiteren Brief ihrer Mutter aus dem Konzentrationslager wartete, wurde ihr von den Lehrern des Reform-Realgymnasiums Hofgeismar eröffnet, dass sie die Schule jetzt doch verlassen müsse. In den Schulakten vermerkte man zwar, dass sie nach Erlangung der Mittleren Reife freiwillig abgehen wolle, aber das war eine Lüge. Seit dem Erlass aus dem Jahr 1942 durften »halbjüdische« Kinder keine höheren Schulen mehr besuchen. Bei der Aufnahme Ilses im November 1943 hatte sich das Kollegium in Hofgeismar noch darüber hinweggesetzt. Jetzt war das nicht mehr möglich oder nicht mehr gewollt.

Ilses Klassenlehrer Johannes Müller stellte ihr zum Abschied ein »Abgangszeugnis« aus, datiert auf den 3. Juli 1944, das mit keinem Wort andeutete, dass dieser »Abgang« unfreiwillig war. Im Gegenteil: Sie sei, so schrieb Müller, »nach Anhörung der Konferenz vom 28. Juni 1944 nach Klasse 7 versetzt« worden. Auch ihre Leistungen gaben keinen Anlass für eine Entlassung: Jeweils eine 2 in Englisch und Musik, eine 3 in Deutsch, Geschichte, Erdkunde, Biologie und Kunst, eine 4 in Mathematik, Physik und Chemie. Kein »mangelhaft« oder gar »ungenügend«. Der »Gesamterfolg« wurde mit »befriedigend« bewertet, ihr »geistiges Streben« mit »gut« und ihre »charakterliche Eignung« mit »sehr gut«.

Ilse wurde also innerhalb von fünf Tagen versetzt und entlassen. Ihre Schwester Johanna hingegen hatte Glück und entging diesem Schicksal. Dem Kollegium des nach Hofgeismar ausgelagerten Bremer Gymnasiums war die jüdische Herkunft der Schülerin Johanna Jahn in den Kriegswirren unbekannt geblieben. Als nunmehr einziges von Lillis Kindern durfte sie weiterhin zur Schule gehen.

Allzu enttäuscht über das vorläufige Ende ihrer Schullaufbahn war Ilse jedoch nicht. Ihre Aufgaben als Ersatzmutter hatten ihr kaum noch Zeit für die Vor- und Nachbereitung des Unterrichts gelassen. Und die Sorge um ihre Mutter machte es ihr ohnehin immer schwerer, sich auf die Schule zu konzentrieren.

Irgendwann in diesen Tagen rief schließlich die Gestapo in Immenhausen an. Rita ging an den Apparat, ihr wurde mitgeteilt, dass Lilli in Auschwitz gestorben sei. Auf ihre Frage nach der Todesursache sagte man ihr etwas von einer »akuten Darmerkrankung«. Sofort rief sie die Mädchen zu sich und berichtete. »Natürlich haben wir furchtbar geweint«, erinnerte sich Ilse später.

Am 5. Juli kehrte Dr. Schupmann nach ein paar freien Tagen zurück nach Immenhausen und berichtete noch am selben Abend seiner Frau von den neuen Nachrichten aus dem Ärztehaus. Ein Kollege habe ihn am Bahnhof empfangen und ihm gleich erzählt, dass »die erste Frau Jahn« verstorben sei. Aus dem, was ihm der Kollege sagte, schloss Schupmann, dass Lilli an der Ruhr gestorben sei, wie so viele Häftlinge in den Lagern. »Gott gebe ihr ewige Ruhe, die sie hier nicht mehr finden durfte«, notierte er. »Die Kinder waren noch etwas aufgelöst, besonders die beiden älteren Mädchen, aber ihre Jugend und der ferne Schauplatz bewirken, dass sie nicht den ganzen Tag den Kopf hängen lassen.«

Die Kinder konnten zunächst gar nicht glauben, dass die Nachricht vom Tod ihrer Mutter stimmte. Ilse schrieb sofort einen Brief an das Konzentrationslager Auschwitz und bat um Auskunft, was mit der Mutter geschehen sei. Seit dem Brief ihrer Mutter hatte sie immerhin eine Adresse, die sie verwenden konnte. Als nach ein paar Wochen noch keine Antwort gekommen war, schrieb sie erneut. Und später ein drittes Mal.

Anfang Oktober bekam sie dann Antwort aus Auschwitz: eine Todesurkunde, die das »Standesamt II Auschwitz« am 28. September ausgestellt hatte. Demnach war Lilli Jahn am 19. Juni um 11.25 Uhr gestorben. Eine Todesursache wurde in dem in akkurater Handschrift gefertigten Dokument nicht mitgeteilt. Die Verwaltung des Konzentrationslagers informierte auch die Stadt Immenhausen. In diesem Schreiben wurde Lillis Tod auf den 17. Juni datiert. Wann genau und wie Lilli starb, blieb also unklar. Erst viele Jahre später erfuhren ihre Kinder, dass einzelne Häftlinge in den Schreibstuben des Lagers genötigt worden waren, große Mengen von Todesurkunden auszufüllen; die Daten wurden nach dem Zufallsprinzip ausgewählt.

Der Tod ihrer Mutter war der schwerste in einer langen Reihe von Schicksalsschlägen, die die 15-jährige Ilse in den vergangenen fünf Jahren erlebt hatte: Ihre Großmutter verließ die Familie und wanderte nach England aus, ihr Patenonkel Josef starb, ihr Cousin Wilhelm kam bei einem Bombenangriff ums Leben. Ihre Eltern ließen sich scheiden, der Vater heiratete eine neue Frau, sie und ihre Geschwister wurden zusammen mit der Mutter aus Immenhausen vertrieben, beim Bombenangriff auf Kassel durchlitt sie schreckliche Ängste, den Vater verschlug es an die Front im Osten, und nun starb die Mutter in Auschwitz. Man blicke hier auf »ein Meer von

Tragik«, schrieb Karl-Werner Schupmann am 20. Juli 1944 in sein Tagebuch.

Ilse war jetzt als Ersatzmutter ihrer Schwestern weitgehend sich selbst überlassen. Vom Vater kam nur selten ein Brief, von Tante Lore konnte sie ohnehin kaum Hilfe erwarten, und Dr. Schupmann wurde bald nicht mehr in Immenhausen eingesetzt. »Wir hatten nicht nur das Gefühl, von den Menschen verlassen zu sein«, erinnerte sich Ilse nach dem Krieg, »sondern auch, dass wir von Gott verlassen worden waren.« Ilse ging nicht mehr in die Immenhäuser Kirche.

Zuweilen hielt sie Schupmann per Brief auf dem Laufenden. Eigentlich wolle sie ihr Elternhaus verlassen, erklärte sie ihm, sie dürfe ja nicht mehr zur Schule gehen. Aber da sie sich um ihre Geschwister kümmern müsse, werde sie erst einmal in Immenhausen bleiben, um ihr »Pflichtjahr« zu absolvieren.

Die Nationalsozialisten hatten das Pflichtjahr 1938 als eine Art Arbeitsdienst für Mädchen eingeführt. Im Regelfall mussten die jungen Frauen dieses Jahr in der Land- oder Hauswirtschaft ableisten. Ilse wollte das nun im Haushalt ihrer Stiefmutter erledigen, Mitte August sollte es losgehen. Erst danach hätte sie überhaupt einen Beruf erlernen können.

Die Hoffnung, irgendwann doch studieren zu dürfen, hatte sie allerdings nicht aufgegeben. Spätestens seit der Landung alliierter Truppen in der Normandie im Juni 1944 schien das Ende des NS-Regimes absehbar, auch wenn man keinesfalls darüber sprechen durfte. Und so nahm sie trotz ihrer Entlassung aus der Schule bald wieder Nachhilfe in Latein, allerdings nicht bei einem Lehrer, sondern beim Pfarrer in Immenhausen. Der konnte sich über das Unterrichtsverbot für »Mischlinge« noch hinwegsetzen.

Ilses Bruder Gerhard musste im September 1944 zum Arbeitsdienst einrücken. In seinem »Luftwaffenhelferzeugnis«

bescheinigte ihm der Direktor des Kasseler Friedrichsgymnasiums, dass er »aufgrund seiner Einberufung zum Reichsarbeitsdienst und anschließendem Wehrdienst zu dem Termin, an dem er die Reifeprüfung abgelegt haben würde, den Reifevermerk erhalten wird«. Mit anderen Worten: Gerhard sollte automatisch im kommenden Frühjahr das Abitur bekommen.

Doch als »Halbjude« galt er plötzlich als »wehrunwürdig«. Am 13. November 1944 wurde Gerhard aus dem Arbeitsdienst entlassen und, anders als seine Kameraden, nicht mehr zur Wehrmacht eingezogen. Er kehrte in sein Elternhaus zurück und stand fortan unter polizeilicher Aufsicht. In regelmäßigen Abständen musste er sich im Immenhäuser Rathaus melden. Von einem Abiturzeugnis war jetzt nicht mehr die Rede.

Zu Weihnachten schenkte er seiner Schwester Ilse ein Poesiealbum. Ein ähnliches Album hatte Ernst seiner Lilli geschenkt, zu Ostern 1941, als die Welt der Familie noch in Ordnung zu sein schien. Ernst hatte damals ein Goethe-Zitat als Motto gewählt:

*Große Gedanken und ein reines Herz,*
*das ist es, was wir von Gott erbitten sollten.*

Dieses Zitat übernahm Gerhard als Motto auf der ersten Seite des Poesiealbums für seine Schwester. Von nun an füllte Ilse das Album mit ihren Einträgen. Gedichte von Eichendorff, Mörike, Hölderlin, viele mit einem Gottesbezug. Manchmal notierte sie auch nur kurze Sinnsprüche bekannter Dichter. Von Adalbert Stifter: »Die Klarheit seines Inneren ist für den Menschen das höchste Gut.« Und von Friedrich Schiller: »Doch große Seelen dulden still.« Außerdem klebte sie Kunstpostkarten mit religiösen Darstellungen hinein, Engel und mittelalterliche Marienfiguren vor allem, später auch ein paar Fotos moderner Plastiken. Die bildungsbürgerliche, religiös fundierte Welt ihrer Eltern spiegelte sich hier; bis weit in die fünfziger Jahre füllte Ilse Gerhards Poesiealbum mit immer neuen Bildern und Zitaten.

In dem Buch verwahrte sie zudem einen Ausschnitt aus der *Kölnischen Zeitung* mit Gedichten, auf den ihre Mutter »für Ilse« geschrieben hatte. Lilli hatte das Blatt einem der Briefe aus Breitenau beigelegt. Ebenfalls in dem Album steckte ein kleiner undatierter Zettel, auf dem Lilli eine Lebensweisheit für Ilse notiert hatte, wahrscheinlich lag auch er einem der Briefe bei:

*Eben finde ich ein Wort von Anna Schieber: »Lieber Freund, es ist eine Hand, die unser Leben schreibt. Es ist wohl schon geschrieben, wie eine Partitur schon geschrieben ist, ehe die Musik aufgeführt wird. Denken Sie nur immer daran, wenn die Dissonanzen kommen: Sie sind schon aufgelöst. Es hört nicht mit Dissonanzen auf. Wir Menschen sind selber die Notenköpfchen zu der Weltmusik. Jede Note ist wichtig und notwendig für das Ganze.«*

Anna Schieber war eine damals populäre christliche Schriftstellerin. Den Satz »Es hört nicht mit Dissonanzen auf« hatte Ilses Mutter unterstrichen – ein Wunsch, der in Lillis Fall nicht in Erfüllung ging. Ilse verwahrte den Zettel später in ihrem Schreibtisch.

Die letzten Kriegsmonate verbrachten die Kinder in absoluter Ungewissheit. Der Vater war weit entfernt in Lettland an der Front. In Immenhausen verbreiteten sich währenddessen Gerüchte, dass die Gestapo nun willkürlich »Mischlinge«

töten würde. Gerhard versteckte sich wochenlang im Wald, in Bauernhöfen und verlassenen Scheunen. Nur selten kam er in sein Elternhaus und wurde dann von Ilse mit dem Nötigsten versorgt. Auch von Karl-Werner Schupmann wussten die Kinder monatelang nicht, wo er sich aufhielt. Erst am 25. Februar 1945 konnte ihm die inzwischen 16-jährige Ilse wieder schreiben:

*Lieber Herr Dr. Schupmann!*
*Jetzt habe ich endlich erfahren, wo Sie sind. Zu meinem Erstaunen musste ich feststellen, dass Sie noch gar nicht als Westwallmann Ihre Arbeit angetreten haben. Ich glaubte Sie schon in nächster Nähe der Englishmen. Aber so ist es ja besser. Ob Sie wohl viel Arbeit haben? Können Sie denn noch hin und wieder zu Ihrer Familie fahren? Ich wünsche es Ihnen sehr.*
*Unser Weihnachtsfest war erträglich. Es musste halt gehen. Auch Silvester haben wir ganz gut überstanden. Nur hat man uns dadurch etwas in Schwung gebracht, dass man uns fünf abtransportieren wollte. Dieses war Gott sei Dank nur ein Geschwätz. Aber es hat genügt. Gerhard ist schon seit dem 13.11.44 hier und wird nicht zur Wehrmacht gezogen, das ist sehr schwer für ihn. Nun ist er vom Arbeitsamt erfasst und kommt zu einer undefinierbaren Einheit, nicht militärisch. Wahrscheinlich ähnelt es ganz bestimmten Arbeitslagern (wie Mutter). Da habe ich halt auch große Angst um ihn.*
*Dasselbe hat man mit mir vor. Wahrscheinlich werde ich aber zurückgestellt, da ich im Haushalt beschäftigt bin. Da heißt es abwarten. Nur bin ich heilfroh, dass die drei Kleinen nicht herangeholt werden.*
*Vom Vati haben wir noch regelmäßig Nachricht aus*

*Libau. Wenn er doch nur einmal käme. Jetzt, wo doch meine, unsere Not so groß ist, kann man niemanden etwas fragen.*
*Ich habe in den letzten Wochen viel gelesen. Gut hat mir vor allem Löschers* Alles Getrennte findet sich wieder *gefallen. Die Zeit zum Lesen habe ich einfach gestohlen. Bin nicht in die Lateinstunde gegangen oder habe mal etwas kürzer geschlafen, es musste halt gehen.*
*Viel Zeit raubt uns auch die Fliegerei. Wenn Tiefflieger im Westen sind, muss alles in den Keller. Das passiert bald jeden Tag. Ihr Angriffsziel ist meistens die Bahn. Wenn Güterzüge und Truppentransporte an der Bahn stehen, gibt es immer einen Tieffliegerangriff. Außerdem hat Immenhausen einen neuen Fortschritt gemacht. Wir bekommen jetzt Voralarm. Das ist natürlich ein fortwährendes Geheul.*
*Hannele ist bei Heidi in Hümme vier Tage der Woche, die anderen drei Tage ist sie hier. Die Fahrt von Hümme nach Hofgeismar ist gefahrloser als von Immenhausen nach Hofgeismar. So bin ich allerdings eine Kraft im Hause los. Die Kinder helfen mir ansonsten alle feste mit. Als ich vorige Woche einmal ganz erschöpft war, haben Hannele und Gerhard mir morgens vor dem Frühstück die Hausarbeit gemacht, damit ich ausschlafen konnte. Jetzt geht die Schufterei weiter.*
*Bleiben Sie gesund, lassen Sie sich von keiner Bombe treffen. Die Kinder lassen alle herzlich grüßen. Es grüßt Sie herzlich*
*Ihre Ilse Jahn*

Die »undefinierbare Einheit«, zu der Gerhard eingezogen werden sollte, war die »Organisation Todt«, eine paramilitärische

Truppe, die zum Bau von Panzersperren und Befestigungsanlagen eingesetzt wurde. In diesen Monaten erhielten viele »Mischlinge« einen Einberufungsbefehl, Gerhard wurde am Ende jedoch verschont.

Auch die Ilse angedrohte Deportation in ein nicht näher benanntes Lager kam nicht mehr zustande. Im Chaos der letzten Kriegswochen war die Kasseler Gestapo in Auflösung begriffen und kaum noch handlungsfähig, zumal sowjetische Truppen die Konzentrationslager im Osten schon befreit hatten. Die Pläne zur Auslöschung der »Halbjuden«, so wie sie auf der Wannseekonferenz diskutiert worden waren, hatten sich damit erledigt.

Am 5. April 1945 gegen 15 Uhr fuhren amerikanische Soldaten mit ihren Jeeps auf den Marktplatz von Immenhausen. Für Ilse und ihre Geschwister war der Krieg zu Ende.

# Von Immenhausen nach Birmingham

## *»Ein maßloser Hass«* Der Kampf um Lillis Kinder

Der Muttertag des Jahres 1945 fiel auf den 13. Mai und damit auf den ersten Sonntag nach dem Ende des Zweiten Weltkriegs in Europa. Am Morgen legten Ilses Schwestern eine kleine blaue Karte auf den Frühstückstisch. Auf der Vorderseite stand: »Unserem kleinen Mutterlein zum Muttertag 1945«.

Mit Zwirnsfaden hatten die drei ein weißes Blatt angeheftet, das außen mit bunten Herzchen und Blümchen bemalt war. Und innen hatte eines der Mädchen mit Bleistift geschrieben:

*Liebes Schwesterlein!*
*Wir danken dir für deine große Müh,*
*die du für uns gehabt hast*
*von Abendszeit bis morgens früh.*
*Du tratest für uns Kleine ein,*
*als Mutti von uns ging,*
*nun danken wir dir 1000mal*
*recht lieb und inniglich*
*Hannele, Eva, Dorle*

Daneben hatten die Schwestern zwei gepresste Blüten gelegt und das Wort »Vergissunsnicht« hinzugefügt.

Lillis Töchter waren jetzt, wenige Tage nach der Befreiung vom NS-Regime, so sehr aufeinander angewiesen wie nie zuvor. Die Mutter lebte nicht mehr, der Vater befand sich in sowjetischer Kriegsgefangenschaft – so viel immerhin wussten sie, aber ob und wann er wiederkommen würde, schien ungewiss.

Immenhausen war bis auf ein paar kleinere Bombenschäden ohne schlimme Zerstörungen durch den Krieg gekommen. Aber seine Bewohner waren von den Schrecken und Ängsten der letzten sechs Jahre gezeichnet. Lillis Kinder hatten zunächst noch gehofft, dass sie von ihren Nachbarn mit offenen Armen aufgenommen werden würden, nun, da die Jahre der Ausgrenzung und Diskriminierung ein Ende haben sollten. Doch niemand interessierte sich für ihr Schicksal oder entschuldigte sich gar für das, was man ihnen und ihrer Mutter angetan hatte.

Immerhin, die amerikanischen Besatzungssoldaten sorgten sofort dafür, dass der nationalsozialistische Bürgermeister abgesetzt und ein Sozialdemokrat sein Nachfolger wurde. Auch der bis vor Kurzem noch verfolgte Gerhard bekam nun sein erstes Amt: Der 17-Jährige übernahm am 1. Juni für ein Jahr die Kartenstelle im Immenhäuser Rathaus, einen wichtigen Posten in den Zeiten der Mangelwirtschaft. Gerhard entschied ab sofort über die Zuteilung von Nahrungsmitteln und Kleidung.

Außerdem nutzte er seine neue Position, um in eigener Sache tätig zu werden. Die Immenhäuser Nationalsozialisten hatten viele Dokumente, die sie belasteten, kurz vor Kriegsende vergraben – Gerhard ließ sie bergen. Dabei kamen auch jene Briefe zutage, die Bürgermeister Groß an die Kreisleitung der NSDAP in Hofgeismar geschrieben hatte, um Lilli aus Immenhausen zu vertreiben.

Ilse schilderte den Stand der Dinge in der Kinderfamilie am 28. September 1945 in einem Brief an Lillis Freundin Lotte Paepcke. Geschrieben hatte sie ihn auf einem alten Briefbogen mit der Absenderzeile »Frau Dr. med. Lilli Jahn«:

*Meine liebe, gute Tante Lotte!*
*Heute früh habe ich erfahren, dass ich nach Karlsruhe schreiben könne. Jetzt könnte ich Dich auch einmal wieder besuchen, wenn Du Platz hast!! Das wäre ja nur zu schön. Zeit habe ich dadurch, dass ich nicht mehr zur Schule gehe und der Privatunterricht für mich aufgehört hat, weil ich kein Fahrrad habe. Tante Ritas Rad haben die Polen vorige Woche gestohlen.*
*Wir wollen in acht bis zehn Tagen Zuckerrüben ausmachen. Das gibt noch eine grässliche Arbeit. Vor allem bei diesem Regen. Aber ich glaube, wir müssen es tun, denn wir kriegen in jeder Zuteilungsperiode die Rationen gekürzt.*
*Evalein ist in Hümme, 15 km von Immenhausen entfernt, bei den Eltern von Hanneles langjähriger Freundin, einer Pfarrersfamilie. Hannele ist noch immer bei der Bäuerin. Dorle ist immer vergnügt und sitzt jetzt neben mir und sieht sich ein Bilderbuch an.*
*Bei uns ist es sehr kalt. Koks gibt es voraussichtlich nicht!! Holz haben wir auch nicht sehr viel. Jetzt helfen wir uns mit zwei elektrischen Öfchen.*
*Wie geht es Deiner Gesundheit? Bist Du noch immer auf dem Besserungswege? Was machen Deine Männer? Sind sie gesund? Mein einer Mann macht mir viel, viel zu schaffen. Oh, Tante Lotte, wenn er nicht wäre, hätte ich*

*manche Sorge weniger. Es klingt ja sehr großspurig, aber mir ist das Weinen meist näher als alles andere. Manchmal bin ich ganz verzweifelt. Bis jetzt ist es immer noch gut ausgegangen. Aber ich bitte Dich sehr, mir doch einen Rat zu geben, wie es anders werden kann.*
*Er redet mit Tante Rita kein Wort mehr. Und das kam so: Wir hatten eine Hausangestellte, mit der Gerhard und wir alle uns recht gut verstanden. Eines Abends – ich war in der Zeit nicht zu Hause, weil in unserer Umgebung die Amerikaner waren und ich aus Vorsicht woanders schlief, denn bei der vorigen Einquartierung hatten sich mehrere traurige Zwischenfälle ereignet – hatte Gerhard sich zu diesem Mädel aufs Bett gesetzt und war dort eingeschlafen. Das war natürlich sehr peinlich. Tante Rita war durch Zufall raufgekommen und hatte das gesehen. Dann hat es zwischen Tante Rita und Gerhard einige harte Auseinandersetzungen gegeben. Seitdem ist zwischen den beiden kein Wort gewechselt worden. Vorher hatten wir diesen Zustand schon einige Male, aber er hat sich immer wieder gegeben. Ja, Tante Rita war oft wirklich recht garstig zu uns, aber auch oft sehr nett. Doch Gerhard sucht immer nur das Schlechte in allem, was sie tut. Er betont immer und immer wieder, sie wäre eine Mörderin, und sie wäre eine Vereinigung alles Schlechten, was es nur gäbe.*
*Jetzt, wo doch Vati nicht wiederkommt, zumindest vorläufig nicht, haben wir einen neuen Anfang gemacht. Es ist doch für sie ebenso schwer wie für uns, dass Vati nicht da ist. Vatis Abwesenheit macht es uns doppelt zur Pflicht, ein erträgliches Leben zu führen!*
*Aber wenn ich freundlich bin oder ihr mal etwas gebe, muss ich eine entsetzliche Strafpredigt von ihm über mich*

*ergehen lassen. Ich wäre charakterlos, vergäße Muttis Tränen, wir müssten Mutti rächen und noch mehr solcher Dinge.*
*Ich kann mir noch so viel Mühe geben, ihm zu erklären, dass wir uns ja nur sehr selber schaden würden und dass mit einem solchen Verhalten niemandem geholfen wäre. Aber da ist nichts zu machen. Er verharrt auf seinem Grundsatz.*
*Dann ist er bei einem Rechtsanwalt gewesen wegen einem Pfleger. Das ist doch ganz unnötig. An die wichtigsten Dinge, wie Schule zum Beispiel, denkt Tante Rita schon. Wenn Gerhard es so weitertreibt, kann sie uns der Fürsorge ausliefern. Dann aber ahoi!*
*Nun hat Gerhard aber auch nicht die richtige Umgebung dort auf dem Rathaus. Lauter Leute, die ihn gegen Tante Rita aufhetzen. »Werft sie doch raus« oder »Bring sie doch ins Loch« und ähnliche Dinge hört er da zigmal. Er hat dort wohl schon den einen oder anderen Nazi durch seinen Einfluss festsetzen lassen. Deswegen habe ich auch immer befürchtet, er lasse mal etwas gegen Tante Rita unternehmen. Er hat in den von den Nationalsozialisten vergrabenen Papieren eine Zweitschrift von der Anklage Muttis gefunden. Diese lautet ungefähr so: Der Abtransport der Frau Lilli Sara Jahn ist jetzt möglich, da Ernst Jahn mit Rita ein Kind hat und er sie in Kürze heiraten will. Damit wäre die Anwesenheit der Frau Jahn überflüssig. Das trägt nun alles zu Gerhards maßlosem Hass bei. Wenn man den nur lindern könnte! Ich kann es nicht, muss nur immer mich bemühen, neues Unheil abzuwenden.*
*Nun, liebe Tante Lotte, schreib mir bitte bald wieder, grüße Deine Männer von allen Kindern recht herzlich. Sei*

*Du ganz besonders fest liebgehalten und tausendmal gegrüßt und geküsst von Deiner*
*Dich herzlich liebenden Ilse*

Bis zum Ende des Krieges hatte das NS-Regime die Nahrungsmittelversorgung der eigenen Bevölkerung noch weitgehend gewährleistet – auf Kosten der besetzten Nachbarländer, die dafür ausgeplündert worden waren. Im Laufe des Sommers 1945 machte sich nun der Ausfall dieser Lebensmittellieferungen bemerkbar. Auch Ilse wusste bald nicht mehr, wie sie ihre Schwestern ernähren sollte. Das Angebot in den Geschäften wurde von Woche zu Woche stärker rationiert. Johanna und Eva mussten das Ärztehaus sogar für einige Zeit verlassen und zu befreundeten Familien ziehen, die für die Verpflegung der beiden Mädchen sorgen wollten.

Ilse selbst verdingte sich im Herbst bei Immenhäuser Bauern, um bei der Zuckerrübenernte zu helfen – in der Tat eine, wie sie Lotte schrieb, ziemlich anstrengende Angelegenheit, zumal sie bis dahin nie auf dem Feld gearbeitet hatte. Ihr Lohn bestand darin, dass sie einen kleinen Teil der geernteten Rüben behalten durfte. Um Zucker zu gewinnen, wurden die Rüben dann klein geschnitten, gewaschen und gekocht.

Auch Ilse musste in diesen Wochen das Ärztehaus mehrmals verlassen, allerdings nur nachts. Die 16-Jährige verbrachte die Nächte an wechselnden Orten, bei Nachbarn und Schulfreundinnen, weil es in diesen Nachkriegsmonaten auch in der Umgebung von Kassel zu Vergewaltigungen durch Besatzungssoldaten gekommen war, zu ebenjenen »traurigen Zwischenfällen«, von denen sie Lotte in ihrem Brief berichtete. Zum Glück blieb sie unbehelligt.

Noch mehr Sorgen bereiteten ihr die Spannungen zwischen Rita und Gerhard. Lillis älteste Tochter verhielt sich in dieser Krisensituation zwar genauso, wie es ihre Mutter ihr stets vorgelebt hatte: Sie bemühte sich um Deeskalation und um Ausgleich zwischen den Interessen aller Beteiligten. Doch der Konflikt mit dem Bruder ließ sich vorerst nicht schlichten. Gerhard wollte sich und seine Schwestern unbedingt aus dem Haushalt der Stiefmutter lösen und betrieb weiterhin die Einrichtung einer Pflegschaft. Am 14. November 1945 genehmigte das Amtsgericht Hofgeismar seinen Antrag und erklärte den Kasseler Pfarrer Paul Lieberknecht »zum Pfleger für Sie und Ihre vier Geschwister«. Dessen »Pflichten«, so teilte das Gericht Gerhard mit, »erstrecken sich auf die Ausübung der elterlichen Gewalt in Abwesenheit Ihres Herrn Vaters und um die Regelung der vermögensrechtlichen Angelegenheiten«.

Wenig später meldete sich Lillis Cousin Georg Schloß beim »Spezial-Referat für jüdische Angelegenheiten« der Stadt Kassel und erkundigte sich nach dem Verbleib der fünf Kinder. Auch er hatte sich in den letzten Kriegswochen verstecken müssen und suchte nun nach seinen Verwandten. Am 23. November antwortete ihm das »Spezial-Referat«, dass man ihm leider »die traurige Mitteilung machen« müsse, »dass Frau Lilli Jahn, wie Sie ja schon annahmen, durch die Gestapo in ein Lager gebracht wurde und dort gestorben ist. Die Kinder von Frau Jahn befinden sich noch in Immenhausen.«

Mit Georgs Anfrage ergab sich jedoch eine neue Option: Vielleicht, so spekulierte die Behörde, könne man auf die Betreuung durch die Lieberknechts doch noch verzichten. Und so fragte man ihn, ob er »sich der Kinder annehmen könnte«.

Doch der noch unverheiratete 33-Jährige sah sich außerstande, für fünf minderjährige Kinder zu sorgen. Die Geschwister blieben also in der Obhut des Ehepaars Lieberknecht. Die beiden ließen sich in Immenhausen allerdings kaum blicken. Stattdessen holten Maria und Paul Lieberknecht zunächst nur Eva nach Kassel, sie sollte dort zur Schule gehen. Um Johanna und Dorle kümmerte sich weiterhin Ilse. Am 8. Februar 1946 berichtete sie Karl-Werner Schupmann über die Lage in Immenhausen:

*Lieber Herr Dr. Schupmann!*
*Seit langem habe ich vor, Ihnen zu schreiben. In der Zeitung habe ich von Ihrer Niederlassung in Hersfeld gelesen. Es hat mich wirklich für Sie gefreut. Es wurde ja auch endlich Zeit, dass Sie eine eigene Praxis gründen konnten. Sicherlich wohnt auch Ihre Frau mit den Kindern dort. Geht die Praxis gut?*
*Bei uns hat noch immer Tante Rita die Praxis. Die Praxis ist aber ziemlich zurückgegangen. Von Vater haben wir noch immer nichts gehört.*
*Eva ist jetzt in Kassel und besucht die Waldorfschule. Gerhard ist heute nach Marburg gefahren, um sich nach den Studienaussichten zu erkundigen. Er hat sich jetzt entschlossen, Jura zu studieren. Mit dem Studium kann er doch später die mannigfaltigsten Berufswege einschlagen. An sich wäre ja Medizin ganz günstig der väterlichen Praxis wegen gewesen. Aber er hat nicht den geringsten Trieb dazu. Jetzt wird er erst mal sein Abitur nachmachen müssen.*
*Hannele geht wieder in die Hofgeismarer Schule. Ich bin noch zu Hause, weil die Oberstufe noch nicht wieder begonnen hat. Und wenn sie beginnt, weiß ich nicht, ob ich wieder hingehen kann, weil dann niemand für uns sorgt.*
*Wir haben schon zweimal Nachricht von meiner Großmutter aus England erhalten. Sie und Mutters Schwester wollen uns rüberholen. Sie haben drüben schon*

*alle Hebel in Bewegung gesetzt. Gern, riesig gern, möchte ich einmal nach England. Aber mein Leben dort verbringen möchte ich nie. Doch es wird schon so werden. Die Kleinen müssen ein richtiges Zuhause haben, und so werde ich mitkommen müssen.*
*Zurzeit haben wir hier einen netten Kreis. Ein junger Geiger mit seiner Frau, Gerhards Freund mit seinen Eltern und eine aus Sachsen vertriebene Familie sowie Gerhard und ich haben uns zusammengeschlossen. Jeden Sonntag und in der Woche ein- oder zweimal kommen wir zusammen, hören Platten, lesen und sehen uns Bücher an. So gibt es doch oft Abwechslung in meinem »Putzfrauenleben«.*
*Tante Rita war die ganze Adventszeit und Weihnachten fort in Schlesien, wo sie ihre Mutter – mit Erfolg – gesucht hat. Nur wir fünf waren zu Hause. Eine so schöne Weihnachtszeit haben wir seit Mutti nicht erlebt.*
*Silvester haben wir bei den Eltern von Gerhards Freund gefeiert. Diese Leute sind sehr nett zu uns. Sie sind uns ein kleiner Ersatz für Vati und Mutti und stehen uns immer mit Rat und Tat bei.*
*Mit den besten Wünschen auch an Ihre Frau grüßt Sie herzlich*
*Ihre Ilse Jahn*

Das Experiment Waldorfschule scheiterte schon nach wenigen Monaten. Sie habe dort »überhaupt nichts gelernt«, erinnerte sich Eva später. Die 13-Jährige wohnte nun zwar weiterhin in Kassel, verbrachte aber viel Zeit auf einem Bauernhof in Immenhausen. Im Sommer 1946 zog auch Gerhard für ein Dreivierteljahr zu den Lieberknechts, um sein Abitur am Friedrichsgymnasium nachzuholen.

Paul Lieberknecht arbeitete damals schon nicht mehr als Pfarrer. Als Mitglied der Bekennenden Kirche war er während des Krieges mit der regimetreuen Amtskirche immer wieder in Konflikt geraten. Ende 1941 hatte er sein Amt niedergelegt, allerdings nicht nur aus politischen Gründen, sondern auch, weil die Kirche nicht akzeptieren wollte, dass er seine Frau verlassen hatte und mit einer anderen Partnerin zusammenlebte. 1942 legalisierte er das Verhältnis und heiratete jene Maria, die dann zur wichtigen Ansprechpartnerin für Ilse und ihre Schwestern wurde.

Eine Rückkehr in den Kirchendienst wurde Lieberknecht nach dem Krieg verwehrt. Er und seine Frau befanden sich in einer wirtschaftlich prekären Lage, als ihnen nun die Pflegschaft für die Jahn-Kinder zugesprochen wurde. Das wird auch in einem Schreiben deutlich, das Paul Lieberknecht am 18. Mai 1946 an den »Referenten für jüdische Angelegenheiten« in Kassel richtete:

*Seit dem Tode der jüdischen Ärztin Dr. Lilli Jahn haben meine Frau und ich uns mit ganzer Liebe und Hingabe der fünf hinterlassenen Kinder angenommen. Da Dr. Lilli Jahn seit den ersten Ehejahren von Immenhausen an mit meiner Frau in treuer Freundschaft verbunden lebte, wusste sie, dass ihre Kinder für den Fall, dass sie von einer Vernehmung bei der Gestapo nicht zurückkommen würde, bei meiner Frau und mir in den besten Händen waren. Aus diesen Erwägungen heraus bat sie uns, sich der Kinder anzunehmen und ihnen die fehlende Mutterliebe zu ersetzen. Dass wir dies letzte Vermächtnis der Verstorbenen mit größter Sorgfalt und Aufopferung ernst genommen haben, werden die Kinder bezeugen können.*

*Der Vater der Kinder ist in russischer Gefangenschaft. Auf Bitten der Kinder wurde ich ihr Pfleger.*
*Durch Lilli Jahn war ich vor ihrer Verhaftung in Kenntnis gesetzt, dass sie ein Bankguthaben in Höhe von ungefähr 10 000 Mark auf den Namen ihres geschiedenen Mannes habe schreiben lassen. Daraufhin habe ich diese 10 000 Mark sowie die Sparguthaben der Kinder sperren lassen. Frau [Rita] Jahn gab dem Vormundschaftsgericht Auskunft, dass sie allein von ihrem Mann die Vollmacht über die Kinder und deren Sparguthaben besitze. Auf meine Begründung, dass die Kinder fast zu drei Vierteln die Besitzer des Hauses seien, weil dies in der ersten Ehe angeschafft worden sei, erklärte sie dem Gericht, dass das Haus 1942 ganz auf den Namen ihres Mannes geschrieben wurde. Dies ist aber nur pro forma geschehen, weil das Gesetz es damals verbot, dass Juden irgendwelche Eigentümer besaßen.*
*Da die Kinder in dem Haus nur kleine Mansardenstübchen bewohnen, erstrebte ich, dass das Haus den Kindern zu drei Vierteln als ihr Eigentum anerkannt wird und dass Frau Jahn für den ihr nicht zustehenden Teil sowie für die Praxis Miete an mich zu zahlen hat, die ich auf jedes der Kinder verteilen und für Erziehung und Ernährung verwenden wollte.*
*Leider hat sich die Haltung der beiden ältesten Mädchen und wohl auch des Jungen gegenüber Frau Jahn geändert. Ich kann es mir nur so erklären, dass diese Frau mit dem Vater droht. Uns fehlt jedes Verständnis für die Haltung der Kinder, die genau wissen, wie sehr diese Frau immer betont hat, dass es die Rasse sei, warum sich der Vater von der Mutter abgewendet hatte.*
*Bei meinen Verhandlungen vor dem*

*Vormundschaftsgericht fallen mir die Kinder in den Rücken und erklären sich mit den Ausführungen der jetzigen Frau Jahn einverstanden.*
*Mein Gesundheitszustand ist, besonders seit den vielen Gestapo-Vernehmungen seit 1939, als ich öffentlich als Judenknecht angeprangert worden war, sehr schlecht. Ich kann die Kinder beim besten Willen nicht voll miternähren.*
*Um der Toten willen, der ich versprach, mich der hinterlassenen Kinder anzunehmen, bitte ich Sie, mir zu helfen, damit eine Klärung des Vermögens der Kinder erzielt wird.*
*Mit bestem Gruß, Lieberknecht*

Geld aus Immenhausen bekam der Pfarrer nie. Im Gegenteil: Die drei älteren Kinder hatten kein Interesse an einer weiteren Eskalation der ohnehin schon schwierigen Lage im Ärztehaus, Ilse und Johanna brachen den Kontakt zu den Lieberknechts jetzt ab. Auch Gerhard bereute nun wohl, dass er dem Pfarrer die Pflegschaft angetragen hatte.

Die übrigen Verwandten erfuhren von dem Zerwürfnis jedoch nichts. Lillis Schwester Elsa schrieb noch am 22. August 1946 einen langen Brief an Paul Lieberknecht, in dem sie ihm und seiner Frau »von ganzem Herzen für alles« dankte, »was Sie an den Kindern meiner armen Schwester getan haben«, und darum bat, Eva auch weiterhin in Kassel zu beherbergen. Die Lieberknechts sahen sich also darin ermutigt, weiter um Lillis Kinder zu kämpfen.

Am 31. August 1946 erschien Maria Lieberknecht persönlich beim »Spezial-Referat für jüdische Angelegenheiten« in Kassel und gab folgende Aussage zu Protokoll:

*Ich bin die Freundin von Lilli Jahn, geb. Schlüchterer. Die Ehe war anfangs eine außerordentlich glückliche bis etwa 1940. Ernst Jahn nahm seit 1938 eine Vertreterin in sein Haus, Dr. Rita …, mit der er ein voreheliches Kind hatte. Seit dieser Zeit begann das Martyrium meiner Freundin. Wiederholt war meine Freundin bei mir und klagte mir im Beisein meines Mannes unter Tränen ihr Leid.*
*Ich weiß genau, dass die damalige Dr. Rita … zur Kasseler Gestapo gegangen ist und diese auf meine Freundin Lilli Jahn aufmerksam gemacht hat. Die Kinder werden von mir betreut. Es wird Wert darauf gelegt, dass die Kinder von jedem künftigen Martyrium verschont bleiben und ihnen ihr mütterliches Erbe voll gesichert wird.*

In Wahrheit wurden zu diesem Zeitpunkt nur Eva und Gerhard von Maria Lieberknecht in Kassel betreut. Ilse, Johanna und Dorle lebten in Immenhausen bei Rita. Wenige Tage zuvor war zudem Ernst aus der Gefangenschaft zurückgekehrt. Maria Lieberknecht behauptete später sogar gegenüber den Behörden, sie habe die »fünf unmündigen Kinder« bereits nach der Festnahme Lillis in ihrem »Haushalt aufgenommen«. Auch das war falsch. Ilse und ihre Geschwister lebten während des Krieges zunächst in der Motzstraße und dann wieder in Immenhausen, aber nie bei den Lieberknechts.

Es hatte auch keineswegs eines Hinweises von Rita bedurft, um die Gestapo in Kassel auf Lilli aufmerksam zu machen. Lilli war seit Jahren schon die einzige Jüdin in Immenhausen gewesen, jedem Parteifunktionär war das bewusst. Maria Lieberknechts Denunziation blieb dennoch nicht ohne Wirkung. Zwei Tage später schrieb ein Mitarbeiter des »Spezial-

Referats für jüdische Angelegenheiten« an den Leiter des Kasseler Jugendamtes:

*Die Sorge um die fünf Geschwister Jahn, die wir zu betreuen haben, lastet schwer auf uns. Die Kinder wurden bisher von der Pfarrerfamilie Lieberknecht großgezogen. Der Vater ist der praktische Arzt Ernst Jahn, der vor Kurzem aus russischer Kriegsgefangenschaft zurückkehrte. Ernst Jahn war mit einer jüdischen Ärztin, Lilli geb. Schlüchterer, verheiratet. Während der Naziherrschaft hat sich Genannter von seiner ersten Frau losgesagt. Die Frau ist von der Gestapo nach dem Osten verschleppt worden und in Auschwitz ums Leben gekommen.*
*Es besteht der Verdacht, dass die beiden heutigen Ehegatten die erste Frau der Gestapo ausgeliefert haben. Nähere Angaben hierüber kann die Pfarrerfamilie Lieberknecht machen.*
*Der Arzt Ernst Jahn verlangt, dass die Kinder wieder zu ihm zurückkehren. Sämtliche Kinder glauben, dass ein Zusammenleben mit ihrem Vater und dessen Frau nicht mehr möglich ist. Es erscheint auch angebracht, die vermögensrechtliche Frage der Kinder zu klären.*
*Ich bitte Sie hiermit, sich persönlich dieser fünf Kinder nach vorherigem Benehmen mit der Familie Lieberknecht anzunehmen.*
*Nach Ausspruch von Max Speier gehört Jahn sofort verhaftet und der irdischen Gerechtigkeit übergeben. Bei dieser Gelegenheit sei auch auf das Urteil der Spruchkammer Hofgeismar gegen die Ärztin Rita Jahn aufmerksam gemacht, das in diesem Falle außerordentlich milde ausgefallen ist.*

Max Speier war damals Mitarbeiter des »Spezial-Referats«. Seine Aussage zeigt, wie aufgeheizt das politische Klima in den ersten Nachkriegsjahren war. Mit der Wahrheit nahm man es mitunter nicht so genau. Die Lieberknechts, auf deren Aussagen dieses Schreiben beruhte, wurden dabei als neutrale Instanz zitiert und nicht als Partei mit eigenen materiellen Interessen. Vor allem behauptete man jetzt, dass die Kinder nicht mehr mit Ernst und Rita zusammenleben wollten – was allein schon dem Inhalt jenes Briefes widersprach, den Paul Lieberknecht noch im Mai an das »Spezial-Referat« geschrieben hatte.

Der Leiter des Jugendamts leitete das Schreiben sofort an die Abteilung Jugendschutz weiter: »Eilt! Mit der Bitte um Nachprüfung und Äußerung zum 5. September 1946«.

Das Ergebnis dieser Prüfung fiel allerdings anders aus als vom Ehepaar Lieberknecht gewünscht. Das Jugendschutzdezernat hatte inzwischen auch die Beteiligten in Immenhausen befragt und fertigte am 12. September einen weiteren Vermerk. Die Beamten stellten fest, dass nur Eva und Gerhard von Frau Lieberknecht vorübergehend betreut wurden und dass der Sohn »immer noch seinen Vater anerkennt«. Gerhard wünsche es auch nicht, dass dem Vater wegen dessen Verhalten in der Vergangenheit »Schwierigkeiten entstehen«. Schließlich empfahlen die Beamten, den 19-jährigen Gerhard vorzeitig für volljährig zu erklären und ihm die Aufgabe zu übertragen, »darauf zu achten, dass die Interessen seiner Geschwister gewahrt werden«.

Zum 31. Dezember 1946 wurde dem Ehepaar Lieberknecht die Pflegschaft der Kinder entzogen. Ernst hatte zumindest diese Runde im Kampf um seine Kinder gewonnen.

Gerhard und Eva lebten jedoch immer noch in Kassel bei den Lieberknechts. Ernst bat um Evas Rückkehr nach

Immenhausen, aber das Paar wollte das 13-jährige Mädchen bei sich behalten. Am 20. Januar 1947 behauptete Paul Lieberknecht in einem Schreiben an Ernst Jahn, dass Eva nicht nach Immenhausen zurückkehren wolle und dass Ernst überhaupt nur dank seiner Intervention beim »Spezial-Referat für jüdische Angelegenheiten« nicht verhaftet worden sei – was nicht stimmte, eher war das Gegenteil der Fall.

Am 17. März machte Gerhard sein Abitur und verließ das Haus des Pfarrers. Wenige Tage später, am 1. April 1947, starb Paul Lieberknecht an einem Schlaganfall. Nun zog auch Eva wieder nach Immenhausen. Und Gerhard bemühte sich um eine Aussöhnung mit Maria Lieberknecht. In einer eidesstattlichen Erklärung gab er zu Protokoll:

*Pfarrer Lieberknecht wurde verschiedene Male unsertwegen verhaftet und von der Gestapo misshandelt. Dass wir fünf Geschwister so das nationalsozialistische Regime überstehen konnten, verdanken wir zum größten Teil Herrn und Frau Pfarrer Lieberknecht.*

## *»Das dritte Reich ist mir halt schlecht bekommen«* Lottes Geschichte

Am Ende des Jahres 1946 kämpften nur noch zwei Parteien um Lillis Kinder: ihr Vater Ernst in Immenhausen und ihre Großmutter Paula zusammen mit Elsa in Birmingham. In der Auseinandersetzung ging es vor allem um die vier Mädchen, Gerhard war aus Sicht aller Beteiligten alt genug, um selbst für sich zu sorgen. Wie vom Jugendamt empfohlen, wurde er noch vor seinem 20. Geburtstag für volljährig erklärt.

Doch auch Ilse wollte keinesfalls hinnehmen, dass andere wieder über ihr Leben bestimmten. In den letzten Kriegsjahren hatte sie selbstständig für sich und ihre Schwestern gesorgt, das sollte so bleiben. Was der bald 18-Jährigen allerdings fehlte, war der Beistand eines Familienmitglieds, das vor allem an die Interessen der Kinder dachte: der Rat einer erwachsenen Person also, die vertrauenswürdig und am besten schon von Lilli geschätzt worden war.

Deswegen hatte sich Ilse nach dem Krieg an ihre »Tante Lotte« in Karlsruhe gewandt, deswegen hatte sie Lotte wenig später besucht und ihr die Lage in Immenhausen geschildert. Lotte schrieb daraufhin eine Reihe von Briefen an die streitenden Parteien und bemühte sich um eine Klärung der verfahrenen Lage; für Lillis älteste Tochter wurde sie damals zu einer Ersatzmutter. Ilse wusste allerdings zu diesem Zeitpunkt noch nicht, dass die Holocaust-Überlebende unter einer Depression litt und sich daher kaum um Lillis Kinder kümmern konnte.

Lotte war im Jahr 1910 als Tochter des Lederwarenhändlers Max Mayer und seiner Frau Olga, der Cousine Lillis, in Freiburg im Breisgau geboren worden. Max, ein sozialdemokratischer Stadtverordneter, hatte im Ersten Weltkrieg gegen die Franzosen gekämpft und galt als glühender Patriot.

Im Wintersemester 1921/22 studierte Lilli in Freiburg, sie wohnte damals im Haus von Olga und Max, unweit des Freiburger Münsters. In dieser Zeit lernte sie die zehn Jahre jüngere Lotte kennen, seither waren die beiden befreundet. Schon bald lasen sie dieselben Bücher, tauschten Briefe aus. Und als auch Lotte einen nichtjüdischen Mann heiratete, den Germanisten Ernst-August Paepcke, teilten sie das Schicksal, in einer sogenannten Mischehe zu leben.

Lotte studierte Jura und absolvierte im Frühjahr 1933 ihr Staatsexamen, das Referendariat durfte sie als Jüdin nicht mehr antreten. Wegen ihrer Mitgliedschaft in einem kommunistischen Jugendverband wurde sie ins Gefängnis gesteckt, erst nach der Intervention eines mit ihrem Vater befreundeten Rechtsanwalts kam sie nach drei Wochen wieder frei. Lotte zog daraufhin nach Rom, kehrte aber bald zurück, weil Ernst-August dort keine Arbeit finden konnte. 1935 wurde Lottes erster Sohn Peter geboren.

Als ihr Vater Max im November 1938 einen Monat lang in Dachau inhaftiert und misshandelt wurde, verloren er und seine Frau endgültig die Hoffnung auf eine Besserung der Lage. Das Paar emigrierte am 31. August 1939, unmittelbar vor Ausbruch des Zweiten Weltkriegs, über die Schweiz in die USA. Olgas Mutter Helene blieb in Deutschland und kam 1942 im Konzentrationslager Theresienstadt ums Leben.

Lotte hingegen schien geschützt zu sein, weil sie mit einem nichtjüdischen Mann verheiratet war und einen minderjährigen Sohn hatte. In den ersten Kriegsjahren besuchte sie ihre Freundin Lilli noch ein paarmal in Immenhausen, danach blieben die beiden in Briefkontakt, auch als Lilli bereits in Breitenau war. Doch weil Lilli ihre Situation dort der Zensur wegen nicht wahrheitsgetreu schildern konnte, begriff Lotte lange nicht, wie ernst Lillis Lage war.

Bis 1944 lebten Lotte und Ernst-August in Leipzig, ihren Sohn Peter hatten sie bei Freunden in Freiburg untergebracht. Lotte wurde zur Zwangsarbeit herangezogen. Das Wegräumen von Bombenschutt in der Leipziger Innenstadt, bei Eis und Schnee, strapazierte die zierliche Frau jedoch so sehr, dass sie bald völlig entkräftet war, eine Lungenentzündung kam hinzu. In ein Krankenhaus durfte sie als Jüdin nicht eingewiesen werden. In ihrem nach dem Krieg veröffentlichten Erinnerungsbuch *Unter einem fremden Stern* beschrieb sie, wie sie diese Bedrohung überlebte. Durch die Hilfe einer Ärztin konnte sie Leipzig verlassen, gemeinsam mit ihrem Mann gelang es ihr, in den Südwesten Deutschlands zurückzukehren. Dort wurde Lotte von Freiburger Freunden aufgenommen und versteckt. Ihr Gesundheitszustand verschlechterte sich erneut, und so brachte man sie dann doch in ein Krankenhaus – ein riskantes Unterfangen, denn niemand dort durfte ihre wahre Identität erfahren. Nach dem britischen Bombenangriff auf Freiburg vom 27. November 1944, der das Krankenhaus zerstörte, bot ihr ein Pater des bei Freiburg gelegenen Klosters Stegen Zuflucht. Das folgende halbe Jahr, bis zur Befreiung durch französische Truppen am 23. April 1945, lebte Lotte im Kloster, zusammen mit anderen Kriegsopfern und Flüchtlingen. Sie arbeitete in der Gärtnerei des Klosters, dort fragte niemand nach ihrer Herkunft.

Wie viele vom Holocaust Traumatisierte litt auch Lotte an Schuldgefühlen gegenüber jenen Leidensgenossen, die den Vernichtungsfuror der Nationalsozialisten nicht überlebt hatten. »Wenn sie einen Tod starben, der eigentlich der meine war – durfte ich mich dann beiseite stehlen ins Leben?«, schrieb sie in ihren Erinnerungen. Eine schwere Depression überschattete die ersten Nachkriegsmonate. »Mir geht es auch recht schlecht«, schrieb sie am 29. November 1945 an eine Freundin, »das dritte Reich ist mir halt schlecht bekommen und hat mich ruiniert, so dass ich im vierten nicht mehr brauchbar bin.«

Mit Mann und Sohn zog Lotte nach Karlsruhe und verbrachte einige Wochen in einer Klinik bei Badenweiler. Eine Psychotherapie sollte ihr bei der Bewältigung ihrer Depression helfen. In dieser fragilen Situation erreichte sie Ilses Bitte um Unterstützung. Lotte nahm daraufhin Kontakt mit Elsa in Birmingham auf; auch Lillis Studienfreundin Liese Auerbach, die rechtzeitig vor dem Krieg nach New York emigriert war, wurde einbezogen. Die drei Frauen sahen es als ihre Aufgabe an, Lillis Kinder in geordnete Verhältnisse zu bringen.

Doch nicht nur Lotte war krank und mit dieser Aufgabe im Grunde überfordert. Elsa befand sich im Spätsommer 1946 in einem Lungensanatorium in England, um ihre Tuberkulose behandeln zu lassen. Trotz ihrer gesundheitlichen Probleme wollte Elsa die Töchter ihrer Schwester nach England holen. In ihrem Brief vom 22. August 1946 informierte sie darüber Pfarrer Lieberknecht:

*Wie Gerhard Ihnen sicherlich erklärt hat, möchten Mutter und ich die Mädels für einige Zeit zu uns nehmen, um ihnen mal wieder ein Heim und gute Verpflegung zukommen zu lassen. Es liegt uns fern, sie für immer hierher zu holen, schließlich und endlich hat mein Schwager ja die Pflicht, für seine Kinder zu sorgen, und wir könnten auch gar nicht diese Verantwortung übernehmen. Aber wir glauben, dass ein Jahr oder mehr in gesunden geregelten Verhältnissen viel dazu beitragen wird, die bitteren und grausigen Erlebnisse der letzten Jahre vergessen zu machen.*

Elsa schrieb auch an Lotte, um ihr diesen Plan zu erklären. Ernst war jedoch erst wenige Wochen zuvor aus sowjetischer Kriegsgefangenschaft zurückgekehrt und wollte seine Kinder bei sich behalten. Lotte lud daraufhin Ernst und Rita zu einem klärenden Gespräch nach Karlsruhe ein. Am 26. Oktober 1946 berichtete sie Elsa von dem Treffen:

*Liebe Elsa!*
*Heute erhielt ich Deinen lieben Brief vom 15. des Monats und möchte mich beeilen, ihn zu beantworten. Denn wir haben wieder ziemlich viel Besuch, und da muss ich immer zwischenrein viel ruhen, damit es nicht zu viel wird. Die Berichte über Dich klingen ja auch nicht besonders – wie hast Du Dich jetzt außerhalb des Sanatoriums wieder ans Leben gewöhnt? Ob Du wohl eine Dir und Deinen Kräften angemessene Arbeit wirst finden können? Ich möchte Dir und Tante Paula so wünschen, dass es Dir ein wenig ordentlicher geht.*
*Ich hatte sowieso vor, Dir von Ernsts und seiner Frau Besuch bei uns zu berichten. Zunächst zu Eurer Frage, warum wir Ernsts Frau aufgenommen haben. Zuerst haben wir es abgelehnt und geschrieben, er solle allein kommen. Dann bat er aber sehr darum, sie ebenfalls aufzunehmen, da doch lauter Dinge aus dem Leben der Kinder in der Zeit ihres Alleinseins mit ihr zur Sprache kommen würden. Nur seine Frau selbst könne doch auf alles antworten, und er schlug vor, auch Ilse mitkommen zu lassen, damit beide Parteien gehört werden könnten. Das konnte ich aber nicht machen, weil ich so viele Leute*

*nicht unterbringen kann, und ich war dann einverstanden, dass seine Frau mitkommt, weil sein Argument nicht unrichtig war. Es hat sich dann nachher auch herausgestellt, dass es so außerordentlich günstig war, denn Ernst hat bei dieser Aussprache aus ihrem eigenen Mund und durch ihre eigenen Antworten Dinge gehört und erkannt, wie wir selbst sie ihm nie hätten so deutlich klarmachen können!*

*Du hast wohl recht, die drei Tage waren für mich eine sehr große Aufregung. Schon allein Ernst wiederzusehen, war sehr schwer, dann seine Frau dazu und dann die langen und erregenden Aussprachen. Dazu ist Ernst ja sowieso ein sehr anstrengender Mensch. Ihn selbst fand ich kaum verändert. Er sieht gut aus – seit längerer Zeit hat er übrigens keinen Borstenkopf mehr wie früher, sondern langes Haar und sieht wirklich sehr gut so aus. Es ist ihm unbedingt zuzubilligen, dass er sich ganz große und verzweifelte Mühe gibt, die verschiedenen Partien in seinem Haus zu einer Familie zusammenzuschließen, und dass er für die Kinder tun will, auch menschlich-persönlich, was nur möglich ist. Er hängt auch unbedingt sehr an ihnen …*

*Ernst sieht in dieser Frau etwas, was sie überhaupt nicht ist. Er liebt da ein Phantom seiner eigenen Fantasie – irgendwelche Dinge, die er bei Lilli nicht zu finden glaubte, hat er in sie hineinprojiziert, die ein völlig ungeeignetes Objekt ist. Man könnte sich die Haare raufen, wenn man sieht, wofür Lilli hat sterben müssen – denn nicht einmal Ernst selbst ist glücklich geworden …*

*Selbstverständlich ist die Stellung der Kinder, jetzt, wo Ernst im Haus ist, günstiger als vorher, aber allein schon die Spannungen, die zwischen ihm und seiner Frau täglich auftreten, sind so stark, dass irgendeine Harmonie sich nicht herbeiführen lässt. Und gelegentliche Friedensvorschläge, wie sie Rita jetzt nach ihrer Rückkehr von hier Ilse gegenüber gemacht hat, werden gar nichts nützen, weil Rita ist, wie sie ist. Und Ernst wird in all dem zerrieben werden. Ilse schrieb mir neulich, dass er eine Stunde lang laut geheult habe, und das komme öfter vor. Auch er ist all den Aufgaben gar nicht gewachsen. Er ist ja bei all seiner Intelligenz und den menschlich positiven Eigenschaften, die er hat, ein schwacher Mensch, sonst wäre ja alles Vergangene gar nicht geschehen – und er wird nicht imstande sein, jetzt das Leben im Haus so zu gestalten, wie er es wünscht.*

*Früher war Lilli die Gestalterin von allem, sie hat dafür gesorgt, dass alles so lief, wie Ernst es brauchte. Wenn bloß eines der Kinder einmal maulte, war Ernst schon todunglücklich und jammerte: »Ich will Frieden haben, Frieden will ich.« Und Lilli schuf ihm immer wieder diesen Frieden. Und jetzt? Jetzt hat er erbittertsten Krieg und keinen, der ihn unterstützt.*

*Dazu kommt noch, dass er von politischen Stellen stark angegriffen wird, und man wollte gegen ihn vorgehen wegen der Scheidung. Gerhard hat viel getan, um das abzubiegen. Es wäre ja für die Kinder kein Glück, wenn er nun in ein Lager oder Ähnliches geholt würde. Nachdem er nun im Dritten Reich angegriffen und missachtet war wegen seiner Ehe mit einer Jüdin und das kaum ertragen hat, sieht er jetzt, dass er wiederum missachtet ist und von den Kreisen, die jetzt den Ton angeben und deren Urteil jetzt maßgebend ist, nicht anerkannt ist. Und bei seiner Abhängigkeit von der öffentlichen Meinung, die ja weitgehend mit schuld daran*

*war, dass er sein Mischehenschicksal nicht ausgehalten hat, wird er nun in Zukunft von Neuem zu leiden haben.*
*Er wird sich auch an die menschliche Ablehnung der meisten Menschen gewöhnen müssen, an denen ihm etwas liegt. Auch meine Eltern schrieben mir, Ernst solle sich nur nicht unterstehen, ihnen zu schreiben. Von ihnen bekomme er keine Antwort. Ich halte diese Haltung für absolut richtig. Ich selber möchte mit Ernst in Verbindung bleiben, da das der Kinder wegen nicht anders geht.*
*Über Gerhard sprach ich ausführlich mit ihm. Er sieht ein, dass der Junge eine absolut ablehnende Haltung zu allem einnehmen muss und will und sich sozusagen als Rächer seiner Mutter fühlt. Und ich habe ihm zu verstehen gegeben, dass er eine solche Haltung seines Sohnes eben aushalten und auf sich nehmen muss. Gerhard macht nur einen Fehler, über den wir ihm auch schon mehrere Male geschrieben haben, dass er sich oft ausgesprochen ungezogen benimmt.*
*Wegen der Englandreise habt ihr sicher inzwischen Nachricht bekommen. Ernst will Hannele und Eva schicken. Ilse hätte es vielleicht am meisten nötig, aber es wäre im Augenblick tatsächlich wegen der Schule sehr unpraktisch, denn ich wäre auch dafür, dass sie jetzt erst mit aller Macht die Schule zu Ende bringt, damit sie ihre Berufsausbildung anfangen und aus dem Haus kann. Allerdings ist vorerst ihr Plan ja noch, zu studieren, und wir haben hier keine Universität, was mir auch wegen Gerd sehr leidtut.*
*Ille ist tatsächlich Lilli erschreckend ähnlich, und nicht nur im Aussehen, sondern auch im Wesen, im Sprechen, in den Bewegungen, in allem! Ich bin oft, wenn sie plötzlich zur Tür hereinkam, furchtbar erschrocken.*

*Ich bin also sicher, Ihr werdet nicht enttäuscht sein, und zwei der Kinder werden, sobald es klappt, kommen.*
*Ernst ist es an und für sich arg, die Kinder jetzt schon wegzugeben, weil er sie halt erst mal wieder in die Hand bekommen möchte. Er sieht aber ein, dass es für Euch, vor allem Tante Paula, ein unbedingtes Bedürfnis ist, die Kinder bald zu sehen, und sieht auch ein, dass es den Kindern guttun wird.*
*Es scheint mir jetzt besser als vorher dafür gesorgt zu sein, dass Ilse von Hausarbeiten entlastet wird und sich auf die Schule konzentrieren kann. Das Flicken usw. muss sie halt noch machen, aber sie hat jetzt in den Ferien viel aufgearbeitet. Deshalb und weil sie noch Privatstunden nehmen musste, ist sie auch nicht hierhergekommen.*
*Weihnachten will ich Gerd einladen, damit er nicht im Haus sein muss. Ich denke, es ist für alle Teile dann besser.*
*Die Kinder haben jetzt einen sehr netten Kreis für sich, haben genug Ablenkung und Vergnügen und fühlen sich psychisch wohl besser als noch vor einiger Zeit.*
*Wenn Ernst Dir ausführlicher über die Gründe seiner Scheidung schreiben wird, wirst Du vermutlich nicht mehr erfahren, als Du jetzt schon weißt. Er gibt immer wieder an, er habe eben in seiner Begegnung mit Rita erst seine eigentliche Erfüllung und sein eigentliches Selbst gefunden. Und er habe geglaubt, alle Sicherungen getroffen zu haben, dass Lilli nichts passieren konnte, da ihm von den Behörden gesagt worden sei, die fünf Kinder werden ihr zugesprochen, und er annehmen konnte, sie seien genügender Schutz für sie. Ich glaube nicht, dass Ernst Dir noch irgendetwas wird sagen können, was Dir die Sache einleuchtender und verständlicher machen wird.*

*Nun ist es aber höchste Zeit für mich, Schluss zu machen. Schreibe mir recht bald, wenn Du den Brief bekommen hast.*

Die letzten Zeilen des Briefes sind nicht überliefert. Lotte urteilte hart über Rita, vielleicht auch zu hart; als Lillis Freundin war sie im Urteil über Rita befangen. Aber Lotte konnte sicher sein, dass Lillis Schwester in Birmingham ihre kritische Einstellung teilte.

Die Pläne, die Mädchen nach England zu holen, zerschlugen sich zunächst. Ernst hatte nach wie vor wenig Interesse daran, die Kinder, und seien es auch nur Johanna und Eva, zu ihrer Großmutter und zu ihrer Tante ziehen zu lassen. Und Ilse wollte sich von ihren Schwestern ohnehin nicht trennen. Man vertagte die Reise auf unbestimmte Zeit.

Lotte verarbeitete das Trauma ihrer Verfolgung in der NS-Zeit bald als Schriftstellerin. Essays in den *Frankfurter Heften* verhalfen ihr zu ersten literarischen Erfolgen, sie freundete sich mit namhaften Künstlern und Autoren wie Erich Heckel, Walter Dirks und Eugen Kogon an. Die Mädchen in Immenhausen gerieten bald ein wenig in Vergessenheit. Ilse aber fuhr noch ein paarmal nach Karlsruhe. Bei einem dieser Besuche traf sie auch Heckel in der Wohnung ihrer Tante. Der »Brücke«-Maler wollte das hübsche Mädchen porträtieren und bat Ilse, ein paar Tage länger zu bleiben. Aber ihr war das Angebot nicht geheuer. Sie wollte so schnell wie möglich zurück zu ihren Schwestern in Immenhausen.

## *»Nimm die Nase!«*
## Die Rückkehr ins Gymnasium

Da Ilse und ihre Schwestern vorerst nicht nach England kommen konnten, baten Paula und Elsa um aktuelle Fotos der Kinder. Und so ging Ilse eines Tages zusammen mit ihren Geschwistern ins Fotostudio von Gust Stark in Immenhausen. Der Fotograf porträtierte die vier Mädchen sowie Gerhard im Stil der Zeit, mit Weichzeichner und geringer Tiefenschärfe. Schon deswegen sah Ilse mit ihren langen und leicht gelockten Haaren ein bisschen aus wie ein Filmstar der vierziger Jahre.

Am 15. Januar 1947 wurde sie 18 Jahre alt. Anders als ihre etwas korpulente Mutter hatte sie eine schlanke Statur und ein eher schmales Gesicht mit blauen Augen, sie war nun 1,67 Meter groß.

Seit fast einem Jahr besuchte sie wieder das Gymnasium in Hofgeismar, trotz ihrer Aufgaben als Ersatzmutter. Ihre Mitschülerinnen und Mitschüler erlebten sie als eine eher ernste junge Frau; die meisten wussten von ihrer Geschichte, aber darüber redete man kaum. Viele von ihnen hatten während des Krieges Schreckliches erlebt, man war jung und dachte lieber an die Zukunft als an die Vergangenheit. Ihrer Freundin Anita jedoch erzählte Ilse etwas ausführlicher von Lillis Schicksal. In einem autobiografischen Text erinnerte sich Anita später an die gemeinsame Schulzeit:

*Ilse war vom Frühjahr 1946 bis zu unserem Abitur im Juni 1948 meine beste Schulfreundin. Wir saßen nebeneinander auf der Schulbank. Ich lernte sie im Herbst oder Winter 45/46 kennen. Ein Mathematiklehrer der Hofgeismarer Oberschule gab Wiederholungs- und*

*Weiterführungsstunden für Primaner in seiner ungeheizten Küche.*
*Sie erzählte mir auf dem Nachhauseweg, dass ihre Mutter in Auschwitz umgekommen sei. Ihr Vater, Arzt in Immenhausen, habe sich von ihrer Mutter scheiden lassen. Der Grund sei die Tante Rita gewesen.*
*Ilse und ich gingen nach der Wiedereröffnung des Hofgeismarer Gymnasiums im Mai 1946 in dieselbe Klasse, in der Unter- und Oberprima. Sie allein versorgte die Geschwister und hatte dadurch wenig Zeit zum Lernen. Wenn sie mittags nach Hause kam, kochte sie, und wenn große Wäsche anstand, war sie ab vier Uhr frühmorgens auf den Beinen.*
*Sie und die Geschwister bekamen damals häufig Auslandspakete von der Großmutter und der Tante aus Birmingham, auch von ehemaligen Freundinnen ihrer Mutter aus anderen Ländern. In der großen Schulpause gingen wir beide manchmal in die Tauschzentrale, die nicht weit entfernt vom Schulgebäude lag. Aus den Paketen bot sie Kleidungsstücke, Schuhe und Bettwäsche zum Tausch gegen andere benötigte Dinge. Oder sie suchte Anziehsachen für sich und ihre Geschwister.*

Da Ilse das Gymnasium 1944 vorzeitig verlassen hatte und erst nach fast zwei Jahren Unterbrechung wieder zurückkehrte, zählte sie nun nicht mehr zu den Jüngsten, sondern zu den Älteren in ihrer Klasse. Ihre Leistungen blieben jedoch schwach. Die Arbeit im Haushalt, ihr »Putzfrauendasein«, wie sie damals sagte, ließ ihr nicht viel Zeit für die Schule.

Gerettet wurde sie am Ende von ihrem Klassenkameraden Horst. Der gleichaltrige Junge war ebenfalls Fahrschüler, bei ihm konnte sie morgens im Zug nach Hofgeismar die Hausaufgaben abschreiben. »Nachmittags lernten wir oft zusammen«, berichtete Horst in seinen Lebenserinnerungen. »In Mathe, Physik, Chemie konnte sie meine Hilfe gebrauchen.« Ohne Horst, so erinnerte sich Ilse später, hätte sie das Abitur nie geschafft. Auch ihm erzählte sie von der Geschichte ihrer Mutter und von ihrer Rolle als Ersatzmutter ihrer Schwestern. Horst war beeindruckt – und bald auch ein bisschen verliebt in Ilse.

In seinen unter dem Titel *Der Krieg, er zieht sich etwas hin* erschienenen Erinnerungen erzählte Horst, dass Ilse weiterhin Opfer antisemitischer »Schändlichkeiten« war, wie er es ausdrückte:

*Jochen stand mit uns anderen vier Fahrschülern am Bahnhof in Immenhausen, von wo uns der Zug täglich nach Hofgeismar brachte. Ilse hatte ein Problem. Es sollte eine Mathematikarbeit geschrieben werden, und sie hatte ihr Lineal vergessen. Halblaut und mehr zu uns, den Jungen, gewandt, sprach er: »Nimm die Nase!« Judenklischee. Schimpf für die Mitschülerin, von deren Verwaistsein er durchaus wusste.*

So dankbar sie Horst für seine Unterstützung in der Schule war: Ilses erste große Liebe hieß Helmut, auch er ein Mitschüler, aber aus einer anderen Klasse. Helmut war handwerklich begabt und tischlerte für sie unter anderem einen Nähkasten, den sie zeitlebens aufbewahrte und nutzte. Am 1. Juli 1947 schenkte Helmut ihr ein kleines Bändchen aus der Insel-Bücherei, *Der Tod des Iwan Iljitsch* von Leo Tolstoi, das er mit zwei Gedichten und einer Widmung versehen hatte. Auf das Vorsatzblatt schrieb er Theodor Storms Gedicht »Frauenhand«:

*Ich weiß es wohl, kein klagend Wort*
*Wird über deine Lippen gehen;*
*Doch, was so sanft dein Mund verschweigt,*
*Muss deine blasse Hand gestehen.*

*Die Hand, an der mein Auge hängt,*
*zeigt jenen feinen Zug der Schmerzen,*
*Und daß in schlummerloser Nacht*
*Sie lag auf einem kranken Herzen.*

In Storms Gedicht konnte sich Ilse zweifellos erkennen. Schwieriger war es schon mit der weiblichen Hauptfigur in Tolstois Erzählung, der gefühllosen und rücksichtslosen Gattin des Iwan Iljitsch. Der sterbende Held muss im Verlauf der Geschichte erkennen, dass ihn seine Frau, Praskowja Feodorowna, nie geliebt hat. Irgendwie passte dieses Buchgeschenk nicht zur Beschenkten, das ahnte auch Helmut, als er seine Widmung schrieb:

*Meine geliebte Ilse!*
*Sei mir stets eine muntere, lustige und immer fröhliche Ilse; so wie es Deine Mutti wünschte, als sie Dir diesen Namen auf den Lebensweg geben ließ. Werde nie eine Praskowja Feodorowna.*
*In inniger Liebe*
*Von Deinem Helmut*

Auf den nächsten beiden freien Seiten schrieb Helmut noch das Gedicht »Die Ilse« aus der *Harzreise* von Heinrich Heine. Der Dichter erzählt darin die Geschichte der Märchenfigur Prinzessin Ilse, die ihrem Liebhaber die Befreiung von allen Sorgen verspricht: »In meinen weißen Armen, an meiner weißen Brust«, so heißt es in Heines Gedicht, »da sollst du liegen und träumen von alter Märchenlust.«

Wahrscheinlich gefiel Helmut die Vorstellung, in den Armen seiner Prinzessin Ilse zu liegen, sonst hätte er dieses Gedicht wohl kaum in das Büchlein übertragen. Ob die Angebetete diese Gefühle erwiderte, bleibt ungewiss. Aber mit Sicherheit konnte er annehmen, dass Ilse solche Gedichte mochte. Wer sie damals ein wenig kannte, wusste von ihrer Begeisterung für Literatur und Kunst.

Ihr Mitschüler Horst überredete sie denn auch zur Teilnahme an der Theater-AG des Gymnasiums. Im September 1947 wurde von den Hofgeismarer Schülern Kleists *Der zerbrochne Krug* aufgeführt. Ilse spielte die Nebenrolle einer Magd. Wichtiger als ein großer Auftritt war ihr die Gemeinschaft, das Dabeisein. Nach Jahren des Ausgeschlossenseins genoss sie allein schon die Tatsache, dass sie wieder einer Gruppe angehören durfte. Doch auch hier musste sie Enttäuschungen erleben. Eine weitere Episode dazu aus den Erinnerungen ihres Freundes Horst:

*Als nun im letzten Schuljahr das Abitur anstand, wollten wir trotz des bevorstehenden Prüfungsdrucks es uns nicht nehmen lassen, zur Abschlussfeier noch einmal etwas zu spielen. [Unser Mitschüler] Ernst hatte auch einen Vorschlag zur Hand, ein ziemlich populäres, komisch-holpriges Laienspiel aus der Wandervogel-Bewegung,* Blut und Liebe *von Martin Luserke. Wir gingen ans Lernen und ans Proben. Ob Ilse mitspielen sollte oder nicht, habe ich vergessen. Jedenfalls meldete sie Bedenken an, nur mir gegenüber. Beim Lesen des Textes war sie auf die Rolle eines Juden gestoßen. Eine negative Rolle – wie konnte es anders sein? In der Handlung wird der Knappe*

*Wonnebräu beim Kampf verwundet. Sein Herr, Roderich von Löwenklauenstein, weiß Rat. Er spricht zu seinen Getreuen:*
*»Ich halte einen Jud gefangen / in meinem finsteren Burgverlies: / ein Arzt und Zauberer überdies, / der heilt dem Kranken alle Glieder.«*
*Und das Burgfräulein flüstert, um des Reimes und des Spaßes willen: »Wie edel ist er jetzt schon wieder!«*
*Gleich darauf geht der Ritter mit dem hinkenden Knappen zum Juden ins Verlies, stößt diesen mit dem Fuß und spricht: »Steh auf, verdammter Judenhund / und mach den Kranken hier gesund!«*
*Ich sagte zu Ilse: »Lass doch gelten, es ist nur ein komisches Spiel, das Judenklischee gibt es ja schon seit ewig langen Zeiten, die Rolle wird gebraucht, es macht doch nichts.« Sie sagte nichts mehr. Wir spielten das Stück. Nur einmal, wie gesagt, zur Abi-Fete. So hat die Gesellschaft, haben »die Leute« die Klischees vom Juden mit sich geführt.*

Während sich Ilse in solchen Konfliktsituationen defensiv verhielt, suchte ihr Bruder Gerhard eher die Auseinandersetzung mit den Ewiggestrigen. Beim Spruchkammerverfahren im Zuge der sogenannten Entnazifizierung trat Gerhard gegen den früheren NS-Bürgermeister Karl Groß als Zeuge auf und bezichtigte ihn offen der Mittäterschaft an Lillis Ermordung. »Ich bin der Meinung, dass Herr Groß daran maßgebend beteiligt ist«, gab er zu Protokoll. Als Beleg nannte er jenes Schreiben, mit dem Groß die Mutter bei der NSDAP-Kreisleitung in Hofgeismar denunziert und aus der Stadt vertrieben hatte. Anders als in späteren Jahren thematisierte Gerhard das eigene Schicksal als Sohn eines Holocaust-Opfers damals öffentlich.

Ilses Bruder studierte zwar inzwischen in Marburg Jura, kümmerte sich aber nach wie vor um seine Schwestern in Immenhausen. Die Streitereien mit seiner Stiefmutter hatte er eingestellt, um den Familienfrieden nicht weiter zu belasten. Er beschaffte den Mädchen »Zusatzkarten« für Sonderrationen. Mal gab es »zwei Dosen Grapefruitsaft« für die »politisch und rassepolitisch Verfolgten«, mal ein Paar neue Schuhe für Ilse oder einen Anzug für ihn selbst. Und als den Geschwistern die ihnen zustehende Zusatzkarte für Dinge des täglichen Gebrauchs gestrichen werden sollte, setzte er sich sofort zur Wehr. Am 9. Februar 1948 schrieb er an die »Betreuungsstelle für politisch, rassisch und religiös Verfolgte beim Regierungspräsidenten in Kassel«:

*Unsere Mutter, Lilli Jahn, wurde am 30.8.43 in Kassel als Jüdin verhaftet und »starb« am 19.6.1944 im KZ Auschwitz. Seither sind wir fünf Geschwister völlig auf uns allein gestellt. Wir leben zwar im Hause unseres Vaters, der auch finanziell für uns aufkommt. Sonst leben wir aber völlig getrennt von ihm. Wir haben unseren eigenen Haushalt, den meine älteste Schwester Ilse – neben der Schule – führt. Ich selbst studiere in Marburg/Lahn und bin dort völlig auf mich allein angewiesen. Meine Schwester Johanna studiert in Essen an einem Kindergärtnerinnen-Seminar. Auch sie befindet sich nur zeitweilig hier. Da die Zusatzkarte jetzt fortfällt, ist unser Auskommen erheblich erschwert. Ich bitte deshalb höflichst, die Angelegenheit überdenken zu wollen und, wenn es irgend möglich ist, uns wieder unsere bisherigen Zuteilungen zukommen zu lassen.*
*Hochachtungsvoll*
*Gerhard Jahn*

Gerhard dramatisierte die Lage ein wenig. Als er den Brief schrieb, standen zwei seiner Schwestern bereits kurz vor ihrer Ausreise nach England.

Fast drei Jahre hatte es gedauert, bis der Plan von Paula und Elsa endlich umgesetzt werden konnte. Ausschlaggebend war die Platznot im Ärztehaus. Neben Ernst und Rita sowie Ilse und ihren drei Schwestern lebten dort nun bereits drei Halbgeschwister. Notgedrungen gab Ernst also seinen Widerstand gegen eine Emigration seiner Töchter aus erster Ehe auf, vorerst jedenfalls. Von einem vorübergehenden Aufenthalt in Birmingham war jetzt keine Rede mehr. Lillis Töchter sollten Deutschland für immer verlassen, zunächst Johanna und Eva, dann, nach Ilses Abitur, auch Ilse und Dorle.

Bevor die Mädchen in den Zug gesetzt werden konnten, musste eine Bürgschaft gezahlt werden, für jedes Kind 100 britische Pfund. Elsa gewann zu diesem Zweck zwei wohlhabende Sponsoren aus Birmingham, die Familien Crosskey und Nettelfold. »Sie sahen uns als Opfer des Regimes«, erinnerte sich Eva. »Und als kleine Kinder, denen die Liebe ihrer Eltern fehlte.«

Am 17. Februar 1948 verließen die 17-jährige Johanna und die 14-jährige Eva Immenhausen. Ausgestattet mit einer Genehmigung der britischen Militärbehörden, übernachteten sie in einem Transit Camp der Armee, mit dem Schiff ging es dann von Rotterdam nach Dover und mit dem Zug weiter nach London, wo sie im Bahnhof Liverpool Street in Empfang genommen wurden. Evas Erinnerungen:

*Eine Dame kam zu uns und sagte nur kurz »Hallo«, dann nahm sie Johanna und mich mit in ein Restaurant. Ich werde nie vergessen, wie wir von dieser fremden Frau, die sich uns mit keinem Wort vorstellte, in der Liverpool*

*Station abgeholt wurden. Die sich dann dort auf Englisch, was wir nicht verstehen konnten, mit einem fremden Mann unterhielt. Ich wollte Johanna immerzu fragen, wer diese Frau eigentlich war, habe mich aber nicht getraut. Irgendwann verstand ich dann: Es war Elsa! Sie nahm uns nach Birmingham mit. Wir hatten schwere Holzkoffer, die jemand aus Immenhausen für uns gezimmert hatte. Vom Hauptbahnhof in Birmingham fuhren wir mit einer oben offenen Straßenbahn nach Selly Oak, in den Stadtteil, in dem Granny lebte, es war sehr kalt. Und dann mussten wir die Koffer noch von der Haltestelle zu Grannys Haus schleppen. Elsa ging sehr langsam, weil sie ja TB hatte. So kamen wir bei Paula an. Elsa verließ das Haus gleich wieder, sie lebte nicht bei Granny. Und wir hatten es erst mal mit einer Fremden zu tun. Wir wussten ja, wer sie war, aber es dauerte einige Zeit, bis man eine Beziehung zu ihr aufbaute.*

Eva war drei Jahre alt gewesen, als sie ihre Tante zum letzten Mal gesehen hatte. Kein Wunder, dass sie nun, fast zwölf Jahre später, nicht wusste, wer diese Frau war, die ihre Schwester und sie in London empfing. Lillis Schwester wusste im Grunde wenig mit den Kindern aus Immenhausen anzufangen. Ihr ging es vor allem darum, die Mädchen aus Deutschland zu retten, aus einem Land, in dem die Nationalsozialisten immer noch den Ton angaben – so sah sie es –, und aus einer Familie, in der die Kinder nur geduldet, aber nicht geliebt wurden.

Während sich Eva und Johanna mit dem Leben bei ihrer Großmutter zu arrangieren versuchten, bereitete sich Ilse in Immenhausen aufs Abitur vor. Horst paukte mit ihr noch häufiger als bisher schon, doch die Wissenslücken der letzten Jahre schienen bedrohlich. Ilse war sich also keineswegs sicher, dass sie die Prüfungen bestehen würde. Am 12. April 1948 bewarb sie sich, wie damals üblich, mit einem handschriftlich verfassten Lebenslauf um die Zulassung zum Abitur:

*Als Tochter des praktischen Arztes Ernst Jahn und seiner Ehefrau Dr. Lilli Jahn, geb. Schlüchterer, wurde ich am 15. Januar 1929 in Immenhausen, Kreis Hofgeismar, geboren. Ich bin evangelischer Konfession.*
*1935 trat ich in die Volksschule zu Immenhausen ein. Nach drei Jahren kam ich in die Jacob-Grimm-Schule, eine Oberschule für Mädchen in Kassel, die ich bis in die Versetzung in die Klasse 6 (Untersekunda) regelmäßig durchlief.*
*Da meine Mutter Jüdin war, begegnete man mir fast ausschließlich mit Verachtung und Spott. Kummer und Sorgen sind mir Begleiter von frühester Jugend an. 1943 zogen meine Mutter und wir fünf Geschwister nach Kassel. Meine Eltern waren geschieden, und eine andere Frau nahm Mutters Platz im elterlichen Haus in Immenhausen ein. Nach einer kurzen Ruhezeit in Kassel wurde meine Mutter grundlos von der Gestapo verhaftet, und sie kam nach acht Monaten Haft 1944 im KZ Auschwitz um. Nach der Verhaftung meiner Mutter übernahm ich die Pflege für meine vier Geschwister. Nachdem wir im Oktober 1943 in Kassel total bombengeschädigt wurden, zogen wir Geschwister wieder in das Haus unseres Vaters, wo wir heute noch wohnen. Die Jacob-Grimm-Schule ging im November geschlossen nach Fulda. Ich konnte aber nicht mitgehen, weil sonst niemand meine Geschwister versorgt hätte. So trat ich im November zum ersten Male in die Oberschule zu*

*Hofgeismar ein. Aber nur kurze Zeit dauerte mein Schulbesuch an. Laut einer Verfügung der Nationalsozialisten zwang man mich, die Schule im Juni 1944 zu verlassen. Ich blieb zu Hause, und nach dem Zusammenbruch 1945 konnte ich im Mai 1946 die Oberschule in Hofgeismar wieder besuchen.*
*Mit vielen Schwierigkeiten ist mein Schulbesuch verknüpft, da mir nebenbei noch die Führung meines Haushaltes obliegt.*
*Nach der Reifeprüfung möchte ich mich mit modernen Sprachen beschäftigen und die Dolmetscherprüfung ablegen.*
*Ilse Jahn*

Ilses Hinweis auf die »vielen Schwierigkeiten«, mit denen ihr Schulbesuch verbunden gewesen sei, war auch ein Appell an die Lehrer des Gymnasiums, ihre Leistungen gnädig zu beurteilen. Ihr Wunsch fand Gehör. Im Abiturzeugnis vom 29. Juni 1948 findet sich nur ein »mangelhaft«, in Latein, ansonsten gleich zehnmal die zweitschlechteste Note »genügend«, allein in Musik und Biologie erhielt sie ein »gut«. Es hatte also gerade noch einmal gereicht, Ilse bestand das Abitur und konnte nun einen Beruf erlernen. »Ilse Jahn will Dolmetscherin werden«, hielt der Direktor im Zeugnis fest.

Dass Ilse von dieser Idee wirklich überzeugt war, scheint allerdings fraglich. Möglicherweise wollte sie sich mit dieser Ausbildung den Start in England nur etwas erleichtern.

Das offizielle Abiturfoto zeigt sie zusammen mit neun Mitschülern und drei Mitschülerinnen, darunter ihre Freundin Anita. Ilse sitzt in der ersten Reihe in der Mitte, mit ernstem Gesichtsausdruck, hinter ihr steht Horst, der sich ein wenig zu ihr neigt. Sie blieb noch den Rest des Sommers in Immenhausen und nahm an einigen privaten Abiturfeiern teil.

Die Trennung von ihrem Freund Helmut fiel Ilse nicht schwer, sie zweifle inzwischen an seiner Liebe, verriet sie Anita. Kurz vor ihrer Abreise nach England verabschiedete sie sich noch von ihrer Freundin. Zu Anitas Überraschung trug Ilse jenen schwarzen Persianermantel, der einst Lilli gehört hatte.

An einem Tag im Oktober 1948 verließen Ilse und Dorle Immenhausen. Mit dem Zug fuhren die beiden zunächst nach Bad Godesberg, wo sie eine Nacht bei Lillis Cousin Georg verbrachten. Am nächsten Morgen ging es dann nach Hoek van Holland und von dort mit dem Schiff nach Harwich an der britischen Ostküste.

## »Meine Einsamkeit ist mir ein stiller Zufluchtsort« Die Emigration nach Birmingham

Im Hafen von Harwich schlossen sich Ilse und Dorothea den anderen Passagieren an, die vom Schiff herunter zum Bahnhof strömten. Elsa hatte Ilse vorher in einem Brief genau instruiert. Sie müssten nach London zur Station Liverpool Street fahren und dann in einen Zug nach Birmingham umsteigen.

Als Ilse später gefragt wurde, was sie nach England mitgenommen habe, antwortete sie:

*Meine Schwester Dorothea, die Briefe, die unsere Mutter aus dem Arbeitslager und auf dem Weg nach Auschwitz geschrieben hatte, und sehr wenige Kleidungsstücke, ich besaß einen einzigen Rock, der aus einem gefärbten Zuckersack hergestellt war.*

Bei der Ankunft in Birmingham erlebten Ilse und ihre kleine Schwester einen Kulturschock. Eben noch hatten sie in einer ländlichen Kleinstadt in Nordhessen gelebt, nun waren sie in der – nach London – größten Stadt Großbritanniens gelandet, mit mehr als einer Million Einwohnern, einer beeindruckenden, wenn auch nicht eben schönen Industriemetropole, in der Hunderttausende von Kohleöfen einen rußigen Grauschleier über alles und jeden legten.

Wie schon ihre Schwestern Johanna und Eva fuhren sie nach ihrer Ankunft am Bahnhof New Street mit der Straßenbahn in den südlichen Stadtteil Selly Oak. Auf ihrer Fahrt sahen sie endlose Reihenhaussiedlungen und slumähnliche Arbeiterviertel, sie sahen Brandruinen und ehemalige Fabriken, die während des Krieges von der deutschen Luftwaffe in

Schutt und Asche gelegt worden waren, sie sahen aber auch großzügige Parkanlagen und luxuriöse Villen, in denen die wohlhabenden Bürger Birminghams lebten.

Ihre Großmutter wohnte in einem kleinbürgerlichen Viertel in der Strathdene Road. In der bescheidenen Doppelhaushälfte, die Paula gemietet hatte, gab es im Erdgeschoss nur zwei Wohnräume, ein Wohn- und ein Esszimmer. Im Obergeschoss befanden sich Paulas Schlafzimmer und ein Mädchenzimmer, in dem Eva und Ilse schliefen, die eine in einem Bett, die andere auf einem altersschwachen Sofa. Daneben gab es noch einen sogenannten Box-Room, eine Art Abstellkammer, in die nun ein kleines Bett für Dorothea geschoben wurde.

Elsa lebte 1948 schon nicht mehr bei ihrer Mutter. Die promovierte Chemikerin hatte wegen ihrer Tuberkulose ihren Job an der Universität verloren und arbeitete in einem Chemieunternehmen, das ihr auch eine Wohnung stellte. Ilses Tante besuchte das Haus in der Strathdene Road 22 nur manchmal am Wochenende. Zwischen ihr und ihrer Mutter war es zu heftigen Spannungen gekommen. Elsa gab viel Geld für elegante Kleidung aus und hatte wechselnde männliche Begleiter – ein Lebenswandel, den Paula nicht akzeptieren mochte.

Auch Johanna war aus dem Haus ihrer Großmutter bereits ausgezogen. Im August 1948 hatte sie eine Ausbildung zur Kinderkrankenschwester begonnen und wohnte seither im Schwesternheim des Children's Hospital in Birmingham. Bei ihrem ersten Wiedersehen in England erzählte Johanna Ilse von den schwierigen Arbeitsbedingungen der Krankenschwestern, von den vielen Nachtschichten, von ungeheizten Zimmern, schlechtem Essen und von der Feindseligkeit der englischen Schwesternschülerinnen ihr gegenüber, ihr, der Deutschen. Drei Jahre nach dem Ende des Zweiten Weltkrieges waren die alten Feindbilder noch allgegenwärtig. Niemanden interessierte, warum Lillis Töchter aus Deutschland nach England gezogen waren.

Damals besuchten Polizeibeamte auch noch regelmäßig Paulas Haus, um die Emigrantenfamilie zu kontrollieren. Immerhin waren die Herren deutlich höflicher als die Männer von der Gestapo, die fünf Jahre zuvor die Wohnung der Mädchen in der Kasseler Motzstraße heimgesucht hatten. Doch bei Lillis Töchtern verfestigte sich das Gefühl, hier nicht willkommen zu sein.

Von der Idee, Dolmetscherin zu werden, hatte Ilse sich bereits verabschiedet. Ihr neuer Plan, Ärztin zu werden, nach dem Vorbild ihrer Mutter, erwies sich ebenfalls als undurchführbar: Ilse wäre an keiner britischen Universität zugelassen worden. Auch junge deutsche Frauen galten damals als »enemy aliens«, als feindliche Ausländerinnen; sie durften nur in zwei Bereichen arbeiten, im Haushalt und in der Krankenpflege. Damit war klar, dass Ilse, trotz der abschreckenden Berichte ihrer Schwester Johanna, ebenfalls eine Ausbildung zur Krankenschwester anstreben musste.

Ilse hätte sich ein Studium freilich auch nicht leisten können. Ihre Großmutter hatte 1939 bei ihrer Emigration nach England ihr ganzes Vermögen verloren und lebte nun unter äußerst bescheidenen Umständen. Sie war auf Elsas Gehalt angewiesen, auf die Unterstützung von Verwandten in den USA, hinzu kamen kleinere Geldspenden von Quäkern sowie von wohlhabenden jüdischen Familien, dem Silberfabrikanten Jimmy Fisher und seiner Frau Dorothy zum Beispiel, die damals bereits zu Paulas Freundeskreis zählten.

»Wir Mädchen haben uns anfangs fast nur von Brot ernährt«, erinnerte sich Eva. Gelegentlich hätten Freunde auch mal frische Eier mitgebracht, aber das Leben nach ihrer

Ankunft in England sei ärmlich gewesen. Die Lage besserte sich erst im Laufe der fünfziger Jahre, als Paula Wiedergutmachungszahlungen aus Deutschland erhielt.

Regelmäßige Mahlzeiten bekamen Lillis Töchter nur dort, wo sie ausgebildet wurden: Johanna – und bald auch Ilse – im Krankenhaus, Dorothea in einer Vorschule, wo sie vorläufig untergebracht worden war, und Eva in einer Grammar School, einem staatlichen Gymnasium, das sie nun, im Alter von 15 Jahren, endlich besuchen durfte.

Allein, es gab da noch ein großes Problem, wie sich Eva erinnerte:

*Ich konnte kein Wort Englisch. Und Granny sprach nur deutsch mit uns. Johanna und ich wurden dann zu einer Quaker-Lady geschickt, die uns Englisch beibringen sollte, sie war eine frühere Missionarin und hatte leider überhaupt keine Ahnung vom Unterrichten. In der Grammar School verstand ich am Anfang erst mal gar nichts, bei der »Morning assembly«, zum Beispiel, kein Wort. Aber ich bin damit zurechtgekommen. Das waren interessante Erfahrungen.*

Auch Ilse hatte erhebliche Sprachschwierigkeiten, trotz ihres Englischabiturs. In Paulas Bekanntenkreis gab es nur ältere Personen, entsprechend wenig Gelegenheit hatte Ilse, ihre Englischkenntnisse im Gespräch mit Gleichaltrigen zu verbessern, entsprechend isoliert war sie in den ersten Monaten in England. Und dann war da ja auch noch ihre kleine Schwester, für die sie die Verantwortung übernommen hatte und die sich in der Fremde so unwohl fühlte. In der Vorschule gab es zwar eine Betreuerin, die ein paar Worte Deutsch sprach, aber die achtjährige Dorothea war eigentlich zu alt für diese Einrichtung. In Immenhausen wäre sie jetzt in die zweite Klasse gegangen.

Ilse war hin- und hergerissen: Sie musste sich um ihre Dorle kümmern, sie musste aber auch an sich selber denken – und entschied sich schließlich für ihren eigenen Weg.

Am Dienstag, dem 29. März 1949, trat Ilse ihren Dienst als Schwesternschülerin im General Hospital in Birmingham an. Sie wohnte nun im Schwesternheim, in einem eigenen Zimmer, ein Luxus, den sie noch nie erlebt hatte. Für Dorothea war dieser 29. März ein schwarzer Tag. Fast sechs Jahre lang hatte ihre große Schwester wie eine Mutter für sie gesorgt, nun verlor sie auch diesen Halt. Dorotheas Erinnerungen:

*Ilse und Johanna waren jetzt nicht mehr da, sie kamen vielleicht noch alle 14 Tage am Wochenende in die Strathdene Road und hatten dann auch nicht das größte Interesse, mit der kleinen Schwester zu spielen.*

*Und die Großmutter war mit so einem Kind überfordert, sie war lieb und nett zu mir, aber mehr auch nicht. Tante Elsa konnte sich ebenfalls nicht um mich kümmern, sie war todkrank. Ich habe mich, ehrlich gesagt, vor Elsa gefürchtet. Eigentlich habe ich sie nur krank erlebt. Für eine Achtjährige waren schon allein diese Hustenanfälle erschreckend. Sie hatte ein ganz eingefallenes Gesicht. Wenn sie in der Strathdene Road war und ich in ihr Zimmer kam, habe ich ganz schnell versucht, wieder herauszukommen. Es war pure Not in England, alles war kaputt.*

*Irgendwann schrieb Ernst, er möchte, dass das Kind nach Hause kommt, es gehöre schließlich zum Vater. Wir haben später darüber gerätselt, was den Vati geritten hatte, ausgerechnet mich zurückzuholen. Die anderen konnte er wohl nicht mehr einfordern, weil sie schon in der Ausbildung waren. Und das Kind hatte ja keine eigene Meinung zu haben, wurde auch nicht gefragt. Ich habe dann irgendwann gesagt: Die haben mich rumgeschickt wie ein Postpaket. England war schon blöd. Aber dann nach Immenhausen zurückzukommen, da bin ich mir wirklich total allein vorgekommen. Da fehlte alles Vertraute, was bis dahin meine Welt ausgemacht hatte.*

An einem sonnigen Ostertag Mitte April 1949 wurde noch ein Abschiedsfoto in Paulas kleinem Garten aufgenommen: die Großmutter mit ihren Enkelinnen Dorothea, Eva und Ilse. Dann musste Dorothea wieder nach Hause fahren, die 18-jährige Johanna begleitete sie nach Immenhausen und kehrte gleich danach nach Birmingham zurück.

Elsa ging es unterdessen immer schlechter. Die Medizin hatte zwar mit der Erfindung der Antibiotika wichtige Erfolge im Kampf gegen die Tuberkulose erzielt, für Lillis Schwester kam aber jede Hilfe zu spät. Die letzten Wochen ihres Lebens verbrachte sie im Haus ihrer Mutter. Eva erinnerte sich an Elsas Tod am 10. Juni 1949:

*Ein furchtbarer Tod, und ich war dabei, ganz allein. Sie spuckte Blut, bis sie starb. Irgendwann platzte eine Lungenarterie. So eine Erfahrung kann man nicht vergessen.*
*Elsa wurde im Wohnzimmer in einem offenen Sarg aufgebahrt. Granny sagte, ich solle mich davorstellen und zu allen meinen Sünden bekennen.*
*Bei der Beerdigung waren nur Johanna, Ilse und ich anwesend. Elsas Leichnam war verbrannt worden. Aber es war schwierig, eine jüdische Organisation zu finden, die*

*ihre Asche beerdigen wollte. Die orthodoxe Welt kennt keine Kremierung. Paula ging nicht zur Beerdigung. Erst als alles vorbei war, musste ich Granny zum Friedhof begleiten.*

Auch wenn sie nun von ihrer jüdischen Großmutter betreut wurden, nahmen Lillis Töchter am jüdischen Leben Birminghams nicht teil. Sie lebten in einer religiösen Zwischenwelt: zwischen ihrer christlichen Herkunft und dem in großen Teilen jüdischen Umfeld. So selbstverständlich, wie sie die jüdische Identität ihrer Mutter erlebt hatten, so selbstverständlich schien ihnen das auch bei Paula. Die Großmutter gehörte einer liberalen jüdischen Gemeinde an, sie befolgte die jüdischen Feiertage und besuchte auch die Synagoge, anfangs nur sporadisch, dann regelmäßig.

Ihre Enkelinnen gingen weder in einen jüdischen Gottesdienst noch in die Kirche. Nur Dorothea wurde dazu genötigt. Als sie im April 1949 nach Immenhausen zurückkehrte, war ihr Vater gerade zum Katholizismus konvertiert, hatte also jenen Schritt gemacht, den er schon seit Jahren erwogen hatte. Ernst fragte Dorothea, ob sie es ihm nicht gleichtun und Katholikin werden wolle, dann könne man doch immer dieselbe Kirche besuchen. Dorothea fügte sich ein weiteres Mal, im Grunde sei es ihr gleichgültig gewesen, erinnert sie sich heute.

Über das, was in Deutschland, was mit ihrer Mutter geschehen war, redeten Lillis Töchter in England kaum noch. Die Gegenwart schien wichtiger, die kleinen Freuden des Alltags, aber auch die Konflikte mit den Kolleginnen im Krankenhaus, die anstrengenden Nachtschichten, Evas Schulprobleme.

Ilse war oft krank, immer wieder wurde sie von Zahnschmerzen geplagt. Von ihr und ihren Schwestern besonders gefürchtet waren die Besuche bei Dr. Walter Munz, einem Zahnarzt aus Karlsruhe, der vor dem Krieg nach Birmingham emigriert war und zu Paulas Freundeskreis gehörte. Munz, der eigentlich Münzesheimer hieß, behandelte seine Patienten noch mit einem mechanischen Bohrer, den er aus Deutschland mitgebracht hatte und den er mit einem Pedal antreiben musste. Zudem waren Betäubungsspritzen damals unüblich.

Paula hatte viele Freunde und Unterstützer, einige waren Quäker, aber auch jüdische Emigranten, Flüchtlinge wie sie, zum Beispiel der Bruder eines Kölner Rabbiners, der in der Nähe wohnte. Dass ihr von all diesen Menschen geholfen wurde, überraschte sie selbst am wenigsten. Sie war ihr Leben lang bedient worden, Kindermädchen hatten sie in ihrem Elternhaus in Halle betreut, und in ihren Kölner Wohnungen waren stets Hausmädchen zu Diensten gewesen. In England kümmerte sich zunächst Elsa um sie, jedenfalls solange sie es noch konnte. Dass dann eine ihrer Enkeltöchter diese Rolle übernehmen würde, war für sie selbstverständlich. Da Ilse und Johanna nur noch gelegentlich in der Strathdene Road auftauchten, musste Eva diese Aufgaben übernehmen:

*Man hatte ja keine Wahl, man musste sich der Realität anpassen. Und ich musste mich mit Granny beschäftigen. Es war so knapp mit dem Geld. Ich bekam ein winziges Stipendium einer Hebräisch-Christlichen Vereinigung in England. Schon bald kümmerte ich mich um den ganzen Schreibkram für Paula, um alle Anträge bei Behörden. Paula machte nichts, hatte nie etwas gemacht. Ich kümmerte mich um den Ofen, die Küche, das Saubermachen, alles. Später, als ich ein eigenes Auto hatte, habe ich sie immer gefahren, jedes Wochenende zur*

*Synagoge. Paula hatte ein großes Selbstvertrauen. Wenn sie über die Straße wollte, ging sie einfach los, egal ob da Autos kamen.*

In ihrer Freizeit suchte Eva den Kontakt zu ihren großen Schwestern. Sie besuchte Ilse im Schwesternheim, ging mit ihr in Birmingham in die Oper.

*Wir sahen »Fidelio«, was hätte es Besseres sein können? Der Gefangenen-Chor ist so wunderbar, ich verbinde ihn immer mit meiner Mutter, frei sein, das war es, darum ging es!*

Gemeinsam machten sie Ausflüge ins Grüne. Eines Tages liehen sich Eva und Ilse Fahrräder aus:

*Wir wollten nach Lichfield. Aber wir wussten nicht, wie weit das war, fuhren einfach los. Das sollte man nicht machen. Auf dem Rückweg sagte Ilse immer nur: »Ich kann nicht mehr, ich kann nicht mehr.«*

Ilse hatte schon lange nicht mehr auf einem Fahrrad gesessen. Und sportlich war sie noch nie gewesen. Zudem machten sich die mangelhafte Ernährung und die Anstrengungen bei der Arbeit im Krankenhaus bemerkbar, sie hatte an Gewicht verloren, das Gesicht war schmaler geworden. Ein Foto von ihr und Gerhard aus den Ostertagen des Jahres 1950, aufgenommen bei ihrem ersten Besuch in Immenhausen nach bald zwei Jahren, zeigt eine etwas scheu und zerbrechlich wirkende junge Frau an der Seite ihres selbstbewusst lächelnden großen Bruders.

Die Reise in die alte Heimat aus Anlass des 50. Geburtstags ihres Vaters war eine Reise in die Vergangenheit. Auf dem

Hinweg nach Immenhausen besuchte sie Georg, den Cousin ihrer Mutter, und dessen junge Frau Christel in Bad Godesberg. Tante Lore und Cousine Marilis, die wieder in Essen lebten, waren ebenfalls nach Immenhausen gekommen. Erinnerungen wurden wach, die sie in den vergangenen Jahren zu verdrängen versucht hatte. Ernst bemühte sich in diesen Tagen ganz besonders um seine älteste Tochter, er wusste, was sie beschäftigte: Lillis Schicksal stand unausgesprochen zwischen den beiden.

Ernst schenkte Ilse bei diesem Besuch ein rotes Notizbuch, in das er die Widmung »Meiner lieben Ilse, 15.I.50, 29.III.50. Vater« geschrieben hatte, die Daten von Ilses 21. Geburtstag, also dem Tag ihrer Volljährigkeit, und seinem eigenen Geburtstag. Ernst hatte 32 Kunstpostkarten in das Büchlein geklebt, vor allem religiöse Motive, darunter nicht weniger als neun Marienfiguren, auch Stefan Lochners »Madonna im Rosenhag«. Außerdem hatte er 72 Zitate namhafter Schriftsteller mit dem Füllfederhalter hinzugefügt, von Hölderlin über Goethe und Schiller bis zu Eichendorff. Auf der zweiten Seite findet sich ein Motto von Kierkegaard:

*So ganz zu sich selbst kommen, dass er in Nüchternheit sich selbst durchsichtig wird, das ist einem Menschen nur möglich, wenn er vor Gott ist.*

Später dann ein Satz des heiligen Augustinus:

*Unsere Aufgabe in diesem Leben ist nichts anderes, als das Auge des Herzens zu heilen, mit dem Gott gesehen wird.*

Ernst litt unter seiner Schuld, unter seiner Verantwortung für Lillis Schicksal, Trost brachte ihm nur der Glaube. Mit dem roten Notizbuch wollte er Ilse in diese religiöse Welt hineinholen und sie dabei zurückgewinnen. Vielleicht würde es ja auch ihr gelingen, so hoffte er offenbar, mit Gottes Hilfe das Leben trotz der traumatischen Erfahrungen bewältigen zu können.

Tatsächlich war Ilse durchaus empfänglich für seine kunsthistorischen Interessen, sie besichtigte damals in England eine gotische Kathedrale nach der anderen, allein der Glaube an Gott kehrte nicht zurück. Und verzeihen konnte sie dem Vater schon gar nicht, auch wenn sie ihm das persönlich nie sagte. Er hatte Lilli verlassen und damit den Nationalsozialisten ausgeliefert, das wusste er, das wusste sie – aber gesprochen wurde darüber nicht, zu groß war der Respekt der Tochter vor dem Vater. Später löschte sie diese Besuche in den frühen fünfziger Jahren in Immenhausen ganz aus der Erinnerung und behauptete zuweilen, sie habe den Kontakt zu Ernst von England aus über Jahre abgebrochen – was nicht stimmte: Immer wieder war sie von Birmingham nach Immenhausen gereist.

Ein Klassentreffen hatte sie 1950 in den Tagen nach Ostern noch einmal mit ihrer Freundin Anita sowie mit Horst zusammengeführt. Dann erst ging es wieder nach Birmingham, zurück in ihr neues Leben, das vor allem aus der Arbeit im Krankenhaus bestand. Einen eigenen Freundeskreis hatte sie dort noch nicht gefunden. Die englischen Schwesternschülerinnen blieben lieber unter sich, Ilse war einsam, wie sie am 11. Dezember 1950 in einem Brief an Lotte in Karlsruhe schrieb:

*Meine liebe Lotte,*
*mit Deinem Brief habe ich mich so sehr gefreut. Du Ärmste bist so sehr mit Arbeit überladen, und vor Weihnachten ist dieser Zustand sicher noch verschlimmert. Hoffentlich hast Du eine gute Hilfe und Deine Männer*

*sind gesund und machen keine Extrasorgen. Trotz vieler Arbeit und Mühe scheint es Dir jedoch gesundheitlich erträglich zu gehen – oder sollte ich mich da irren?*
*Von uns gibt es momentan als größtes Ereignis in der »Kinderfamilie« Folgendes zu berichten: Gerd hat sich Hals über Kopf am vergangenen Sonntag seine Freundin Anni antrauen lassen. Er hatte mir monatelang überhaupt keine Zeile zugedacht, und wie aus heiterem Himmel kommt vor zwei Wochen ein kurzer Brief mit der Ankündigung seiner Hochzeit. Er ist doch erst 23 Jahre alt. Aber der junge Mann war schon immer sehr unabhängig.*
*Erschütternde Nachrichten kamen von ihm zur gleichen Zeit. Kurz vor seinem Examen, das er befriedigend bestanden hat, erklärte unser Vater, er könne Gerd kein Geld mehr zum Studium geben.*
*Wahrscheinlich hat dieser letzte Schlag vom »Elternhaus«, haha, Gerds Entschluss zum Heiraten reifen lassen. Er war ja sehr verlassen und ohne rechtes Zuhause. Sein Zimmer hatte man ihm genommen, keine Ecke war mehr für ihn zugedacht. Insofern kann ich Gerd nur zu gut verstehen. Und jetzt kommt es mir wieder so voll zum Bewusstsein, welche unendliche, unabsehbare Kette unglückseliger Ereignisse der Zusammenbruch unseres Zuhauses mit sich brachte und wohl noch bringen wird. Zu Muttis Lebzeiten hätte sich solch trauriger Verlauf unserer Wege nie, nie ergeben.*
*Was unser Dorlekind macht, weiß ich nicht, sehr selten nur schreibt Vater über sie. Könnte ich das Mädele nur wieder selbst erziehen, ich wüsste dann, es ginge ihr gut. Oh, ich wollte alles, alles für sie tun, um ihr ein Zuhause zu geben.*

*Hannele wird Dir sicher selbst schreiben. Eva ist noch ein Schulmädele, da sie ihr Examen im Juli nicht bestanden hat und es im kommenden Sommer wiederholt. Vater will sie noch immer nach Deutschland zurückhaben. Aber Eva will einfach nicht, und auch ich werde dies zu verhindern suchen. Lange haben wir uns mit ihrer Berufswahl den Kopf zerbrochen, bis wir uns nun nolens volens entschlossen haben, sie Physiotherapie studieren zu lassen. Dank Großmutters Einfluss ist aus diesem Bauernkind ein recht interessiertes Wesen geworden. Mitten im Backfischalter, überschüttet mit natürlichem Charme, gewinnt sie die Herzen aller, die mit ihr in Berührung kommen. Die Lehrerinnen laden sie zu sich ein, nehmen sie mit zu Konzerten und Vorträgen. Kurzum, jeder versucht ihr Gutes zu tun. Aber auch unsere Eva lässt ihre Hilfe jedem zukommen, ohne auch nur eine Sekunde an sich selbst zu denken. Weißt Du, vor ein paar Jahren machte ich mir so große Sorgen um Eva, und heute hat sich dies Problem so wundervoll gelöst.*
*Von mir persönlich kann ich nicht viel erzählen. Viel Arbeit gibt es wie immer, und in meiner Freizeit versuche ich mich ein wenig zu vergnügen. Gute Konzerte und ein lohnendes Theaterstück hin und wieder geben meinem Leben ein wenig Farbe. Meine Einsamkeit ist mir ein stiller Zufluchtsort, und wenn ich in meinen vier Wänden bin, fange ich an zu leben. Zwar muss ich gestehen, dass mir in letzter Zeit das Alleinsein etwas bedrückend war. Doch leuchtet mir im Augenblick ein Sonnenstrahl. Vor ein paar Monaten traf ich per Zufall ein deutsches Mädchen hier, mit dem ich mich von Anbeginn ausgezeichnet verstand. Sie ist über Weihnachten nach Deutschland gefahren, kommt aber Anfang des neuen*

*Jahres zurück, um hier im Krankenhaus eine Schwesternausbildung anzufangen. Auf das Zusammenleben mit Gundel – so heißt sie nämlich – freue ich mich ungemein. Aus Deutschland schickt sie mir laufend die herzlichsten Grüße und versucht mit Tannengrün und Adventsliedern und Gedichten mich an der deutschen Weihnacht teilnehmen zu lassen. So findet hoffentlich mein Leben voller Geistesleere und Stumpfheit bald ein Ende.*
*Nun habe ich Dir aber viel von uns erzählt und muss nun schließen. Grüß Deine Männer lieb von mir, und mit den besten Wünschen für ein fröhliches Weihnachtsfest und ein gesegnetes Neues Jahr grüßt und umarmt Dich herzlichst Deine Ilse.*

Noch vor seiner Hochzeit hatte Gerhard für sich und seine Geschwister einen Antrag zur »Wiedergutmachung nationalsozialistischen Unrechts« an das Hessische Innenministerium in Wiesbaden gestellt und ihn unter anderem mit der wirtschaftlichen Notlage der Kinder begründet:

*Da der Vater nach seiner Scheidung von der verfolgten Mutter wieder heiratete, kann er nur sehr beschränkten Unterhalt leisten … Würde aber die verfolgte Mutter noch leben, so könnte sie ihren Beruf als Ärztin ausüben und ihren sämtlichen Kindern einen hinreichenden Unterhalt bieten.*

Der Antrag markierte den Anfang einer langen Auseinandersetzung mit den deutschen Behörden um eine materielle Entschädigung für Lillis Schicksal. Es sollte Jahre dauern, bis dieser Kampf Erfolg hatte.

## *»Entweder jetzt oder gar nicht«*
## Ilse heiratet und verlässt England

An einem Abend Ende Januar 1951, wenige Tage nach ihrem 22. Geburtstag, kehrte Ilse aus dem Krankenhaus in das Schwesternheim zurück, legte ihre weiße Haube und die Schwesternuniform ab und zog eines der wenigen Kleider an, die sie besaß. Irgendjemand hatte ihr den University Overseas Club empfohlen; dort, so hieß es, könne man interessante junge Menschen treffen, nicht nur Engländer, die sie bis dahin als eher unzugänglich erlebt hatte, sondern auch viele ausländische Studenten.

An diesem Abend fuhr sie mit dem Bus in die Great Charles Street, zum University Overseas Club. Sie betrat die Lobby des Clubs, in der Mitte gab es einen Pressestand mit nationalen und internationalen Zeitungen. Ilse stellte sich an den Tisch, warf ab und zu einen Blick auf die Blätter, musterte aber auch die Studentinnen und Studenten in ihrer Umgebung, darunter einen schlanken jungen Mann, der etwas größer war als sie. Jürgen hat diesen Moment später in seinen Erinnerungen festgehalten:

*Mir gegenüber, also auf der anderen Seite des Stands, stand eine junge Studentin, wie ich zunächst glaubte. Wir kamen ins Gespräch – das ich natürlich begonnen hatte – und unterhielten uns dabei auf Englisch. Sie hielt mich für einen Norweger, ich sie für eine Holländerin. Sehr bald stellte sich heraus, dass wir beide Deutsche waren und uns deshalb auch auf Deutsch unterhalten konnten. Über den Inhalt weiß ich nichts mehr; es dürfte gewöhnlicher Small Talk gewesen sein.*

Jürgen, so viel erfuhr Ilse schon bei ihrem ersten Treffen, war Jurastudent, kam aus Hamburg und absolvierte gerade ein Auslandssemester in Birmingham. Man fand einander sympathisch, aber Liebe auf den ersten Blick sei es nicht gewesen, meinte er später.

*Immerhin war es so, dass wir uns dann noch mehrere Male trafen. Einmal gingen wir auch zum »University Hop«, einem großen Tanzvergnügen in der Union, dem großen Saal der Universität. Inzwischen wusste ich, dass sie eine Nurse am General Hospital war, also keine Studentin. Als ich sie auf dem Rückweg fragte, wie sie denn nach Birmingham gekommen sei, und sie erklärte, dass ihre Großmutter in Birmingham wohne, war ich so ahnungslos, sie zu fragen, weshalb denn ihre Großmutter hier lebe. Sie sah mich an, als ob ich von allen guten Geistern verlassen war, und fragte mich, ob ich mir das nicht denken könne. Da fiel es mir wie Schuppen von den Augen: Ihre Großmutter war eine Refugee, und sie war in Birmingham, weil sie aus Deutschland geflohen war. Nach und nach erzählte sie mir davon, dass man ihre Mutter in Auschwitz ermordet hatte. Und davon, dass sie in der schweren Zeit für ihre jüngeren Schwestern hatte sorgen müssen.*

Schon nach wenigen Wochen nahm Ilse ihren neuen Freund auch in das Haus ihrer Großmutter mit. Er sei von Paula freundlich, aber etwas reserviert begrüßt worden, erinnerte sich Jürgen.

*Und so saß sie nun vor mir, und wenn der Satz je Gültigkeit hatte, dass man ihr zwar das Leben, nicht aber die Würde habe nehmen können, dann hier. Paula saß wie eine Fürstin vor mir, und ich, der Angehörige eines Volkes, das sie so geschunden hatte, kam mir armselig und hilflos vor.*

Ilses Großmutter hatte 25 Jahre zuvor vor einer Ehe Lillis mit einem nichtjüdischen Mann gewarnt, und das Schicksal ihrer Tochter gab ihr recht. Nun stellte ihr die älteste Enkeltochter ebenfalls einen nichtjüdischen Mann vor; von Heirat war zwar noch keine Rede, aber Paula musste damit rechnen, dass sich hier die Geschichte wiederholen könnte.

Jürgen stammte aus Marienburg in Westpreußen, sein Vater Albrecht unterrichtete dort an einer Oberschule Religion, Deutsch und Geschichte, seine Mutter Erna war Hausfrau. Jürgen hatte fünf jüngere Geschwister. 1935 zog die Familie nach Lauenburg in Hinterpommern, 1939 nach Gollnow bei Stettin. 1943, nach dem Abitur, wurde Jürgen zum Arbeitsdienst und danach zur Wehrmacht eingezogen. Als Soldat kämpfte er in der Sowjetunion, in Polen und zuletzt an der Westfront, im Februar 1945 wurde er dort von kanadischen Truppen gefangen genommen und nach wenigen Tagen an die Engländer übergeben. Bis zum Oktober 1946 war er in britischer Gefangenschaft. Erst die Zeit in einem Gefangenenlager, im Norden Schottlands, so sagte er später, habe ihn erkennen lassen, dass er einem verbrecherischen System gedient habe. Was in den deutschen Vernichtungslagern geschehen sei, habe er erst von den Briten erfahren.

1948 begann Jürgen ein Jurastudium an der Universität Hamburg. Dank besonderer Leistungen wurde er in die Studienstiftung des Deutschen Volkes aufgenommen. Und die Studienstiftung schickte ihn im September 1950 für ein Semester nach Birmingham.

Der junge Mann, der da fünf Jahre nach dem Ende des Hitler-Regimes in das ehemals feindliche England aufbrach, schien bestens vorbereitet für dieses neue Kapitel in seinem Leben. Mit der nationalsozialistischen Ideologie seiner Jugend hatte er gebrochen, in der Gefangenschaft hatte er genug Englisch gelernt, um den Vorlesungen an der Universität in Birmingham folgen zu können, er studierte gern und mit großem Fleiß. Und er war kontaktfreudig, fand in der Fremde schnell neue Freunde.

Niemand sah ihm damals an, dass auch er ein Beschädigter, vom Krieg seelisch Verwundeter war. Erst als alter Mann erzählte er seinen Kindern von Einsätzen, die er nur um Haaresbreite überlebt hatte. Er berichtete von feindlichen Tieffliegern, die ihn auf freiem Feld angegriffen hatten, von seiner Beteiligung an der Niederschlagung des Warschauer Aufstands, als er aus seinem Kampfstand auf dem Dach des Postministeriums die polnischen Verteidiger in den Nachbarhäusern beschießen musste, und von den letzten Kriegswochen, in denen er nur mit großem Glück die Artillerieangriffe der Amerikaner überstand. Die zumeist noch sehr jungen Soldaten der kleinen Truppe, die er damals als Offiziersanwärter befehligte, wurden fast alle getötet.

Ilse traf also im University Overseas Club einen ebenfalls Traumatisierten, der sich gleichwohl nicht als solcher empfand, weil er das Schicksal von Millionen junger Männer dieser Generation teilte.

Sechs Wochen nach ihrem ersten Zusammentreffen trennten sich die Wege von Jürgen und Ilse. Das Studentenheim, in dem er in Birmingham gewohnt hatte, veranstaltete an einem Abend Mitte März 1951 eine große Abschiedsparty für ihn und die anderen ausländischen Studenten, die wieder in ihre Heimat zurückkehrten. Auch Ilse war eingeladen worden.

Weder sie noch Jürgen dachten zunächst daran, den Kontakt mit Briefen fortzusetzen. Einige Monate später löste Jürgen allerdings die Verlobung mit seiner Jugendliebe, einer Klassenkameradin seiner Schwester Reingard. Die junge Frau hatte ihn zwar noch einmal in Hamburg besucht, aber Jürgen war sich seiner Gefühle für sie inzwischen nicht mehr sicher.

Ilse setzte ihre Ausbildung im Krankenhaus fort. Neben ihrer Freundin Gundel lernte sie noch eine weitere deutsche Schwester, Renate, kennen. Zusammen mit Renate machte sie mehrere kurze Bildungsreisen durch England. In ihrem Fotoalbum finden sich Bilder vieler Kirchen und Schlösser, man fuhr gemeinsam nach Coventry, nach Stratford-upon-Avon, nach Oxford.

Schon bald wurde die junge Frau zu Ilses engster Freundin. Renate kam aus Königsberg und war dort am Ende des Krieges zusammen mit ihrer Schwester und ihrer Mutter mehrmals von russischen Soldaten vergewaltigt worden, Mutter und Schwester hatten sich daraufhin das Leben genommen. Diese furchtbare Erfahrung hatte Renate für immer gezeichnet. Und Ilse wusste, was ein Verlust der Mutter bedeutete.

Noch ein Ausschnitt aus den Erinnerungen von Jürgen:

*Im Herbst 1951 wurde ich krank, eine schwere Grippe mit hohem Fieber, und war zur Arbeit nicht fähig. Das dauerte etwa zwei Wochen. In der Zeit habe ich viel über mich nachgedacht. Dann wusste ich auch, was ich für meine Zukunft wollte: Ilse war die Frau, mit der ich eine Familie gründen wollte. Ich schrieb Ilse einen langen Brief, in ein Schulheft, weil ich wusste, dass ich sehr viel zu schreiben haben würde.*

Ilses Reaktion muss positiv gewesen sein, denn es begann ein intensiver Briefwechsel. Ein weiteres Treffen wurde verabredet, diesmal sollte Ilse nach Hamburg kommen, im März 1952, aus Anlass einer ohnehin geplanten Deutschlandreise.

Jürgen musste allerdings noch ein Quartier für sie finden – und er fand es im Pfarrhaus der mennonitischen Gemeinde in Hamburg-Altona, wo eine Cousine lebte. Jürgens Mutter stammte aus einer mennonitischen Familie. Das Pfarrhaus lag zwar einige Kilometer von Jürgens Studentenbude in der Gryphiusstraße in Winterhude entfernt, aber ein Hotel konnten sich die beiden nicht leisten.

*Als sie im März 52 zu mir kam, hat sie zusammen mit anderen Frauen, darunter meine Cousine, in einem großen Raum im Souterrain des Pfarrhauses gelebt. Und der Pastor hatte ein scharfes Auge auf diese weibliche Belegschaft. Es war undenkbar, dass sie mit mir zusammen in meiner Bude gelebt hätte. Einmal waren wir so lange ausgegangen, in St. Pauli, dass wir gerade noch mit der Bahn zu ihr zurückgekommen sind, aber dann fuhr für mich keine Bahn mehr, und ich bin zu Fuß zurück nach Winterhude gegangen, mitten in der Nacht.*

Ilse dokumentierte die Woche in Hamburg in einem kleinen, aufwendig gestalteten Fotoalbum, das sie Jürgen später schenkte. »Ein Bilderbuch für Isch und George«, schrieb sie mit weißer Tinte auf den dunkelbraunen Karton, »Isch« war Jürgens Kosename für sie, mit »George« hatte sich Jürgen in England stets vorgestellt. »Zur Erinnerung an unsere ersten gemeinsamen Ferien, im Frühjahr 1952 in Hamburg«, fügte sie hinzu.

Lilli Schlüchterer und Ernst Jahn, 1925 in Köln

Lilli Jahn, 1937

Ilses Patenonkel Josef Schloß als Sanitätsoffizier im Kreis seiner Kameraden, ca. 1918

Lillis Schwester Elsa Schlüchterer, ca. 1930

Lillis Freundin Lotte Paepcke mit ihrem Sohn Peter, 1938

Lilli mit Gerhard und Ilse, Pfingsten 1932

Lilli mit Gerhard, Johanna, Ilse und Eva im Schwarzwald, um 1937

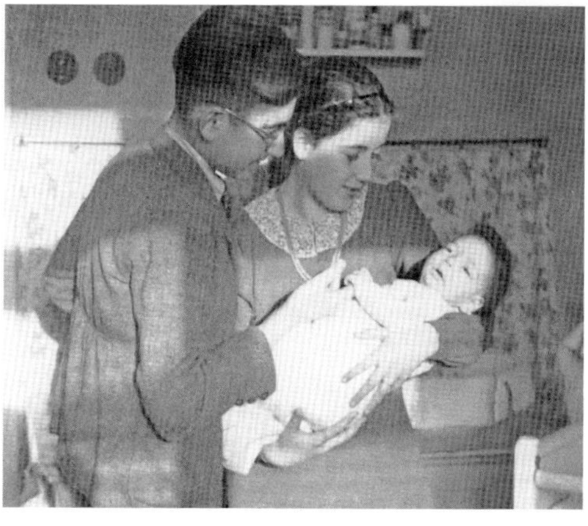

Gerhard, Ilse und Dorothea im Herbst 1940

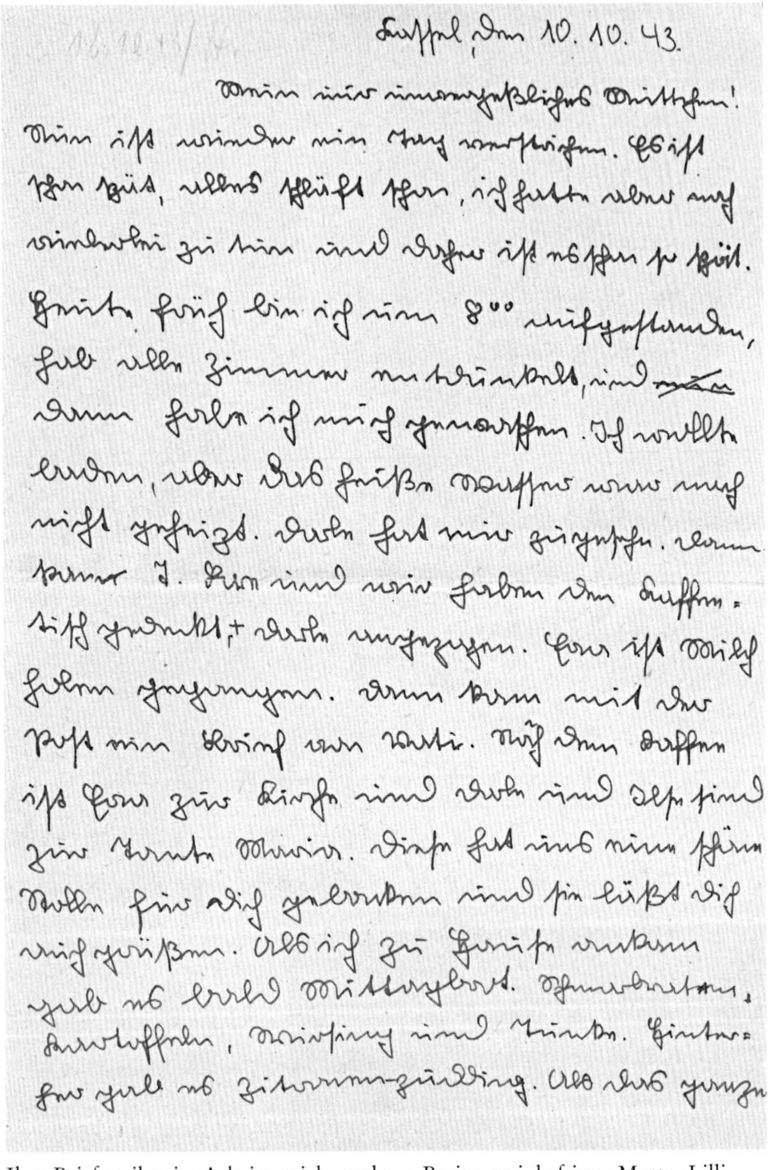

Kassel, den 10. 10. 43.

Mein mir unvergeßliches Muttchen!

Nun ist wieder ein Tag verstrichen. Es ist schon spät, alles schläft schon, ich hatte aber noch [illegible] zu tun und daher ist es schon so spät. Heute früh bin ich um 8°° aufgestanden, hab alle Zimmer [illegible], und dann habe ich mich gewaschen. Ich wollte baden, aber das heiße Wasser war noch nicht geheizt. Vati hat mir zugesehen. Dann kamen J. Kurt und wir haben den Kaffee-tisch gedeckt, + Vati anzuziehen. Hans ist Milch holen gegangen. Dann kam mit der Post ein Brief von [illegible]. Nach dem Kaffee ist Hans zur Kirche und Vati und Ilse sind zur Tante Marie. Diese hat uns einen schönen [illegible] für dich gebacken und sie läßt dich auch grüßen. Als ich zu Hause ankam gab es bald Mittagbrot. Schweinebraten, Kartoffeln, [illegible] und Tunke. Hinterher gab es Zitronenpudding. Als das ganze

Ilses Brief an ihre im Arbeitserziehungslager Breitenau inhaftierte Mutter Lilli vom 10. Oktober 1943

Ilse mit ihren Schwestern Johanna, Dorothea und Eva im Frühsommer 1944

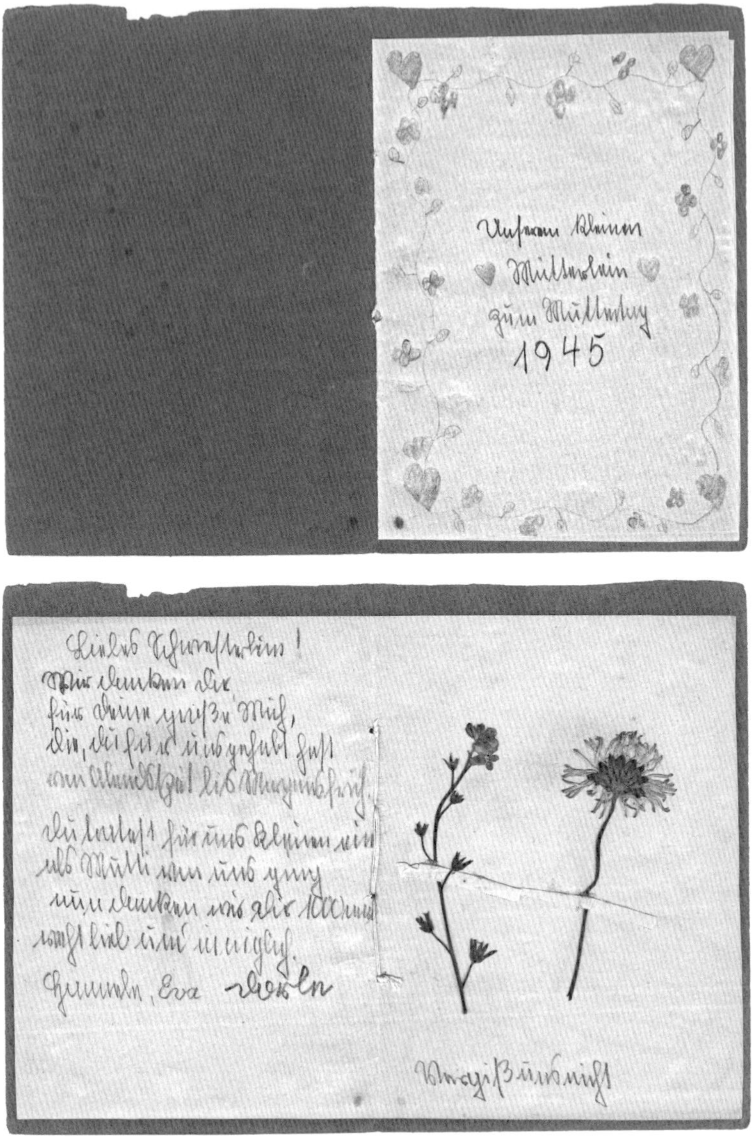


Karte der jüngeren Schwestern für Ilse zum Muttertag 1945

Ilse, 1946

Oberprima des Realgymnasiums Hofgeismar, Juni 1948, mit Ilse (Mitte der ersten Reihe), ihrer Freundin Anita (links neben ihr), ihrem Freund Horst (zweite Reihe, links hinter ihr) und dem Deutschlehrer Dr. Müller (zweite Reihe, 2.v.l.)

Großmutter Paula mit ihren Enkelinnen Dorothea, Ilse und Eva, Birmingham im April 1949

Ilse und Gerhard, März 1950 in Immenhausen

Christel und Georg Schloß, ca. 1952

Ilse mit ihrer Schwester Dorothea und ihrem Vater Ernst, März 1952 in Immenhausen

Jürgen und Ilse im März 1952 im Hamburger Stadtpark

Ilse und Jürgen am Tag ihrer Hochzeit, am 11. Oktober 1952 in Birmingham

Ilse und Jürgen mit ihrem Sohn Martin, Dezember 1956

Johanna, Gerhard und Ilse im Sommer 1960 in Arnsberg

Ilse mit ihren Schwiegereltern Albrecht und Wilma und ihren Kindern Martin und Beate, 25. Dezember 1961 in Uelzen

Ilse und Jürgen mit ihren Kindern Beate, Ursula und Martin, Weihnachten 1966 in Celle

Gerhard Jahn und Bundeskanzler Willy Brandt am 4. Mai 1972 im Deutschen Bundestag in Bonn

Ilse (2. v. l.) mit ihren Geschwistern Eva, Johanna, Dorothea und Gerhard 1995 im Schwarzwald

Johanna und Ilse, 1998

Ilses Kinder in Jerusalem 1986: Martin mit seiner Frau Inge und Tochter Katja, Ursula, Beate mit ihrem Mann Shmuel und ihren Kindern Moshe, Sarah Lily und Miriam

Ilse mit ihren Enkeltöchtern Susanne und Katja, 1996

Ilse und Cordelia Edvardson im Oktober 2002 in der Redaktion der *Frankfurter Allgemeinen Zeitung* in Frankfurt

Ilse und ihr Sohn Martin im Januar 2004 in der Gedenkstätte des Arbeitserziehungslagers Breitenau bei Kassel

Ilse, Hamburg im Sommer 2002

Das Album enthielt Postkarten von Hamburger Motiven wie dem Jungfernstieg und den Alsterarkaden sowie viele Fotos des verliebten Paars, die im Stadtpark aufgenommen worden waren. Ilse hatte sich auf den letzten Schneeresten fotografieren lassen, Jürgen mit Statuen nackter Frauen, die er lächelnd umarmte. Ein kleines Porträt von ihm hatte sie mit der ironischen Unterzeile »Mein kleines Schulmeisterlein« versehen. Seine Neigung, anderen Menschen die Welt zu erklären, war ihr schon damals aufgefallen. Aber noch spottete sie nur.

Ihr kleines Kunstwerk hatte sie mit getrockneten Blütenblättern und selbst gezeichneten Musikinstrumenten, Sternen und Noten sowie tiefsinnigen Zitaten geschmückt, von Walther von der Vogelweide und Rainer Maria Rilke zum Beispiel. Außerdem hatte sie noch Eintrittskarten und Programme jener Kulturveranstaltungen eingeklebt, die die beiden besucht hatten. Im Schauspielhaus *Peer Gynt*, im Filmtheater Stellingen die Komödie *Das Haus in Montevideo*, und in der Musikhalle hörten Ilse und Jürgen ein Konzert des NWDR-Sinfonieorchesters mit Mozarts *Requiem*. Ilse schrieb neben das Konzertprogramm:

*Geläutert von der Sprache der Musik, führte uns dieses Erlebnis zum Höhepunkt unserer Ferien: Du und ich erkannten, dass uns eine reine und tiefe Liebe verband.*

Die teuersten Eintrittskarten erwarben die beiden für das Internationale Nacht-Kabarett Regina auf der Großen Freiheit in St. Pauli. Zu den Attraktionen zählten dort laut Programmheft die »berühmten Mundharmonika-Virtuosen Trio Harmonie«, das »Orchester Walter Lucke und seine Meisterpartner« sowie die »Schönheits-Tänzerin« Marion Holt. Am

26. März besuchte das Paar eine Aufführung des »Fidelio« in der Staatsoper. Dieses Datum ließen sich die beiden später in ihre Eheringe gravieren.

Ilse machte im Anschluss an die Hamburger Tage erneut eine Rundreise zu Verwandten: In Immenhausen traf sie den Vater und Dorle, in Karlsruhe Lotte und deren Familie, in Essen besuchte sie Lore und Marilis und in Marburg ihren Bruder Gerhard und dessen Frau Anni, die bereits einen kleinen Sohn hatten. Ilse wurde zur Patentante ernannt und fuhr dann wieder zurück nach Birmingham.

Ihr Leben hatte nun mit einem Mal eine klare Kontur erhalten: Sie würde nicht in England bleiben und auch keinen jener jungen englischen Ärzte heiraten, die zuletzt noch um sie geworben hatten. Auch würde sie nicht ihren großen, wenn auch nie wirklich konkreten Traum in die Tat umsetzen, nämlich nach Israel zu emigrieren. Immer wieder hatte sie über diese Idee mit Johanna gesprochen, aber am Ende fehlte den beiden der Mut zu einem weiteren Neuanfang in der Fremde. Nein, Ilses Heimweh war stärker, sie würde nach Deutschland zurückkehren, in das Land, in dem jener Mann lebte, den sie liebte.

Jürgen bereitete sich unterdessen auf seine erste juristische Staatsprüfung vor. Nach bestandenem Examen wollten er und Ilse heiraten. Jürgen erzählte davon nun auch seinen Eltern. Albrecht und Erna waren nach dem Krieg als Flüchtlinge mit ihren beiden jüngsten Kindern in zwei kleinen Zimmern im Dachgeschoss einer Villa in Kirchweyhe, einem Dorf in der Nähe von Uelzen, einquartiert worden. Albrechts Reaktion auf Jürgens Ankündigung fiel vernichtend aus. Er werde, so prophezeite ihm sein Vater, »lauter kleine schwarzhaarige, jüdisch aussehende Kinder« haben. Sollte Jürgen diesen Plan wirklich umsetzen, dürfe er sein Haus nicht mehr betreten.

Der Sohn ließ sich davon nicht beeindrucken. Er berichtete Ilse zwar von den Widerständen in seiner Familie, ließ aber keinen Zweifel daran, dass ihn die Meinung seines Vaters niemals umstimmen werde. Wie viele ehemalige Soldaten hatte Jürgen inzwischen ein schwieriges Verhältnis zu seinem Vater. Albrecht zählte zur Generation ehemaliger Frontsoldaten des Ersten Weltkriegs, die ihre Söhne erst in Hitlers Krieg getrieben und nun mit der totalen Niederlage ihre Autorität eingebüßt hatte. Da Albrecht seinen Sohn zudem finanziell nicht unterstützen konnte, war Jürgen auch in dieser Hinsicht unabhängig von seinem Vater.

Wenige Tage nach dem Referendarexamen, Ende September 1952, fuhr Jürgen wieder nach England. Zuvor hatte er sich von Ilse einen Blechring schicken lassen, damit er einen von der Größe her passenden Verlobungsring anfertigen lassen konnte. Ilse holte Jürgen in Birmingham am Bahnhof ab:

*Unsere Gefühle zu beschreiben, ist nicht nötig. Wir fuhren mit dem Bus zu dem Häuschen ihrer Großmutter. Schon im Bus streifte ich ihr den Ring auf den Finger. Das war unsere offizielle Verlobung. Und dann kamen wir bei Paula in der Strathdene Road an, Paula sah die Ringe, sagte aber kein Wort. Es war für sie unerhört, dass dieser junge Mann ihre Enkeltochter heiraten wollte, ohne um ihre Hand angehalten zu haben. Ich hatte drei Flaschen Likör mitgebracht, Danziger Goldwasser, und gedacht, dass Ilse und ich sie trinken würden. Aber Paula hat sie gleich kassiert. Ilse und ich haben davon sehr wenig abbekommen.*
*Dann fragte Paula, wann denn die Hochzeit sein sollte, frühestens zu Ostern 53 könnten wir ihrer Meinung nach heiraten. Ich habe gesagt, entweder jetzt oder gar nicht,*

*weil ich mein Referendariat anfangen musste. Ob ich denn nicht auch in England bleiben und dort als Jurist arbeiten könne, wollte sie wissen. Aber das konnte ich nicht, ich hätte noch einmal ganz von vorn mit dem Studium beginnen müssen, und dazu fehlte mir das Geld. Schließlich hat sich Paulas Freund Jimmy Fischer der Sache angenommen. Er hat uns auch mit seinem Jaguar zum Standesamt gefahren.*

Die Hochzeit wurde auf den 11. Oktober angesetzt. Der guten Ordnung halber informierte Jürgen auch seinen Vater in Deutschland, er hatte allerdings wenig Hoffnung, dass Albrecht nach England kommen würde. Tatsächlich unternahm der Vater nur einen letzten Versuch, um die Heirat seines ältesten Sohnes abzuwenden. Albrechts Brief ist auf den 6. Oktober 1952 datiert:

*Jürgen!*
*Dein Brief vom 3.10. hat mich höchstens überrascht, aber nicht weiter erschüttert; denn ich hatte etwas Derartiges kommen sehen, wenn auch nicht so plötzlich. Du bist 27 ½ Jahre alt und musst wissen, was Du tust. Ich bin fast 56 und weiß es auch, nur vielleicht klarer als Du. Bei Dir entscheidet das Gefühl, bei mir der Verstand. Frl. Jahn mag ein persönlich durchaus – mit Deinen Augen gesehen – liebenswerter Mensch sein. Ich kenne sie nicht und kann mir daher ein Urteil über sie nicht erlauben. Aber ich denke weiter, und zwar in Generationen. Eine Ehe findet ja immer nur dann ihre wahre Erfüllung, wenn sie Nachkommen aufweist, und diese Nachkommen willst Du nun mit der Belastung eines Mischlingsdaseins versehen. Das habe ich Dir schon einmal*

*auseinandergesetzt und tue es heute zum letzten Male schriftlich. Ich habe Menschen unter der Last ihrer Vorfahren leiden gesehen, und glaube ja nicht, dass das nie wieder kommen kann. Der Name Morgenthau hat dem deutschen Volke in seinen breitesten Schichten die Augen geöffnet, und was hier sich tut, ist auch in vielen anderen Ländern zu beobachten, sogar in den sogenannten demokratischen. Es hat keinen Zweck, davor die Augen gewaltsam zu verschließen. Du bist nicht stark genug, eine Welt aus den Angeln zu heben. Die geht eines Tages über Dich hinweg, bzw. über die Nachkommen der von Dir beabsichtigten Bindung.*
*Ich glaube, Dir damit meine Einstellung zu dem von Dir beabsichtigten Schritte zum letzten Male in aller Deutlichkeit auseinandergesetzt zu haben. An Dir liegt es, Dich zu entscheiden.*
*Dein Vater*

Albrechts Hinweis auf den US-Finanzminister Henry Morgenthau enthielt eine für Jürgen leicht zu entschlüsselnde Botschaft. Der jüdische Politiker Morgenthau hatte 1944, also noch während des Krieges, einen Plan zur weitgehenden Deindustrialisierung Deutschlands vorgelegt – ein Projekt, das von der nationalsozialistischen Propaganda als Plan des »Weltjudentums« zur »Versklavung« der Deutschen angeprangert wurde. Die amerikanische Regierung legte Morgenthaus Ideen zwar schon nach wenigen Monaten zu den Akten. Doch in Albrechts Wahnvorstellung einer jüdischen Weltverschwörung waren sie auch noch sieben Jahre nach dem Krieg präsent.

Ilse trug am Tag ihrer Hochzeit, am 11. Oktober 1952, wieder den Persianermantel ihrer Mutter Lilli. Für die Zeremonie hatte sie einen großen Brautstrauß gekauft, Jürgen hätte ihn nicht bezahlen können. Auch die »Three Pounds Licence« wurde von ihr besorgt: eine Bescheinigung, die jene Paare erwerben mussten, die die eigentlich vorgeschriebene Zeit von sechs Wochen für das Aufgebot abkürzen wollten. Jürgens Erinnerung an den Hochzeitstag:

*Bei der Trauzeremonie war ich ziemlich aufgeregt. Der Standesbeamte fragte, ob ich ein Bachelor sei. Ich dachte an den akademischen Grad, dabei wollte er nur wissen, ob ich unverheiratet sei. Ich verneinte und er zog seine Brauen hoch. Aber dann klärte sich das Missverständnis auf.*
*Bei der Hochzeit war noch Jack Porter dabei, ein Bewährungshelfer, der bei der Navy gewesen war und mit mir zusammen in dem Studentenheim gewohnt hatte, er hat mir auch einen Junggesellenabschied ausgerichtet, eine Stag Party. Jack Porter und Jimmy Fischer waren unsere Trauzeugen. Als wir aus dem Standesamt herauskamen, standen Ilses Kolleginnen aus dem Krankenhaus Spalier und jubelten. Wir sind dann mit dem Jaguar in die Strathdene Road gefahren, dort gab es ein kleines Essen. Paula gefiel das alles gar nicht, eine Hochzeit ohne Pomp und Circumstances war für sie unvorstellbar. Abends musste Eva ihr Zimmer räumen, und dann kriegten Ilse und ich ihr Zimmer für die Hochzeitsnacht.*

An Flitterwochen war nicht zu denken, Geld für eine gemeinsame Reise hatten weder Ilse noch Jürgen. Schon nach wenigen Tagen fuhr Jürgen zurück nach Deutschland, um seine Referendarzeit zu beginnen. Ilse musste noch ein halbes Jahr in England bleiben, um ihre Ausbildung abzuschließen. Der Hebammenschule, die sie eigentlich im Anschluss besuchen wollte, sagte sie aber ab. Beim »Price Giving Day« ihres Jahrgangs wurde sie als zweitbeste aller Schwesternschülerinnen mit einer »Silver Medal« ausgezeichnet. Den ersten Preis erhielt, was nicht verwundert, eine Engländerin.

Ilse bat ihre Vorgesetzten noch um ein persönliches Zeugnis. Miss Cooper, die Ausbildungsleiterin am General Hospital, schrieb es ihr am 7. Januar 1953:

*Ich bin zuversichtlich, dass eine so besonders prinzipientreue und gewissenhafte Person wie Ilse Doerry immer den höchsten Standard des Schwesternberufs erfüllen wird. Ich habe sie stets als aufmerksam, rücksichtsvoll und sehr an ihrer Arbeit interessiert empfunden. Ich bedaure es, dass wir sie aus unserem Team verlieren.*

Am 28. Januar 1953 schickte ihr auch Dr. John Malins, Assistenzarzt an den United Birmingham Hospitals, eine Beurteilung:

*Ich kenne Schwester Doerry seit vier Jahren, während sie ihre Ausbildung im Birmingham General Hospital absolviert hat. Sie ist eine in jeder Hinsicht bewundernswerte Schwester und überdurchschnittlich in ihren Leistungen in dieser Schwesternschule, die zu den ältesten und berühmtesten Einrichtungen Englands zählt. Es handelt sich um ein großes Krankenhaus, das der Universität zugeordnet ist und ein breites Spektrum aller Bereiche bietet, die in der Arbeit von Schwestern anfallen. Ich kann Schwester Doerry mit größtem Vertrauen für jede Schwestern-Arbeit empfehlen, um die sie sich bewirbt.*

Zu Ostern 1953 trafen sich Ilse, Johanna und Eva ein letztes Mal in Paulas Garten, ein paar Abschiedsfotos wurden gemacht. Dann packte Ilse ihren Immenhäuser Holzkoffer und verließ England.

# Die Rückkehr nach Deutschland

## *»Du bist ja nicht wie die Juden«*
## Ilses Schwiegervater, ein Nationalsozialist

Am 2. Mai 1953 kehrte Ilse nach Deutschland zurück. Diesmal führte ihre Reise nach Lüneburg in Niedersachsen, Jürgen hatte dort eine Stelle als Rechtsreferendar am Landgericht angetreten. Nur mit Mühe war es ihrem Mann zuvor gelungen, eine Wohnung zu finden, ein freier Wohnungsmarkt existierte noch nicht. Mehrmals war er beim Wohnungsamt vorstellig geworden; schließlich hatte man ein Einsehen und gab den jungen Eheleuten eine Unterkunft, die allerdings von den vorherigen Mietern stets nach kurzer Zeit verlassen worden war: zwei kleine Zimmer, keine Küche, die Toilette auf halber Treppe zwischen Parterre und Obergeschoss. Ilse und Jürgen kauften einen elektrischen Herd, den sie im Wohnzimmer aufstellten, das Wasser zapften sie aus einem Wasserhahn neben der Toilette, zum Baden gab es eine kleine Metallwanne im Waschkeller.

Selbst im Vergleich zu den kargen Lebensverhältnissen in England waren die Bedingungen beim Start des gemeinsamen Lebens äußerst bescheiden. Jürgen erhielt als verheirateter Referendar einen »Unterhaltszuschuss« von 270 Mark sowie eine »Kriegsbeschädigtenrente« von 50 Mark, das reichte gerade für die Dinge des alltäglichen Bedarfs. Ein paar Anschaffungen wie Möbel und Küchengeschirr wurden mit Ilses Ersparnissen finanziert.

Außer ihrem Ehemann kannte Ilse niemanden in dieser neuen Umgebung. Tagsüber, während Jürgen im Gericht war, hielt sie sich fast durchgehend in der kleinen Wohnung auf, schon um der Vermieterin nicht zu begegnen, einer großen und korpulenten, etwa fünfzigjährigen Witwe, die bei jedem vermeintlichen Fehlverhalten ihrer Mieter in ein bedrohliches Gezeter ausbrach.

Keinesfalls konnte Ilse hier auch nur für ein paar Tage allein bleiben, das wusste Jürgen. Als er erfuhr, dass seine Referendararbeitsgruppe schon kurz nach Ilses Ankunft eine Reise in die neue Regierungshauptstadt Bonn machen würde, bat er sofort darum, seine junge Frau mitnehmen zu dürfen. Für Ilse ergab sich damit die Gelegenheit, Lillis Cousin Georg und dessen Frau Christel in Bad Godesberg wiederzusehen. Dieses Treffen Anfang Mai 1953 markierte den Anfang einer fast vier Jahrzehnte währenden engen Freundschaft beider Paare. Georg hatte große Teile seiner Verwandtschaft im Holocaust verloren, entsprechend viel bedeutete ihm nun die Nähe zu Lillis Tochter.

Anders als Ilse war Georg jedoch in einer jüdischen Umgebung aufgewachsen. Im familiären Kreis verwendete der 16 Jahre Ältere viele jiddische Begriffe, die weder Ilse noch Jürgen geläufig waren. Ilse mahnte er, hier in Deutschland unbedingt darauf zu achten, dass niemand von ihrer jüdischen Herkunft erfahre, das sei unnötig riskant. Wie diese Strategie praktisch umzusetzen war, demonstrierte Georg bei einem gemeinsamen Spaziergang: Er steckte das am Vortag an einem Kiosk erworbene, ausgelesene Exemplar der *Jüdischen Allgemeinen* diskret in einen öffentlichen Papierkorb. Wenn er es daheim in die Mülltonne werfen würde, so erklärte er, könnten ja die Nachbarn erfahren, wer er eigentlich sei.

Auch Jürgens Kollegen, die Lüneburger Rechtsreferendare, lernte Ilse auf der langen Bahnfahrt nach Bonn ein wenig kennen, einige ihrer engsten Freunde stammten später aus diesem Kreis. Selbstverständlich erfuhr jedoch keiner der jungen Juristen von ihrer Geschichte. Und das blieb auch vorerst so.

Allein schon der Ärger mit ihrem Schwiegervater bestätigte Georgs Warnungen. Wenige Tage nach der Rückkehr aus Bonn sollte Ilse ihm persönlich vorgestellt werden. Doch Albrecht wollte seine Schwiegertochter partout nicht sehen. Jürgen appellierte an den Vater, ohne Erfolg. Dass der Vorstellungsbesuch schließlich doch stattfinden konnte, war das Verdienst von Wilma, Jürgens Stiefmutter. Nach dem frühen Tod seiner ersten Ehefrau Erna kurz nach Kriegsende hatte Albrecht erneut geheiratet. Und Wilma gab ihrem Mann nun in deutlichen Worten zu verstehen, dass er die Familie mit seiner Blockadehaltung ruiniere; sein ältester Sohn, Jürgen, werde nie wieder zu ihm zurückkehren, sollte das Besuchsverbot für Ilse bestehen bleiben.

An einem Sonntagmorgen Mitte Mai 1953 setzten sich Ilse und Jürgen auf die für diesen Zweck ausgeliehenen Fahrräder und fuhren 32 Kilometer auf der Landstraße von Lüneburg nach Süden Richtung Uelzen. Kurz vor dem Dorf Kirchweyhe bogen sie rechts von der Straße ab in den Ziegeleiweg. Nach einem weiteren Kilometer, vorbei an Feldern und einem kleinen Wald, erreichten sie das weitläufige Gelände der Ziegelei mit mehreren Lagergebäuden und der Brennerei. Dahinter, auf einer kleinen Anhöhe, lag die Villa, in der die Ziegeleibesitzer lebten – und, in den Dachzimmern, die einquartierte Familie Doerry.

Ilse und Jürgen stiegen von ihren Fahrrädern – Ilse war völlig erschöpft von der langen Tour – und schoben die Räder den Hügel hinauf zur Villa. Empfangen wurde das junge Paar dort von Jürgens beiden jüngsten Geschwistern, von Uwe und Astrid, die schon neugierig auf ihre Schwägerin gewartet hatten, sowie von Wilma und Albrecht. Jürgens Vater begrüßte seine Schwiegertochter freundlich und korrekt mit Handschlag, Wilma umarmte Ilse. Man setzte sich zum gemeinsamen Essen an den Tisch, unterhielt sich höflich unter strikter Umgehung heikler politischer Themen, Albrecht sagte kein falsches Wort, Ilse blieb weitgehend still und entspannte sich sogar nach einiger Zeit, weil offensichtlich mit Feindseligkeiten nicht mehr zu rechnen war. Schließlich nahmen Ilse und Jürgen wieder ihre Fahrräder und fuhren zurück nach Lüneburg.

Auf Anhieb war es Ilse und ihrem Schwiegervater gelungen, einen Modus Vivendi zu finden, eine Form des konfliktlosen Umgangs, die allein deswegen funktionierte, weil beide einen Eklat unbedingt vermeiden wollten. Dieser Nichtangriffspakt bestand nicht weniger als 27 Jahre, bis zu Albrechts Tod im Jahr 1980. Dass das Verhältnis der beiden während der ganzen Zeit stets kühl und reserviert blieb, fiel kaum auf, denn die übrigen Mitglieder der Familie standen Albrecht ebenfalls emotional eher fern. Man akzeptierte ihn als Patriarchen, einen herzlichen Umgang pflegte man nur untereinander, nie mit ihm, dem stets grantelnden alten Herrn, der selten lachte, und wenn doch, dann eigentlich nur aus Schadenfreude.

Nur ein einziges Mal machte Albrecht in Ilses Gegenwart eine antisemitische Bemerkung, und die war auch noch als Kompliment gedacht: »Du bist ja nicht typisch, du bist ja nicht wie die Juden.« Natürlich war Ilse verletzt, aber niemand in der Familie nahm das zur Kenntnis. Längst hatte man sich an seine kruden Äußerungen über das »Dritte Reich« (»war nicht alles schlecht«) und über die angebliche »Siegerjustiz« im Nachkriegsdeutschland gewöhnt.

Seine wahren Überzeugungen vertraute er ohnehin nur seinen Lebenserinnerungen an, mit deren Niederschrift er etwa zehn Jahre nach Ilses Eintritt in die Familie begann.

Sie setzen ein mit den traurigen Umständen seiner Geburt am 17. März 1897. Zwei Stunden nachdem Albrecht auf die Welt gekommen war, starb seine Mutter Maria an inneren Blutungen. Der Säugling wurde von der Großmutter in Berlin in Obhut genommen, ein Jahr später heiratete Albrechts Vater Georg erneut, und zwar eine Schwester seiner verstorbenen Frau. Der kleine Junge wuchs nun in der neuen Familie des Vaters zusammen mit drei Halbgeschwistern auf, wohlbehütet und liebevoll umsorgt von seiner Stiefmutter Luise.

Albrechts Vater war ebenfalls Lehrer und arbeitete seit dem Jahr 1900 als Kreisschulinspektor in Gostyn im preußischen Regierungsbezirk Posen. Seine Aufgabe war klar umrissen: Er sollte die Germanisierung der mehrheitlich polnischen Bevölkerung dieser Region vorantreiben, und nach allem, was Albrecht später erzählte, widmete sich der Vater diesem Ziel mit großer Leidenschaft. Entsprechend konservativ und national ging es in der Familie zu. 1914 meldete sich der 17-jährige Albrecht freiwillig zum Kriegsdienst, 1915 wurde er an der russischen Front durch einen Beinschuss schwer verwundet und nach einem Jahr in verschiedenen Lazaretten vorläufig ausgemustert. Seine Hoffnung auf eine Offizierslaufbahn zerschlug sich somit. 1916 begann er in Tübingen ein Studium der evangelischen Theologie und setzte es später in Halle an der Saale fort, wo er 1919 mit einem schmalen Werk über »Arnold von Brescia im Lichte der neueren Forschung« promoviert wurde.

Das Ende des Kaiserreichs war für Albrecht eine große Enttäuschung. In den bürgerkriegsähnlichen Wirren des Jahres 1919 heuerte er beim reaktionären »Freikorps Dohna« an, um – ganz in der Tradition seines Vaters – gegen die Polen zu kämpfen. Albrecht wurde Mitglied des »Alldeutschen Verbands«, einer dezidiert demokratiefeindlichen völkischen Organisation. Doch schon sechs Wochen nach seinem Beitritt löste sich das Freikorps auf, seine militärische Laufbahn war damit beendet, ihm blieb nur eine zivile Karriere. 1921 machte er sein philologisches Staatsexamen in Geschichte, Deutsch und Theologie und begann ein Referendariat. 1923 wurde er zum Studienrat ernannt und an die Landwirtschaftsschule in Marienburg in Westpreußen berufen. Politisch blieb er weiterhin aktiv, in den kommenden Jahren schloss er sich der »Deutschvölkischen Freiheitsbewegung« an, sprach auf Wahlkampfveranstaltungen dieses Verbandes und marschierte zusammen mit seinen Freunden vom »Frontbann«, einer der NSDAP nahestehenden paramilitärischen Organisation, durch die Straßen Marienburgs.

Seine künftige Frau Erna lernte er an ihrem 21. Geburtstag, dem 16. September 1923, kennen. Albrecht hatte Ernas kleinem Bruder Nachhilfe gegeben, daraufhin war er von Ernas Vater Heinrich Penner, einem erfolgreichen Bauunternehmer, zu der Geburtstagsparty nach Christburg in der Nähe von Marienburg eingeladen worden.

Albrecht gefiel die schöne, zurückhaltende junge Frau. Mit einigem Aufwand und unter allerlei Vorwänden bemühte er sich um ein Wiedersehen, schließlich konnte er bei ihrem Vater um ihre Hand anhalten. 1924 wurde geheiratet. In seinen Erinnerungen beschrieb Albrecht seine Frau erstaunlich herablassend:

*Erna hatte für die Hauswirtschaft absolut keine Meinung, und künstlerische Fähigkeiten besaß sie ebenfalls nicht. Singen konnte sie nur ein einziges Lied richtig; das war das Deutschlandlied, aber dies auch nur dann, wenn andere mitsangen. Dafür interessierte sie sich für gute Bücher, Theater und andere Gegenden. In Kassel hatte sie eine Zeit lang in einem Heim für höhere Töchter zugebracht, um von dem Honig der höheren Bildung zu naschen, und war dann auf eine private Handelsschule in Königsberg gegangen, um zur späteren Mithilfe in dem Zementwarenbetriebe ihres Vaters die Buchführung zu erlernen. Da sie ein geistig sehr beweglicher und aufgeschlossener Mensch war, merkte ihr aber kein Mensch an, dass ihre schulische Ausbildung doch rechte Lücken aufwies. Vor allem verstand sie, sehr charmant zu schweigen, wenn sie spürte, dass sie nicht mitreden konnte.*

Trotz dieser leicht boshaften Schilderung liebte Albrecht Erna, und das Paar schien wie füreinander gemacht: Hier der aufstrebende, eloquente junge Studienrat mit dem hohen Sozialprestige eines verwundeten Kriegsteilnehmers, dort die hübsche Tochter aus gutem Hause. Geist und Geld hatten sich gefunden, auch wenn das junge Paar am Ende vom Wohlstand der mennonitischen Unternehmerfamilie Penner kaum profitierte: Ernas Mitgift bestand vor allem aus einer Reihe sehr teurer Möbel für die Ausstattung der gemeinsamen Wohnung.

Am 11. April 1925 kam Jürgen, das erste Kind von Albrecht und Erna, in Marienburg zur Welt. Fast im Jahrestakt folgten dessen Geschwister Reingard, Gundula und Wulf. 1934 und 1935 wurden dann Uwe und Astrid geboren. Der Umgangston in der Familie war protestantisch nüchtern, Erna verhielt sich ihren Kindern gegenüber eher kühl und nicht besonders liebevoll oder gar empathisch. Albrecht genoss die Rolle des strengen Familienoberhaupts, körperliche Züchtigungen waren selbstverständlich, wurden aber nicht mehr als in anderen Familien praktiziert. Porträts seiner Helden, der Weltkriegsgeneräle Hindenburg und Mackensen, hingen im Wohnzimmer an der Wand. Antisemitische Äußerungen hörte man vor allem von Albrecht, Erna hielt sich mit politischen Bemerkungen zurück.

1933 trat Albrecht der NSDAP bei, ein für ihn fast zwangsläufiger Schritt, auch wenn er bis dahin immer deutschnational gewählt hatte. Als Gymnasiallehrer hätte er sich ohne Parteibuch politisch in einer Weise exponiert, die ihm fernlag. Noch zwanzig Jahre nach dem Krieg verteidigte er die Hitler-Partei in seinen Aufzeichnungen:

*Es soll nicht bestritten werden, dass sich bei der Durchführung der nationalsozialistischen Parteiziele mitunter Dinge ereigneten, die in keiner Weise einwandfrei waren. Aber wo in aller Welt kommt bei einer Revolution – und die Machtergreifung durch den Nationalsozialismus war trotz aller Legalität nach außen hin eine solche – nicht mancherlei vor, was mit Recht und Gerechtigkeit herzlich wenig zu tun hat!*

Besonders stolz war Albrecht auf die – durch massive Aufrüstung erkauften – wirtschaftlichen Erfolge des Nationalsozialismus, vor allem auf die Bekämpfung der Arbeitslosigkeit. Begeistert war er auch über die Siege der Wehrmacht in den ersten Kriegsjahren. Für den Holocaust wies er den Juden eine Mitschuld zu:

*Was man mit den Juden machte, habe ich trotz meiner sonstigen antisemitischen Einstellung als Unsinn angesehen. Schon die Zerstörung der jüdischen Geschäfte nach der Ermordung des Herrn von Rath und das Niederbrennen der Synagogen hätte besser vermieden werden sollen. Andererseits hätten die Juden, als sie erkannten, welche Wege die NSDAP beschritt, besser getan, Deutschland zu verlassen, als so lange zu warten, bis sie abgeholt wurden. Sie hätten zwar einen großen Teil ihrer Habe verloren, aber wenigstens ihr Leben gerettet. Den anderen, die diesen Weg nicht wählten, ist es sehr viel schlechter ergangen. Ich sehe es nicht als meine Aufgabe an, Untersuchungen darüber anzustellen, wie weit die Zahlen hinsichtlich der Judenvernichtungen stimmen. Dass an der Gesamtzahl Zweifel bestehen, haben bereits maßgeblichere Leute als ich behauptet.*

Albrecht sprach mehrmals explizit die eigenen Kinder als Adressaten seiner Erinnerungen an. Ob er den Text allerdings zu Lebzeiten überhaupt jemandem gezeigt hat, bleibt unklar. Wahrscheinlich ahnte er, wie anstößig viele Passagen waren. Sein Sohn Jürgen bekam das mit Schreibmaschine geschriebene Konvolut erst Jahrzehnte später von Wilma in die Hand gedrückt. Ilses Mann war so erschüttert von der uneinsichtigen, ja ungebrochen nationalsozialistischen Haltung des eigenen Vaters, dass er 1997 einen an seine Geschwister adressierten Kommentar zu Albrechts Aufzeichnungen verfasste. Ein Auszug:

*Es gab viele Antisemiten, leider, und sie haben dem Ansehen unseres Volkes in der Welt schwersten Schaden zugefügt. Was aber unerträglich ist – und weshalb ich glaube, dass seine Erinnerungen am besten der Vergessenheit anheimfallen sollten –, ist der Umstand, dass er das Schicksal der Juden noch zu beschönigen versucht, ja, dass er die Verfolgung weitgehend nur als »Unsinn«, mithin nur als unzweckmäßig, nicht als*

*verbrecherisch, einer Kulturnation im höchsten Maße unwürdig bezeichnet: Schon die Zerstörung der Geschäfte und Synagogen »hätte besser vermieden werden sollen«! Und wenn er dann schreibt, dass die Juden, als sie erkannten, welche Wege die NSDAP beschritt, besser getan hätten, das Land zu verlassen, als so lange zu warten, bis sie abgeholt wurden, dann fehlen mir die Worte. Da werden die Opfer noch als dumm verhöhnt: Die Ermordeten, die an ein Kulturvolk glaubten, sind also an ihrem Schicksal selber schuld!*
*Es gibt viele dunkle Seiten in Papas Charakter, die mir unbegreiflich erscheinen; diese ist wohl die dunkelste. Und ich schreibe dies auch nur, damit – falls wirklich spätere Generationen die Aufzeichnungen lesen sollten – seine Sätze wenigstens als das gebrandmarkt werden, was sie sind, als eine Ungeheuerlichkeit, die von mir, seinem ältesten Sohn, verabscheut wird. Papa hat wohl sehr gut gewusst, weshalb er mir diese Aufzeichnungen nie gegeben hat. Hätte er sie doch nie geschrieben.*

Neben seiner rechtsradikalen Gesinnung neigte Albrecht stets zu Besserwisserei und Querulantentum. Diese Charakterzüge brachten ihn mehrmals in Opposition zu Vorgesetzten und Parteifunktionären. 1935 wurde er an ein Gymnasium in Lauenburg versetzt und 1939 »aus dienstlichen Rücksichten« an die Oberschule für Jungen in Gollnow bei Stettin. Als er dort 1942 den Fehler beging, eine Kollegin wegen Ehebruchs zu denunzieren – eine Lehrerin, die einflussreiche Freunde in der Partei hatte und den Vorwurf rundweg bestritt –, wurde er mit einer Geldstrafe belegt und strafversetzt. Zunächst musste er an eine Schule in Greifenberg wechseln, einige Monate später dann ins besetzte Luxemburg. Dort wurde er nach fünf Wochen so krank, dass er zurückkehren durfte, allerdings nicht nach Gollnow. Weitere Stationen seiner »Verbannung« waren Cammin, Treptow und schließlich Pölitz bei Stettin.

Als das NS-Regime im Mai 1945 kollabierte, war Albrecht 48 Jahre alt, mittellos und heimatvertrieben, magenkrank und als Gymnasiallehrer gescheitert. Im Zuge der sogenannten Entnazifizierung entschieden die britischen Besatzungsbehörden, dass er nie wieder an einer Schule arbeiten dürfe.

Andere hätten sich dagegen gewehrt und aus ihrer Geschichte vielleicht eine Widerstandsbiografie gemacht, Albrecht hingegen, so formulierte es sein Sohn Jürgen, war »nach dem Krieg noch nationalsozialistischer als vorher schon«.

Bezeichnend war sein Umgang mit dem Schicksal seiner Tante Frieda. 1940 hatte das Regime im Zuge der sogenannten Aktion T4 die geistig verwirrte Schwester seiner Mutter getötet, damals bezeichnete Albrecht ihre Vergasung ganz offen als »Mord«. In seinen Erinnerungen hingegen erwähnte er Friedas Geschichte mit keinem Wort und verteidigte die Euthanasie. Man dürfe diese Dinge »nicht nur mit den Augen der Kirche und der Religion« betrachten: »Die Natur lässt solche unglücklichen Wesen von alleine zugrunde gehen, nur der Homo sapiens lässt sie weiter vegetieren.« Damit verstoße der Mensch gegen »das gottgewollte Naturgesetz«.

Kurz vor Weihnachten 1945 erkrankte Albrechts Frau Erna an Diphtherie und wurde in das Ausweichkrankenhaus Holxen bei Uelzen eingeliefert. Nach Neujahr kam eine Venenentzündung hinzu, eine Thrombose bildete sich, und am 11. Januar starb Erna. In einem modernen Krankenhaus hätte man sie wahrscheinlich retten können, nicht aber in diesem Provisorium.

Ihr Leichnam wurde zunächst in einer angrenzenden Scheune ins Stroh gelegt, es war bitterkalt, schon bald war die

Tote gefroren. Ihr Sohn Wulf, der damals auf einem Bauernhof arbeitete, und ihre Tochter Reingard trieben einen Traktor samt Leiterwagen auf und fuhren den Sarg zur Beerdigung auf den kleinen Dorffriedhof in Kirchweyhe. Jürgen, damals noch in britischer Kriegsgefangenschaft, erfuhr erst Monate später durch einen Brief seines Vaters von Ernas Tod. Seine Mutter hatte ihm in seinen Soldatenjahren nicht ein einziges Mal geschrieben.

Albrecht entschied, dass Reingard ab sofort ihre Stelle als Haushälterin in einer Familie in der Nachbarschaft aufgeben und für die kleinen Geschwister Uwe und Astrid sorgen müsse. Er selbst heuerte beim »Deutschen Ring« als Versicherungsvertreter an, um Geld für sich und seine Kinder zu verdienen. Mit dem Motorrad fuhr er im Landkreis Uelzen von Bauernhof zu Bauernhof und verkaufte Kranken-, Lebens- und Feuerversicherungen.

Die Bauern genossen das Gespräch mit dem gelehrten Herrn Doktor. Und manchmal machten sie sich auch lustig über ihn. Eines Nachts, so erinnerte sich Jürgen, kam der Vater sturzbetrunken von einer Akquisetour nach Hause. Die Bauern hatten ihm für jedes Glas Korn, das er trank, eine Handvoll »Gemenge« in die Jackentaschen gesteckt, eine Mischung aus Hafer, Gerste und Erbsen, die eigentlich als Tierfutter diente, mit der man aber auch Grütze herstellen – und seine Kinder ernähren konnte. Immer wieder hatte sich Albrecht noch einen Schnaps nachschenken lassen, immer mehr hatte man ihn gedemütigt. Albrecht führte damals, in den ersten Nachkriegsjahren, ein ziemlich elendes Leben.

Bei einem Betriebsausflug des »Deutschen Rings« lernte Albrecht schließlich Wilma kennen, die Witwe eines Luftwaffen-Feldwebels der »Legion Condor«, der über Spanien abgeschossen worden war. Wilmas kleiner Sohn war schon in den dreißiger Jahren gestorben, er hatte nur wenige Monate gelebt. Zum Glück für die halb verwaiste Familie liebte Wilma Kinder. Und schon bald liebten Albrechts Kinder Wilma – ohne sie wäre die Familie auseinandergebrochen.

Im November 1947 heiratete Albrecht die 16 Jahre jüngere Frau. Zu einer kirchlichen Trauung, wie von Wilma gewünscht, kam es jedoch nicht. Albrecht und Erna hatten in den dreißiger Jahren wie viele überzeugte Nationalsozialisten die Kirche verlassen. Für eine Hochzeit vor dem Altar hätte er in den Schoß der Kirche zurückkehren müssen. Doch Albrecht war niemand, der Fehler eingestand.

## *»Ein ganz herziges Bübchen«*
## Ilse wird Mutter

Wenige Tage nach dem Besuch in Kirchweyhe machte sich das junge Paar erneut auf den Weg: Nun sollte Jürgen seinen Schwiegervater kennenlernen. Am Pfingstsamstag 1953 fuhren die beiden mit der Bahn nach Immenhausen. Auch diese Reise war keine einfache Mission: Ilse wusste, dass Ernst – wie ja auch Großmutter Paula – ein wenig beleidigt war, weil sie und Jürgen die Familie mit ihrer Heirat vor vollendete Tatsachen gestellt hatten. Die beiden sahen jedoch keinen Grund, sich zu entschuldigen. Nach allem, was vorgefallen war, besaß Ernst ihrer Meinung nach kein Recht, über ihre Zukunft zu entscheiden. Dennoch hoffte Ilse, dass ihr Vater einen guten Eindruck von ihrem Mann bekommen würde. Sie wollte den Kontakt zu der nun 13-jährigen Dorle intensivieren und ihre kleine Schwester auch mal nach Lüneburg einladen – und das ging nur mit Ernsts Zustimmung.

Der Besuch wurde ein Erfolg. Jürgen und Ernst unterhielten sich lange im Bücherzimmer, man respektierte einander, Rita und Ilse blieben im Hintergrund. Zum Abschied nahm Ernst noch ein schönes Aquarell, eine farbige Waldlandschaft, von der Wand, um es seinen Gästen für die Einrichtung ihrer neuen Wohnung zu schenken.

Mit dem großen Bild im Gepäck bestiegen die beiden am Pfingstmontag wieder den Zug, um über Kassel zurück nach Lüneburg zu fahren. Dort wartete auf Jürgen die Arbeit als Referendar im Landgericht, auf Ilse hingegen wartete eigentlich nichts.

Noch war zwischen den beiden nicht geklärt worden, welche Rolle Ilse in Zukunft übernehmen und vor allem, ob sie einen Beruf ausüben würde. Nur dass sie ihr britisches Schwesterndiplom auch in Deutschland anerkennen lassen musste, war unstrittig. Ilse sollte zu diesem Zweck zumindest einige Monate in einem deutschen Krankenhaus gearbeitet haben. Und dabei half ihr nun Renate, ihre Freundin und Kollegin aus Birmingham.

Als Ilse aus England nach Deutschland zurückkehrte, arbeitete Renate bereits als Oberschwester im psychiatrischen Landeskrankenhaus am Wienebütteler Weg in Lüneburg. Unklar ist, ob die Freundin nur deswegen nach Lüneburg gewechselt war, weil sie wusste, dass auch Ilse dorthin ziehen würde. Jedenfalls beschaffte Renate ihr schon bald eine Stelle in dem Krankenhaus. Am 27. Juli 1953 begann Ilse dort in der Klinischen Frauenabteilung – eine Fehlentscheidung, wie sich bald herausstellte.

In der Abteilung wurden psychisch schwer gestörte Frauen betreut. Nachts war Ilse im Krankensaal oft auf sich allein gestellt, niemand half ihr, wenn eine Patientin unruhig wurde. »Ilse fühlte sich bedroht und fürchtete sich«, erinnerte sich Jürgen. Offenbar war seine Frau für die Arbeit in der Psychiatrie nicht robust genug.

Im Laufe der Zeit erfuhr sie zudem immer mehr Details über die Vorgeschichte des Krankenhauses. In der NS-Zeit war es einer der Schauplätze der Euthanasie gewesen. Rund 1000 Erwachsene und Kinder waren in der Heil- und Pflegeanstalt mit dem Schlafmittel Luminal getötet worden, mehr als 500 Menschen wurden zwangssterilisiert. Die beteiligten Ärzte hatten das Krankenhaus zum größten Teil bereits verlassen, manche hatte man auch vor Gericht gestellt. Aber einige Krankenschwestern und Pfleger, mit denen Ilse zusammenarbeiten musste, waren während des Krieges Zeugen oder gar Mittäter bei der Ermordung der Patientinnen und

Patienten gewesen. Ilse konnte hier nicht bleiben und kündigte zum frühestmöglichen Zeitpunkt. In dem Zeugnis, das ihr der Direktor des Krankenhauses ausstellte, heißt es:

*Schwester Ilse Doerry war vom 27.7.1953 bis zum 30.11.1953 am hiesigen Landeskrankenhaus tätig. Auf Grund ihrer Vorbildung und ihrer Erfahrung als Schwester hat sie sich sehr schnell in das für sie ganz fremde Gebiet der Pflege Psychisch- und Nervenkranker eingearbeitet. Sie zeigte bei dieser Arbeit viel Geschick, Umsicht und Einfühlungsvermögen. Durch ihr freundliches, gleichbleibendes Wesen war sie bei Patienten und ihren Mitarbeitern einschließlich der Ärzte beliebt. Sie verließ das Krankenhaus, um sich ganz ihrem Haushalt widmen zu können. Das Ausscheiden dieser ausgezeichneten Schwester wird allgemein bedauert.*

Tatsächlich hatte Ilse gekündigt, ohne eine neue Anstellung zu haben. Doch keineswegs wollte sie sich künftig »ganz ihrem Haushalt« widmen, wie der Direktor behauptete, sie wollte durchaus weiterarbeiten. Aber welche Alternative hatte sie? Ein anderes Krankenhaus, eine Stelle als Arzthelferin? Immer wieder sprach sie mit Jürgen darüber. Solange sie noch in der Psychiatrie beschäftigt war, kam es zu keiner Entscheidung, aber sie ahnte bereits, dass ihr Mann nicht damit einverstanden sein würde, dass sie überhaupt arbeitete. Am Ende bestätigte Jürgen diese Vermutung und erklärte ihr, dass er grundsätzlich den Eindruck vermeiden wolle, dass er seine Frau nicht allein ernähren könne.

Eine solche Überlegung entsprach den gängigen Vorstellungen. Niemand erwartete damals von einer jungen Frau, dass sie nach ihrer Heirat noch ihren Beruf ausübte. Erwartet wurde hingegen, dass sie sich in allen wichtigen Fragen dem Willen ihres Ehemannes fügte. Am Ende fehlte Ilse das nötige Selbstbewusstsein, um sich gegen Jürgen durchzusetzen.

Auch Ilses Mutter Lilli hatte in den zwanziger Jahren viel Überzeugungskraft aufwenden müssen, bis Ernst akzeptierte, dass sie als Ärztin arbeiten wollte. Doch das akademisch gebildete Bürgertum der Weimarer Republik war in Fragen der Emanzipation vergleichsweise modern. Erst in den dreißiger Jahren wurde das Rad der Geschichte zurückgedreht. Das nationalsozialistische Frauenideal kannte nur ein Leben zwischen Küche und Kindern. Und dieses Ideal hatte in der frühen Bundesrepublik immer noch Bestand. Ähnliche Rückschläge mussten allerdings auch die Frauen in anderen Ländern hinnehmen. Frauen, die während des Krieges gearbeitet hatten, sollten nun wieder ihren von der Front heimgekehrten Männern Platz machen.

Im Fall von Ilse und Jürgen wurde der Konflikt durch wohlfeile Kompromisse beigelegt. Ilse besuchte als Gasthörerin kunsthistorische Vorlesungen der Universität Hamburg, und sie belegte Kurse an der Volkshochschule Lüneburg – absolvierte also ein privates Bildungsprogramm, an dem niemand Anstoß nehmen konnte, das aber jede Berufstätigkeit in weite Ferne rückte.

Im Herbst 1954 wurde Ilse schwanger. Eigentlich hatte man noch warten wollen, weil Jürgens Gehalt kaum für die beiden reichte, doch Ilses Schwangerschaft hatte aus Jürgens Sicht den Vorteil, dass sich die beruflichen Ambitionen seiner Frau vorerst von selbst erledigten.

Das erste Jahr in Lüneburg war ein schweres Jahr für Ilse. Während Jürgen seine juristische Ausbildung von Station zu Station fortsetzte, fehlte ihr ein klares Ziel, eine Aufgabe. Die Wohnverhältnisse bedrückten sie, auch die Arbeit im

Krankenhaus war eine große Enttäuschung; sie kannte niemanden in Lüneburg, mit dem sie sich hätte austauschen können, ihre Freundin Renate füllte diese Lücke nicht aus.

Unter diesen Umständen löste jede äußere Irritation schnell Panik aus. Als Ilse am Abend des 17. Juni 1953 die Nachrichten vom Arbeiteraufstand in Ost-Berlin im Radio hörte, wollte sie sofort zurück nach England. Vor nichts hatte sie mehr Angst als vor einem neuen Krieg. Nur mit Mühe gelang es Jürgen, sie zu beruhigen.

Auch die politischen Verhältnisse in der kleinen, 50 000 Einwohner zählenden Stadt Lüneburg verstärkten ihre Zweifel, ob die Rückkehr nach Deutschland eine gute Entscheidung gewesen war. Die Stadt lag auf halbem Wege zwischen den ehemaligen Konzentrationslagern Bergen-Belsen und Neuengamme. Alte Nationalsozialisten, die sich eben noch versteckt und verborgen hatten, übernahmen wieder prominente Ämter im Rathaus. Lüneburg galt als eine der Hochburgen der Sozialistischen Reichspartei, einer Nachfolgepartei der NSDAP. Das Gedenken an die Opfer des Hitler-Regimes war allgemein unpopulär. Mitte der fünfziger Jahre wurde der Friedhof mit den Gräbern von mehr als 250 KZ-Opfern eingeebnet. Gedenkfeiern für die Opfer des NS-Regimes fanden in Lüneburg nicht mehr statt, die Stadtväter beschränkten sich auf eine zentrale Veranstaltung am Volkstrauertag, bei der auch toten SS-Kämpfern gehuldigt wurde.

Bei Ilse verfestigte sich der Eindruck, von ehemaligen Nationalsozialisten umringt und umgeben zu sein. Im Grunde konnte jeder ältere Mann, auf den sie traf, an der Ermordung ihrer Mutter beteiligt gewesen sein. Sie selbst hielt sich zwar nicht mehr für gefährdet, ihr Alltag verlief jetzt äußerlich in geordneten Bahnen, aber sie traute den Deutschen nicht. Eine leise und doch stets präsente Verunsicherung erfasste sie.

Ihre Lage besserte sich erst, als Jürgen nach einem knappen Jahr endlich eine etwas komfortablere Wohnung fand. Wieder gab es nur zwei Zimmer und keine Küche, aber immerhin eine Toilette in der Wohnung. Zudem erwies sich die Vermieterin als freundlich und zugewandt, sie gestattete dem jungen Paar die Mitbenutzung ihrer eigenen Küche. Ilse fühlte sich erstmals ein wenig geborgen.

Das ungestörte gemeinsame Leben in der neuen Wohnung hatte allerdings bald schon ein vorläufiges Ende. 1955 bezog Jürgen ein kleines Zimmer in Celle, um seine Referendarausbildung am dortigen Oberlandesgericht fortzusetzen, und kam allenfalls am Wochenende zurück nach Lüneburg. Er bereitete sich jetzt auf sein zweites Staatsexamen vor und nutzte jede Minute, um zu lernen. Mehrere Rechtsanwälte hatten ihm angeboten, ihn nach dem Examen in ihre Kanzlei aufzunehmen, aber er wollte unbedingt Richter werden. Und dafür brauchte er eine überdurchschnittlich gute Abschlussnote.

Um Ilse konnte er sich in dieser Zeit kaum kümmern. Im Mai 1955 brachte er seine hochschwangere Frau zu ihren Schwiegereltern, die inzwischen aus Kirchweyhe in eine Wohnung in Uelzen gezogen waren. Als es dann am Nachmittag des 21. Juni so weit war, kam er erst mit fünf Stunden Verspätung in die kleine Klinik im Uelzener Vorort Veerßen. Ilse hatte eine schwere und langwierige Geburt gehabt, doch der kleine Sohn war gesund und mit knapp vier Kilo Gewicht ein ordentlicher Brocken. Ilse blieb noch neun Tage in der Klinik und weitere zwölf Tage bei den Schwiegereltern, während Jürgen wieder in Celle arbeitete.

Für meinen Großvater war zunächst entscheidend, dass es ein Junge geworden war, die Familiendynastie also fortgesetzt wurde. Aber noch wichtiger: Ich war mit blonden Haaren und blauen Augen auf die Welt gekommen. Albrechts rassistische

Prognose, Ilse werde ein »hakennasiges, schwarzhaariges Judenkind« in die Welt setzen, hatte sich nicht erfüllt. Zur Geburt schenkte mein Großvater seiner Schwiegertochter ein Tagebuch, in dem sie die Entwicklung ihres Sohnes protokollieren sollte. Die Widmung hatte er selbst gedichtet:

*Des Menschen Weg ist kurz bemessen*
*und meistens ist er bald vergessen.*
*Drum nehmt dies Buch und schreibet auf,*
*was wichtig scheint vom Lebenslauf …*

Meine Mutter nahm diesen Auftrag an. Mindestens einmal im Monat notierte sie über Jahre die einzelnen Entwicklungsschritte ihres Kindes. Alles schien zunächst wichtig zu sein, das erste Lachen, die Bewegungen, das Mienenspiel, der Appetit. Am 16. August notierte sie im Tagebuch:

*Als vor einigen Tagen eine Bekannte ihn zum ersten Mal sah, sagte sie: »Das ist der Vater in Miniatur.« Darüber freut sich vor allem seine Mutti, denn Martin soll so werden wie sein großer Vater.*

Aber es traten auch die bei kleinen Kindern üblichen Schlafprobleme auf. Während mein Vater die Woche über in Celle verbrachte und mich, seinen Sohn, nur selten sah, war meine Mutter tagelang mit mir allein. Anfangs wollte sie den Säugling im Schlafzimmer neben sich schlafen lassen, aber ich schlief noch sehr unruhig. Was tun? Meiner Mutter fehlte jegliche Erfahrung im Umgang mit einem so kleinen Kind; ihre Schwester Dorle war erst in ihre Obhut gekommen, als das Mädchen drei Jahre alt war. In ihrer Not schob sie mein Bett nachts ans andere Ende der Wohnung und schloss alle Türen, um mein Weinen nicht zu hören und wenigstens ein paar Stunden Schlaf zu bekommen.

Für meine Eltern stand von Anfang an fest, dass ihr Sohn getauft werden sollte, obwohl mein Vater bereits in den dreißiger Jahren zusammen mit seinen Eltern die Kirche verlassen hatte. Er trat also wieder der evangelischen Kirche bei, zur Einstimmung besuchte er zusammen mit seiner Frau einen christlichen Gesprächskreis, den der Pfarrer der Lüneburger Michaeliskirche leitete. Zu meiner Taufe reisten meine Tante Eva aus Birmingham und meine Großeltern aus Uelzen an. Meine Mutter hielt das Ereignis im Tagebuch fest:

*Am Nachmittag des 30. September kam seine Patentante Eva aus England, um ihn am nächsten Tag, dem 1. Oktober, zur Taufe in die Kirche zu tragen. Die Mutti war überglücklich, endlich einmal wieder ihre Schwester umarmen zu können. Die Tante Eva schloss Martin gleich in ihr Herz, denn er ist ein ganz herziges Bübchen. Er lacht und jauchzt vor Lebensfreude und beim Baden und Wickeln geht es jetzt schon sehr lebhaft zu.*
*In der Michaeliskirche wurde Martin getauft. Er war zuerst ganz brav, doch später ließ er lautes Gebrüll durch die Taufkapelle schallen. Seine Eltern hatten ihm einen Taufspruch ausgesucht aus dem 86. Psalm, Vers 11: »Weise mir, Herr, deinen Weg, dass ich wandle in deiner Wahrheit.«*

Immerhin wählte man einen Taufspruch aus dem Alten Testament, darauf konnten sich alle Teilnehmer der Feier verständigen, nicht nur meine Mutter und ihre Schwester Eva, die religiös eher indifferent waren, sondern auch mein Großvater, der sich trotz seines Austritts aus der evangelischen Kirche stets als Christen sah. Meine Eltern, das zeigte schon die Taufe im Oktober 1955, waren von der Gültigkeit christlicher Werte und Rituale überzeugt, obwohl sie selbst nicht an Gott glaubten. Später beteten sie regelmäßig mit uns Kindern vor dem Mittagessen, und abends, vor dem Einschlafen, gab es ein Nachtgebet. Ganz selbstverständlich wurden wir auch konfirmiert, man pflegte enge Kontakte zu den örtlichen Pfarrern. Das protestantische Milieu bot meinen Eltern eine Art Heimat.

Ihr Freundeskreis bestand damals zumeist aus Juristen und deren Ehefrauen oder Partnerinnen. Die Männer hatten wie mein Vater im Zweiten Weltkrieg als Soldaten gedient und damit eine gemeinsame Prägung erfahren. Einige von ihnen hatte meine Mutter bereits auf dem Referendarausflug nach Bonn im Mai 1953 kennengelernt. Besonders schätzte sie aber Jürgens Kollegen Heinz. Er war für den Dienst an der Front zu jung gewesen und gehörte damit einer anderen Generation an. Heinz stammte aus einer großbürgerlichen Familie, hatte in Paris studiert und besaß eine gewisse Weltläufigkeit. Anders als mein Vater nahm er das Leben eher von der leichten Seite, war ironisch, amüsant und doch selbstbewusst. Die Juristerei betrieb er nur zum Broterwerb, eine Karriere als Richter oder Staatsanwalt strebte er nicht an. Heinz erinnert sich an die ersten Treffen mit meinen Eltern:

*Am Anfang war ich noch nicht alleine bei ihnen eingeladen, sondern zusammen mit den anderen Referendaren. Es waren fröhliche Abende, man saß auf dem Sofa bei einer Flasche Rotwein und Salzstangen und plauderte eher über private Dinge als über Berufliches. Ilse war allerdings ein bisschen zurückhaltend und spielte sich nie in den Vordergrund. Über die Geschichte ihrer*

*Mutter ist damals nicht gesprochen worden, wahrscheinlich auch weil Ilse das nicht wollte. Dass sie Halbjüdin war, habe ich eigentlich erst im Zusammenhang mit einem Besuch ihres Schwiegervaters in Lüneburg erfahren, das war etwa 1955. Er entpuppte sich gleich als ziemlich verbohrter Nazi. Dabei war er doch ein intelligenter, gebildeter Mann.*

Wenige Monate nach meiner Geburt wurden meine Eltern erstmals von Heinz in dessen Elternhaus in Deutsch Evern bei Lüneburg eingeladen. Heinz war 1930 in Shanghai geboren worden, wo sein Vater als Manager des Bayer-Konzerns arbeitete. 1940 gab der Vater seine Stelle auf und reiste mit seiner Familie in einem Waggon der Transsibirischen Eisenbahn nach Deutschland, im Gepäck hatte man chinesische Kunstschätze, kostbare Teppiche und Möbel in großer Zahl. Die stattliche Villa in Deutsch Evern war noch vor dem Krieg erworben worden, nun wurde das Haus zu einer Art Ostasien-Museum am Rande der Lüneburger Heide, gefüllt mit großen Buddhafiguren und Seidenmalereien, Vasen und handgeschnitzten Ebenholzschränken. Seit dem Tod des Vaters im Jahr 1948 lebten Heinz und seine Schwester dort mit ihrer Mutter Grete.

Meine Eltern waren bald immer wieder zu Gast in der Villa. Zwischen Grete und meiner Mutter entwickelte sich eine intensive Freundschaft, die ältere Dame wurde zu einer mütterlichen Freundin, auch wenn sich die beiden stets siezten. Aus der Perspektive meiner Mutter betrachtet, war die Villa in Deutsch Evern ein exterritoriales Gebiet. Nichts dort erinnerte an das provinzielle Deutschland der fünfziger Jahre, alles hatte eine fernöstliche, fast geheimnisvolle Anmutung, meine Mutter fühlte sich wie befreit.

Die Ausflüge nach Deutsch Evern zählten zu den glücklichsten Stunden in den frühen Jahren der Ehe meiner Eltern. Man trank Kaffee auf dem großen Balkon, plauderte und beobachtete die Rehe am Waldrand, trug endlose Krocketpartien aus, und wenn es heiß genug war, badeten die Gäste der Villa in der Ilmenau, dem kleinen Fluss in der Nähe.

Daheim in Lüneburg war meine Mutter vor allem mit ihrem kleinen Sohn beschäftigt. Während mein Vater die letzten Monate seines Referendariats in Celle absolvierte, lebte sie in einer symbiotischen Gemeinschaft mit mir, nicht zuletzt mangels anderer Kontakte. Liebevoll verfolgte sie die Entwicklung ihres Jungen, im Tagebuch beschrieb sie glückliche Momente und Enttäuschungen, Kinderkrankheiten und jeden Lernfortschritt bis ins Detail. Ähnlich eng und intensiv war zwölf Jahre zuvor ihr Verhältnis zu Dorle gewesen. Damals allerdings ging es um die Bewältigung des Alltags; bei der Erziehung des eigenen Sohnes verfolgte sie nun ganz konkrete Ziele, auch wenn ihr dafür zuweilen die pädagogischen Mittel fehlten, wie das Tagebuch bezeugt.

Meinen nach wie vor unruhigen Schlaf begriff sie stets als Ausdruck eines Ungehorsams. »Hoffentlich bessert sich sein Verhalten bald, denn mit fünf Monaten müsste er schon ruhiger sein«, notierte sie am 7. November 1955. »Unser Bübchen ist jetzt wesentlich artiger geworden, nachts schläft er meistens bis morgens um 8 Uhr«, hieß es dann am 31. Dezember. Dass ein Kleinkind dieses Alters noch kein Bewusstsein von »artig« oder »unartig« haben konnte, war ihr offenbar nicht klar. Und wenn ich beim Mittagessen an der Tischdecke zog, wusste meine Mutter sich nicht anders zu helfen, als mir »auf die Patschhändchen« zu »klopfen« und zu »schelten«.

Meine Mutter hatte ein Idealbild von ihrem Sohn, dem ich nicht immer entsprach. Das Daumenlutschen etwa war ihr ein

Graus, irgendwann klebte sie mir ein Pflaster um den Daumen, aber das half nichts, bald lutschte ich einfach an den anderen Fingern. Ihr Sohn sollte doch mutig und stark sein, tatsächlich aber schien er ein wenig ungeschickt und passiv, wollte zunächst gar nicht sitzen oder laufen, und vor allem war er ängstlich: »Martin ist ein arger Angsthase: Er schreit laut, wenn er auf einem Schaukelpferd oder einem Schlitten sitzen soll«, vermerkte sie am 7. Januar 1957. Geradezu verärgert war sie darüber, dass ich so sehr an ihr hing. Am 1. April 1957 schrieb sie in das Tagebuch:

*Bei Oma und Opa waren wir eine Woche lang. Martin hing ständig an Mamas Schürzenzipfel und schrie jämmerlich, wenn er sie einen Augenblick nicht sah. Er wollte nicht bei den Großeltern bleiben, obwohl sie den Schlingel sehr verwöhnten. Doch als Mutti übers Wochenende nach Lüneburg zurückgefahren war, blieb Männlein lieb und artig bei Oma zurück.*

Ilse, die stets Ängstliche, wollte einen Sohn haben, der nicht ängstlich war. Doch so eng verbunden, wie wir waren, übernahm ich ihre Verhaltensmuster, und sie verstand es nicht.

## *»Ilse war vollkommen durcheinander«*
## Ein Leben im Land der Täter

Meine Mutter empfand die Anhänglichkeit ihres kleinen Sohnes als Einschränkung ihrer persönlichen Freiheit. Sie wollte reisen, die Welt sehen, aus der Routine ausbrechen. Zudem waren die Großeltern in Uelzen stets bereit, ihren Enkelsohn aufzunehmen. Doch bei der Übergabe spielten sich jedes Mal Dramen ab. Ich weinte und schrie, wollte meine Mutter nicht gehen lassen.

So auch am 18. April 1957, als meine Eltern ihre erste gemeinsame Urlaubsreise nach Nals in Südtirol antraten. Wieder gab es Tränen, und das nicht nur bei der Abreise aus Uelzen. Nach der Rückkehr der beiden berichtete Wilma ihrer Schwiegertochter, der Junge habe fortwährend nach seiner Mama gefragt. Wenn er in einem Magazin das Reklamefoto einer schwarzhaarigen jungen Frau entdeckt habe, habe er mit dem Finger darauf gezeigt und ganz aufgeregt »Mama, Mama« gesagt. Meine Eltern zogen daraus die Konsequenz, mich noch häufiger zu den Großeltern zu schicken, damit ich mich an ihre Abwesenheit gewöhnen möge.

Den zweiwöchigen Urlaub in Südtirol dokumentierte meine Mutter wieder mit einem kleinen Album, aufwendig gestaltet mit eingeklebten Tickets, Postkarten, eigenen Fotos sowie erklärenden Texten, die sie mit weißem Kreidestift auf den schwarzen Karton schrieb. Sie berichtete von Wanderungen in den Bergen, von der Besichtigung des berühmten Pacher-Altars in der Pfarrkirche in Gries – ein großes Foto der betenden Maria fügte sie hinzu – und von einem feuchtfröhlichen Abend beim Kreuzwirt in Naturns: »Zusammen mit jungen Tirolern und anderen Gästen« habe man zwölf Liter

Rotwein getrunken, viel gesungen und bis in den nächsten Morgen gefeiert. Jürgen erinnerte sich später, dass Ilse am Ende so »beschwipst« gewesen sei, dass er sie nur mit großer Mühe noch in ihre Unterkunft habe bringen können.

Ilse konnte also ausgelassen feiern, jedenfalls wenn ein bisschen Alkohol im Spiel war. Dann gab sie ihre Zurückhaltung auf, dann war sie so entspannt, wie sie es in nüchternem Zustand nur selten sein konnte.

Mein Vater hatte allerdings noch andere Erinnerungen an diesen Urlaub. Festgehalten hat er sie in seinen Memoiren:

*Untergebracht wurden wir in einem alten Bauernhaus. Herr D., unser Wirt, hatte einen Kriegskameraden, der mit uns und den anderen Gästen Ausflüge machte. Dass Herr D. und dieser Andreas sich aus dem Kriege kannten und wo sie eingesetzt gewesen waren, erfuhren wir am 20. April. Da begannen sie nämlich lauthals zu singen: »Wir sind des Führers schwarze Garde.« Sie waren beide bei der Waffen-SS-Division Prinz Eugen gewesen. Ich wusste nicht, wo ich hingucken sollte.*

Meine Mutter erwähnte diese Episode in ihrem Album nicht. Sie hatte sich entschieden, solche Erfahrungen zu beschweigen. Überrascht war sie ohnehin nicht, sie wusste, dass viele Männer dieser Generation auch mehr als zehn Jahre nach dem Ende des NS-Regimes noch überzeugte Nationalsozialisten waren. Ungewöhnlich schien allenfalls, dass sie das so offen zu erkennen gaben.

Nach dem Urlaub setzte mein Vater seine Arbeit als »Reiseassessor« im Oberlandesgerichtsbezirk Celle fort, eine Aufgabe, die er nach seinem zweiten Staatsexamen übernommen hatte. Er zog von Amtsgericht zu Amtsgericht, um dort Richter zu vertreten, die entweder krank oder in den Ferien waren. Meine Mutter und ich blieben allein in Lüneburg. Ende der fünfziger Jahre reiste sie mit mir zweimal jeweils für mehrere Wochen zu Paula und Eva nach Birmingham. Zeitweilig kam mein Vater so selten nach Hause, dass ich eines Tages – so zumindest wird es in der Familie kolportiert – zu meiner Mutter gesagt haben soll, sie solle den fremden Mann da wegschicken.

Immerhin verbesserten sich allmählich die Wohnverhältnisse. Zweimal zogen wir noch in Lüneburg um, zunächst in eine Zweieinhalbzimmerwohnung, die allerdings so schlecht zu heizen war, dass sich im Winter Schimmel an den Wänden bildete, und dann in eine große Neubauwohnung, die mit allem Komfort ausgestattet war, mit moderner Küche und einem Bad mit Badewanne. Meine Mutter bekam nun auch einen eigenen Schreibtisch, einen Sekretär mit Buchenholzfurnier, der in einer Ecke des Schlafzimmers aufgestellt wurde. Wenn man die Schreibplatte herunterklappte, fiel der Blick auf ein in Silber gerahmtes schönes Porträt von Lilli, das meine Mutter vor die kleinen Fächer platziert hatte. Das Arrangement erinnerte an einen Altar.

1959 erhielt mein Vater eine feste Anstellung am Lüneburger Landgericht. Die Familie war zwar endlich nicht mehr getrennt, doch meine Mutter geriet damit in ein ihr fremdes Milieu. Die älteren Kollegen meines Vaters, Richter wie Staatsanwälte, auf die sie nun bei Einladungen und anderen gesellschaftlichen Ereignissen traf, hatten bis 1945 mit wenigen Ausnahmen der NSDAP angehört. Im Alltag meiner Eltern wurde darüber kaum gesprochen. Aber meine Mutter wusste natürlich, was sie von diesen Kollegen zu halten hatte, zumal einige von ihnen irgendwann ganz plötzlich in den Vorruhestand versetzt wurden, weil ihr Sündenregister zu skandalös und anstößig war.

Im unmittelbaren Umfeld meines Vaters arbeiteten Kollegen, die ihre Verstrickung in nationalsozialistische Gewaltverbrechen über Jahre erfolgreich verheimlicht hatten. Sein Kammervorsitzender, eine juristische Koryphäe, war seit 1943 Staatsanwalt beim Reichskriegsgericht und in dieser Funktion an der Hinrichtung von mindestens 13 französischen Widerstandskämpfern beteiligt gewesen. Einen Zeugen Jehovas hatte der Jurist wegen »Zersetzung der Wehrkraft« zum Tode verurteilen lassen. Nach dem Krieg verschwieg der Mann seine Tätigkeit beim Reichskriegsgericht und brachte es am Lüneburger Landgericht bis zum Stellvertreter des Präsidenten. Mein Vater sah in ihm eine Art Mentor und väterlichen Berater, zusammen mit meiner Mutter war er auch privat bei ihm zu Gast.

Die NS-Karriere dieses Richters wurde gegen Ende seiner Laufbahn von einer österreichischen Zeitschrift ehemaliger Widerstandskämpfer aufgedeckt, doch seinen Posten verlor er nicht. Er bestritt einfach alle Vorwürfe.

Sanktionen mussten nur jene NS-belasteten Richter fürchten, über die in der überregionalen Presse berichtet wurde. Erst wenn der öffentliche Druck zu groß geworden war, griff das Justizministerium in Hannover ein. Die Personalpolitik der Justiz lag damals noch in den Händen eines Ministerialdirigenten, der 1938 über die »Rechtsstellung der jüdischen Mischlinge« promoviert und diese als »Bastarde« diffamiert hatte. Zwischen 1950 und 1976 waren allein vier der sechs niedersächsischen Justizminister ehemalige NSDAP-Mitglieder, keiner der damals verantwortlichen Politiker zeigte Interesse an einer Aufklärung der Vergangenheit.

Mein Vater gewann schnell das besondere Vertrauen des Präsidenten am Lüneburger Landgericht; der fleißige Assessor wurde mit vielen Verwaltungsaufgaben betraut, unter anderem mit der Organisation des jährlichen Juristenballs. Meine Eltern tanzten beide gern, sie hatten gemeinsam Tanzstunden genommen, um bei solchen gesellschaftlichen Anlässen eine gute Figur zu machen.

Und weil mein Vater so stolz auf seine schöne junge Frau war, durfte sich meine Mutter für solche Anlässe gern auch ein neues Kleid kaufen, etwa jenes Abendkleid aus rotem, mit Goldfäden durchwirktem Brokat, das ihren kleinen Sohn damals besonders beeindruckte. Sie wusste durchaus, dass viele ehemalige Nationalsozialisten beim Ball anwesend sein würden und dass sie dort wahrscheinlich am Arm eines überaus charmanten alten Antisemiten über das Parkett geführt werden würde. Aber sie nahm es in Kauf, sie wollte ein normales Leben führen, wollte Teil der Gesellschaft und keine Außenseiterin mehr sein.

Der Wunsch dazuzugehören war am Ende stärker als ihre Abscheu gegen solche Zeitgenossen. Meiner Mutter lag alles Widerständige oder gar Rebellische fern, und ihr fehlte wohl auch die Kraft dazu. Sie passte sich an, um Konflikten aus dem Weg zu gehen und nicht aufzufallen. Sie wollte kein Leben führen, das sich sichtbar von dem ihrer Freunde und Bekannten unterschied.

Auch den Lebensstil der Wirtschaftswunderjahre übernahmen meine Eltern nun. Weitere Möbel wurden angeschafft, meine Mutter bekam modernen Schmuck und öfter mal ein neues Kleid. Mein Vater kaufte mit Ratenzahlung einen zwanzigbändigen Brockhaus, Wissen und Allgemeinbildung waren bildungsbürgerliche Distinktionsmerkmale. Als meine Mutter vom Kauf der Brockhaus-Bände erfuhr – mein Vater hatte sie damit überrascht –, brach eine kleine Ehekrise aus. Aus Sicht meiner Mutter war das Geldverschwendung, man musste ja nach wie vor jeden Pfennig umdrehen.

Sie selber führte genau Buch über alle Ausgaben. Mein Vater hatte mit ihr drei Etats festgelegt: einen für die alltäglichen Einkäufe, einen für besondere Anschaffungen und ein sogenanntes Taschengeld, für das sie keine Rechenschaft ablegen musste (am Anfang ihrer Ehe waren das monatlich 35 Mark). Grundsätzlich war es damals mein Vater, der über das Geld verfügte. Nur einmal, als meine Eltern aus Anlass eines Hochzeitstages in ein Lüneburger Restaurant gegangen waren, zahlte tatsächlich meine Mutter, wahrscheinlich mit ihrem Taschengeld. Diskret habe sie ihm unter dem Tisch einen Zwanzigmarkschein in die Hand gedrückt, so erinnerte sich später mein Vater, er habe den Schein dann dem Kellner gegeben, damit alles seine Ordnung hatte.

Allmählich entspannte sich die finanzielle Lage. Anfang 1959 leisteten sich meine Eltern sogar eine Fahrt in die Skiferien. Zehn Tage lang besuchten sie einen Skikurs in Seefeld in Tirol. Am meisten gefiel meiner Mutter freilich das Sonnenbad am Nachmittag. Da lag sie dann mit einem Lächeln auf den Lippen im Liegestuhl, eingehüllt in eine warme Decke, so jedenfalls ließ sie sich von meinem Vater fotografieren. Die Bilder zeigen, dass sie in dieser Zeit einen modischen Kurzhaarschnitt mit Pony trug, viel kürzer als in den Jahren in England.

Das Skifahren selbst war eher keine Freude. Sie stürzte so oft, dass sie am Ende wenig Interesse an einer Wiederholung dieser sportlichen Aktivität zeigte. Und da sich auch mein Vater als nicht besonders talentiert erwies, war es mit den Skiurlauben auch schon wieder vorbei.

Dafür machten die beiden im selben Frühjahr ihren Führerschein. Zunächst erwarb mein Vater einen gebrauchten grünen VW-Käfer, den er ein paar Monate später jedoch wieder verkaufte und durch einen neuen Ford Taunus ersetzte, zweifarbig grau-weiß lackiert, sehr elegant, mit nur 38 PS freilich so untermotorisiert, dass der schwere Wagen bereits bei der ersten Alpenüberquerung mit kochendem Kühler am Straßenrand abgestellt werden musste.

Vor allem meine Mutter genoss die neu gewonnene Mobilität. Sie fuhr zur Mutter von Heinz nach Deutsch Evern, zu den Schwiegereltern nach Uelzen, und auch bei den Urlaubsreisen saß meistens sie und nicht mein Vater am Steuer. Beim Autofahren schien alle Ängstlichkeit von ihr abzufallen. Sie fuhr gerne Auto, zügig und manchmal auch ein bisschen zu schnell. Bei einigen Strecken, die sie öfter zurücklegte, stoppte sie manchmal die benötigte Zeit und berichtete mir danach stolz, dass sie schon wieder ein oder zwei Minuten schneller ans Ziel gekommen sei. Meinem ordnungsliebenden Vater erzählte sie davon natürlich nichts.

Dass sie eine gewisse Neigung zum Leichtsinn hatte, wusste er allerdings. Im Sommerurlaub 1959 schwamm sie beim Baden im Schluchsee stets so weit hinaus, dass er große Ängste ausstand, ob sie es auch wirklich zurückschaffen würde. Immer wieder bat er sie, näher am Ufer zu bleiben, ohne Erfolg. Vielleicht genoss sie es ein wenig, dass er sich um sie ängstigte, jedenfalls liebte sie die Bewegung im Wasser, das Alleinsein, die Stille.

Ihr Verhältnis zum eigenen Körper war erstaunlich unbefangen. Bei einer dieser langen Autofahrten nach Süddeutschland – ich war vielleicht sechs oder sieben Jahre alt und saß hinten auf dem Rücksitz – ließ ich einmal aus Langeweile zwei Schokolinsen hinten in den Kragen ihrer weißen Bluse rutschen. Noch bevor der Zuckerüberzug schmelzen konnte, zog sie die Bluse aus und saß nur in Unterwäsche auf dem Beifahrersitz. Mein Vater protestierte, so etwas mache man nicht, schon gar nicht mitten auf der Autobahn, alle Menschen könnten sie so sehen. Sie lachte nur. Auch daheim lief meine Mutter zuweilen unbekleidet durch die Wohnung, jedenfalls als ich noch ein kleiner Junge war.

An den Schluchsee waren meine Eltern auf Empfehlung von Lotte Paepcke gefahren, die sie zuvor in Freiburg besucht hatten. Zum ersten Mal seit ihrer Rückkehr nach Deutschland hatte meine Mutter Lillis Freundin wiedergetroffen und mit ihr die neuesten Nachrichten aus der Kinderfamilie ausgetauscht: dass Johanna inzwischen mit einem Lehrer in Arnsberg verheiratet war und – wie ihr Bruder Gerhard – bereits eigene Kinder hatte; dass Gerhard in Bonn für die SPD im Bundestag saß; dass Dorle eine Frauenfachschule in Kassel besuchte.

Auch über Ernst wurde viel geredet. Seine Ehe mit Rita war zu einem Martyrium geworden, die Streitereien nahmen kein Ende. Er hatte bereits einen Schlaganfall überstanden und war entsprechend geschwächt. Zuletzt hatte er bis zu 1200 Patienten pro Quartal in seiner Hausarztpraxis behandelt. Wann immer es ihm möglich war, fuhr er in die Benediktinerabtei Maria Laach bei Koblenz, um dort eine Auszeit zu nehmen. Ilses Schwester Dorle hatte gegen Ende der fünfziger Jahre den engsten Kontakt zum Vater:

*Er war auf der Suche nach Menschen, denen er vertrauen konnte, und er hatte diesen Wunsch, seine Schuld zu lindern. Jeder Mensch macht Fehler – ich weiß nicht, ob sie ihm im Kloster das gesagt haben, aber ich könnte es mir vorstellen. Er war in Maria Laach als sogenannter Laienbruder, mal ein paar Tage, mal etwas länger während seines Urlaubs. Der Prior dieses Klosters, ein feiner alter Herr, hat uns sogar mal in Immenhausen besucht, und wir sind auch irgendwann alle zusammen in*

*Maria Laach gewesen. Diese klösterliche Stille war an sich schon eine Therapie für ihn. Er hat da psychisch Kraft getankt.*

Ernst spürte, dass sich sein Leben dem Ende zuneigte. Noch intensiver als zuvor bemühte er sich um die Nähe zu den Kindern aus seiner ersten Ehe und freute sich über jedes Zeichen ihrer Anteilnahme. Am 16. Juli 1959, kurz nachdem Ilse und Jürgen Lotte in Freiburg besucht hatten, schrieb Ernst an die Freundin seiner Ex-Frau:

*Liebe Lotte,*
*sehr haben mich Deine Zeilen gefreut. Ich danke Dir herzlich für Deine Grüße und guten Wünsche. Ich bin ein armer »Teifi« geworden. Meine Studienfreundin Annekathrin aus Karlsruhe, die ich auf einer Durchfahrt wenige Stunden besuchte, war ganz entsetzt, als sie mich nach Hirnembolie und totalen Herzschmerzen als Wrack wiedersah.*
*Ich bin Pensionär seit dem 1.1.59 mit Obersekretärs-Ruhegehalt.*
*Meine großen Kinder sind rührend anhänglich, selbst die Oma Schlüchterer wünscht mich wiederzusehen. Evchen ist mit ungewöhnlichem Fleiß »arriviert« mit eigenem Auto. Hannele hat einen prächtigen Studienassessor zum Mann und eine wirklich großzügige, elegante Wohnung. Ilses Mann wird wohl demnächst Amtsrichter. Und über Gerhard (M. d. B.) seid Ihr ja wohl unterrichtet, er hat eine sehr gute und noble Anwaltspraxis.*
*Grüße bitte Deine Eltern herzlich von mir!*
*Dein Ernst*

Dass die Anhänglichkeit von Lillis Kindern nicht selbstverständlich war, wusste Ernst. Und dass »selbst Oma Schlüchterer« ihn angeblich wiedersehen wollte, schien auch aus seiner Sicht ein erstaunliches Entgegenkommen, er wusste doch, wie sehr Lillis Mutter Paula ihn verachtete. Meine Mutter und ihre Geschwister wiederum erkannten, dass der Vater ihre Nähe brauchte, ihr Mitleid mit ihm überwog alle Bitterkeit. Wenige Wochen später luden meine Eltern Ernst zu einem Besuch nach Lüneburg ein. Mein Großvater spielte dann sogar ein bisschen mit seinem vierjährigen Enkel und nannte mich scherzhaft mehrmals »Martinus« – was ich gar nicht mochte. Ernst bedankte sich nach seiner Rückkehr am 21. Oktober 1959:

*Liebes Ilsenkind, lieber Jürgen!*
*Mein lieber Martin(-us), »ich heiße Martin«.*
*Wohlbehalten kam ich in Kassel an; ein Gepäckträger zum Taxi erleichterte mir alles.*
*Nun muss ich meiner aufrichtigen Freude an Euch Dreien Ausdruck geben, und das ist schwer, ohne nicht Banales zu sagen oder geschmacklos zu werden. Ich habe mich über alles, was ich hören und wahrnehmen konnte, im Herzen gefreut und wünsche mir sehr, Gott und alle seine heiligen Engel mögen Euch weiter in ihren Schutz nehmen. Was den juristischen Sternenflug des geliebten Generaloberassessors angeht, so habe ich nur den Kummer, sein gesunder Ehrgeiz könne übers Ziel schießen. In Eurem Heim habe ich mich so wohl wie in Arnsberg gefühlt: Ihr seid sogar noch eine Nuance vornehmer – äußerlich.*
*Und wie soll ich eure Liebe im Dank erwidern? In mein altes Herz habt Ihr mit Eurem Da-Sein und So-Sein*

*Freude gebracht. Eure unverdiente Liebe rührte mich nahezu. Früher pflegte im hohen Mittelalter ein rechter Ritter sich von einer Ritterfrau mit den Worten zu verabschieden: Gelobt sei dein Schöpfer! Solange ihr beide Euch am Morgen und Abend so begegnen könnt, wirds recht sein.*
*Behüt' Euch Gott und haltet Martin lieb von mir. Ich erflehe für ihn ein gesundes Geschwisterlein.*
*Ich danke Euch aus bewegtem Herzen als Euer Vater.*

Das »Geschwisterlein«, meine Schwester Beate, wurde am 2. April 1960 geboren. Meine Mutter hatte in den Jahren zuvor eine Fehlgeburt erlitten, diesmal war alles gut gegangen. Überschattet wurde die Geburt ihres zweiten Kindes jedoch durch den Tod ihres Vaters. Ernst war am 16. Januar, einen Tag nach Ilses 31. Geburtstag, in Immenhausen an einem weiteren Schlaganfall gestorben. Die Reise zu seiner Beerdigung bei Eiseskälte nahm meine schwangere Mutter derart mit, dass sie danach für ein paar Tage ins Krankenhaus gebracht werden musste.

Dorle hatte Ernst noch kurz vor seinem Tod in Immenhausen besucht:

*Ich war Weihnachten 1959 einen Tag daheim, weil Vati geschrieben hatte: »Mir geht es gar nicht gut.« Das war das einzige Mal, dass er auch nur eine Andeutung zu Mutti gemacht hat: Er lag im Bett, deutlich schwach. Ich wusste, dass er für sein Leben gern Grießpudding mit Rosinen und einem Ei aß. Und was macht eine brave Tochter dann? Na klar. Und als er es dann gegessen hatte, liefen ihm die Tränen runter und er sagte: »Wenn die Mutti noch lebte, ging es mir heute viel besser.«*

Nach dem Tod des Vaters übernahm Gerhard die Rolle des Familienoberhauptes. Da Dorothea noch nicht volljährig war, trat er die Vormundschaft für seine kleine Schwester an. Er sorgte dafür, dass sie nach ihrer Ausbildung an der Frauenfachschule nicht mehr nach Immenhausen zurückkehren musste, sondern in eine Wohnung in seiner Nähe in Marburg ziehen konnte. Gerhard und seine Frau Anni waren es auch, die Dorle mit ihrem zukünftigen Ehemann zusammenbrachten: Jochen war ihr Tischherr beim Marburger Juristenball.

Meine Mutter verfolgte das Schicksal ihrer kleinen Schwester, die ihr einst so nahegestanden hatte, nur noch aus der Ferne. Sie war nun ganz mit ihren Kindern und vor allem mit ihrer kleinen Tochter beschäftigt. Zuweilen schien sie etwas überfordert zu sein. »Ich bin ohne jede Hilfe und muss alle Kraft zusammennehmen, um das Pensum zu bewältigen«, schrieb sie ihrer mütterlichen Freundin Grete in Deutsch Evern am 18. November 1960.

Auch für Beate wurde sogleich ein Tagebuch angelegt. Die Zeiträume, die meine Mutter zwischen den Einträgen vergehen ließ, waren allerdings deutlich größer als im Tagebuch ihres Erstgeborenen. In seinen ersten beiden Jahren wurde das hübsche, fröhliche Mädchen nur verehrt und geradezu angehimmelt. Dann jedoch mischten sich kritische Töne unter diese Elogen. Nach einem Ostseeurlaub im Sommer 1962 notierte meine Mutter:

*Die vergangenen Monate waren sehr anstrengend für die Eltern. Beate wollte ständig raus, aber alleine spielen wollte sie nicht. Auch an der Ostsee war sie oft sehr schwierig, und die Kleine hielt ihre Eltern stets beschäftigt.*

Solche Klagen häuften sich in den kommenden Jahren. Natürlich konkurrierte Beate mit dem großen Bruder um die Aufmerksamkeit ihrer Eltern, also machte sie sich auf ihre Weise bemerkbar. Doch meine Mutter hatte wenig Verständnis für Beates Verhalten. Wenn die kleine Tochter wieder einmal »nicht artig« war, bekam sie zuweilen einen kräftigeren »Klaps« auf den Po.

Neben allen Familienpflichten führte meine Mutter in diesen Jahren eine umfangreiche Korrespondenz, auch darin war ihr Lilli ein Vorbild. Mein Vater hatte dafür kaum Zeit – oder er nahm sie sich nicht –, also schrieb meine Mutter nicht nur an ihren Teil der Familie, sondern auch an den ihres Mannes.

Besonders eng war der Kontakt zu Eva und Paula in England. Paula forderte das freilich auch ein, sie fühlte sich für Lillis Kinder verantwortlich und war besorgt, dass sich der Zusammenhalt der Kinderfamilie lockern könnte, nun, da ihre Enkel – bis auf Eva – eigene Familien gegründet hatten. Aus Anlass des 23. Geburtstages von Eva schrieb Paula ein kleines Gedicht über ihre Tochter Lilli. Gedacht war es als Dank an Eva, die bei ihrer Großmutter geblieben war.

*An meine Lilli!*
*Nie werde ich vergessen Dein,*
*Du, meines Lebens Sonnenschein.*
*Für diese Welt, Du warst zu gut,*
*Drum nahm Dich »Gott« in seine Hut.*
*Du bist nicht tot, Dein Geist lebt fort.*
*Und wohnst Du auch am anderen Ort.*
*Es sind die Kinder, denen Du gabst Leben.*
*Dir gleich zu sein, sie suchen und streben.*
*Behüt' sie Gott auf allen Wegen*
*Und führe sie mit seinem Segen.*

*Eine »Gottes«-Gab ward Evchen mir,*
*Meines Alters größte Freud und Zier.*
*So wie ich einstmals Dir gesinnt,*
*So lieb ich jetzt Dein treuestes Kind.*
*Nun ruh' in Frieden, mein tapferes Lieb,*
*Eine tiefe Sehnsucht, mir verblieb.*
*Mög'»Vaters« Gnade vergönnen mir*
*Ein Jenseits Wiedersehen mit Dir.*
*Großmutter*

Meine Mutter berichtete Paula regelmäßig über den aktuellen Stand der Dinge in Deutschland. Und die Großmutter sandte kleine Geldgeschenke, die meine Mutter, ihre älteste Enkeltochter, dann weiterreichen musste. Paula gab Ratschläge, ordnete an und duldete keine Widerrede.

Umso mehr ärgerte es sie, wenn ihre Wünsche kein Gehör fanden. Gerhard, der als aufstrebender Politiker sehr beschäftigt war, antwortete oft monatelang nicht auf ihre Briefe. Dorle, die 1962 geheiratet hatte, war nun ebenfalls nicht mehr so leicht zugänglich. Die meisten von Paulas Briefen an meine Mutter existieren nicht mehr, aber ein Schreiben vom 27. Dezember 1963 zeigt deutlich, wie streng die alte Dame den Lebensweg ihrer Enkel verfolgte:

*Meine Lieben,*
*die Feiertage sind mit reichlichem und verschwenderischem Essen vorübergegangen, mein erster Dankesbrief geht an Euch. Ihr habt mich besonders schön beschenkt, die Jacke gefällt mir sehr gut, und sie sitzt auch. Dazu noch solche auserwählten Süßigkeiten. So lasst Euch umarmen und danken, viele Male herzlich danken für so viel Liebe.*

*Wie waren die Feiertage für Euch? Die größte Freude ist doch, die Kinder so beglückt zu sehen. Wir waren zu Hause, Eva war wie immer vorher viel aus und am ersten Feiertag den ganzen Vormittag fort.*
*Deine Ansicht über Gerhards Benehmen kann ich nicht teilen, ich will nicht auf Einzelheiten eingehen; auch Dorle hat nicht zu Weihnachten geschrieben, sie geht ganz in der anderen Familie auf.*
*Auch Eva sollte mit Euch in Ferien gehen oder Euch besuchen, um sich nicht von der Familie zu entfremden, vielleicht könntet Ihr das anregen, doch ohne mich zu erwähnen, bitte. Sie plant jetzt für die Sommerferien, eventuell Österreich.*
*Mit meinen Augen und der Unsicherheit auf meinen Beinen ist mein Leben sehr hart geworden, und ich muss viel Energie aufbringen, um weiter zu leben.*
*Nochmals besten Dank und viele schöne und herzliche Grüße. In Liebe,*
*Eure Großmutter*

Meine Mutter hatte mehrmals zu erklären versucht, warum Gerhard so selten schrieb – offensichtlich ohne Erfolg. Paula sah ihre Autorität durch dessen Verhalten infrage gestellt. Das galt im Übrigen auch für Evas Versuche, sich von ihr zu emanzipieren. Fünfzehn Jahre schon besorgte ihr die Enkelin den Haushalt, neben ihrem Beruf als Physiotherapeutin, doch nun wollte Eva auch ein eigenes Leben führen. Für Paula hingegen war es immer noch selbstverständlich, dass die Enkeltochter für sie sorgte. Als Eva eines Tages aus beruflichen Gründen mehrere Wochen in den USA verbrachte, zitierte sie die nächstjüngere Enkeltochter, Dorle, zu sich, die ihr nun vorübergehend den Haushalt führen musste.

Im Frühjahr 1964 reiste auch meine Mutter wieder nach Birmingham, diesmal mit meiner Schwester Beate, Paula sollte die kleine Urenkelin kennenlernen. Im Januar 1965 – zu Paulas 90. Geburtstag – fuhr sie abermals nach England. Beide Reisen machte sie ohne meinen Vater; er war ein weiteres Mal an das Oberlandesgericht Celle abgeordnet worden. Nach seiner Beförderung zum Landgerichtsrat schien die nächste Karrierestufe nur noch eine Frage der Zeit.

Als »Hilfsrichter« absolvierte er eine Art Testlauf in Celle, er arbeitete bis zu 80 Stunden in der Woche, nur selten besuchte er in diesen Monaten die Familie in Lüneburg. Auf Fotos aus den Jahren 1964 und 1965 sieht meine Mutter deutlich abgemagert und erschöpft aus. Auch mein Vater spürte, dass seine Frau am Ende ihrer Kräfte war:

*Nun ging ich zu meinem Chefpräsidenten und bat um meine Zurückversetzung an das Landgericht Lüneburg. Damals fand gerade der große Auschwitzprozess in Frankfurt statt, und Ilse war vollkommen durcheinander. Die Schilderungen der furchtbaren Zustände riefen die Erinnerungen an das Schicksal ihrer Mutter noch stärker zurück als in der früheren Zeit. Ich erklärte dem Chef, dass ich meine Frau unmöglich länger alleine lassen könne. Er erwiderte, dass ich die nächste Planstelle als Oberlandesgerichtsrat bekommen werde. Darüber hinaus sei er bereit, schon jetzt meinen Umzug nach Celle anzuordnen. So zogen wir im Herbst 1965 nach Celle, in den Prinzengarten 8.*

## »Ich bin doch nur deine Orchidee« Jahre in Jürgens Schatten

Nur die Adresse der neuen Wohnung war wirklich schön. Am Ende des »Prinzengartens« stand zwar ein kleines Palais aus dem 18. Jahrhundert. Doch dessen einst großzügige Gartenanlage war längst aufgelöst und mit grau verputzten Mehrfamilienhäusern bebaut worden, außerdem lag gleich gegenüber der städtische Friedhof. Vom Küchenfenster unserer Wohnung im ersten Stock blickte meine Mutter täglich auf den aufsteigenden Rauch aus dem Krematorium – dunkle Erinnerungen blieben da nicht aus.

Das Haus mit seinen fünf Wohnungen wurde von den Nachbarn als »Richterghetto« verspottet, weil dort ausschließlich Beschäftigte des Celler Oberlandesgerichts untergebracht waren. Zum Zeitpunkt unseres Einzugs im Oktober 1965 wohnten im Haus Prinzengarten 8 zwei Senatspräsidenten, zwei Oberlandesgerichtsräte sowie ein Beamter des gehobenen Dienstes, jeweils mit ihren Familien. Leider entpuppte sich der mit billigem Material errichtete Nachkriegsbau als äußerst hellhörig. Die durch das Haus führenden Heizungsrohre hatten so viel Spielraum, dass man erkennen konnte, ob in den darüber- oder darunterliegenden Zimmern Licht brannte. Wenn jemand im Badezimmer »Ilse« rief, so erzählte meine Mutter später, antworteten gleich zwei oder drei Frauen irgendwo im Haus: »Ja, was ist denn?« Wie es der Zufall wollte, trugen die hier lebenden Richtergattinnen mehrheitlich diesen Vornamen.

Die Wohnung selbst war großzügig, fünf Zimmer, ein geräumiger Flur, Küche und Bad. Mein Vater richtete sich seinen Arbeitsplatz im Esszimmer ein, meine Mutter ließ ihren

Sekretär wieder im Schlafzimmer aufstellen. Neue Bücherregale wurden angeschafft, kostengünstig hergestellt in der Tischlerwerkstatt des Celler Gefängnisses. Ins Wohnzimmer kam eine moderne dunkelgrüne Sofagarnitur, an den Wänden hingen Kopien abstrakter Gemälde von Joan Miró – bunte Farbkleckse, die meinen Eltern lange gefielen, irgendwann aber im Keller landeten. Ins Esszimmer über die Anrichte aus Buchenholz ließ meine Mutter Reproduktionen eines mittelalterlichen Diptychons der Verkündigungsszene hängen: den Erzengel Gabriel und Maria. Wieder eine Madonna, als Reverenz an ihren Vater und ihre Mutter.

War der Umzug für meine Mutter schon anstrengend genug gewesen – sie war erneut schwanger –, so wartete auf sie nun eine besondere Herausforderung: der Eintritt in die konservative Celler Gesellschaft. Die etwa 60 000 Einwohner zählende Beamtenstadt beherbergte gleich drei Gerichte und lebte noch nach Regeln, die sogar in Lüneburg als überholt gegolten hatten. Kaum war man angekommen, mussten Antrittsbesuche gemacht werden: zuerst beim Chefpräsidenten des Oberlandesgerichts, dann beim Vizepräsidenten, bei allen Senatspräsidenten und schließlich bei den Mitgliedern des 1. Strafsenates, dem mein Vater zugeordnet worden war. Auch er empfand das Zeremoniell als kurios, wie er seinen Memoiren anvertraute:

*Unerlässliches Requisit dazu waren Visitenkarten, und zwar mit Ilses und meinem Namen. Wurde von einer Hausangestellten geöffnet, was der Regelfall war, gab man zwei Karten ab, für die Dame des Hauses und für den Herrn jeweils eine. Wenn man Glück hatte, waren die zu Besuchenden nicht zu Hause. Dann gab man nur die Karten ab, man brauchte nicht noch einmal zu kommen, es sei denn, man wurde dazu eingeladen.*

Die Ehefrau des Vizepräsidenten wies meine Mutter beim Antrittsbesuch darauf hin, dass die Gattin eines Richters stets einen Hut zu tragen habe. Meine Mutter besaß aber keinen Hut – und sie wollte auch keinen. Sie band sich allenfalls ein Kopftuch um, wenn sie mit ihrem roten Fahrrad zum Markt in die Innenstadt fuhr. Und eine Hausangestellte hatte sie auch nicht. Immerhin konnte sie sich jetzt eine Putzfrau leisten, die zweimal in der Woche zu uns kam.

Was die Präsenz alter Nationalsozialisten im gesellschaftlichen Leben anging, so unterschied sich Celle von Lüneburg nur wenig. Auch hier arbeiteten nach 1965 noch viele Juristen und Beamte, die früher treue Diener Hitlers gewesen waren. Der Präsident der Celler Rechtsanwaltskammer, zum Beispiel, hatte in der NS-Zeit den Rang eines SS-Sturmbannführers in Breslau innegehabt, was seine Celler Kollegen aber nicht weiter störte. Und niemand interessierte sich dafür, dass der Leiter der Landespolizeistelle Celle 1953 in Frankreich in Abwesenheit wegen Kriegsverbrechen zum Tode verurteilt worden war, der Mann ging 1971 unbehelligt in den Ruhestand. Der Oberbürgermeister schließlich, von Beruf Rechtsanwalt und Notar, war während des Krieges als Oberkriegsverwaltungsrat in der Dienststelle Paris des Sicherheitsdienstes tätig gewesen, mit besonderer Zuständigkeit für »Judenfragen«. Das spätere Stadtoberhaupt hatte sich bei der Arisierung jüdischen Vermögens in Frankreich hervorgetan. Seinem Ansehen schadete das nicht.

Selbst in meinem Schulalltag war die Vergangenheit allgegenwärtig. Einige Lehrer des von mir besuchten humanistischen Gymnasiums hatten bereits in der NS-Zeit unterrichtet und arbeiteten noch nach den damals gültigen pädagogischen Vorstellungen. Irgendwann berichtete ich den Eltern, dass der Sportunterricht im Wesentlichen aus Exerzieren bestand.

Mein Vater wurde sofort beim Direktor vorstellig und verbat sich den militaristischen Unsinn – mit dem Ergebnis, dass wir zum nächsten Halbjahr einen neuen, jüngeren Sportlehrer bekamen und der alte in eine höhere Klasse versetzt wurde, wo er dann andere Schüler drillen durfte.

In der Stadt herrschte eine Art Schweigekartell. Wer über die dunklen Flecken in der Biografie seines Nachbarn oder Kollegen gnädig hinwegsah, konnte damit rechnen, dass er ebenso geschont wurde. Man zog einfach einen Trennstrich zwischen gestern und heute. »Dass ein alter Nazi mit persönlicher Integrität auch das Recht hat, in der Öffentlichkeit tätig zu sein«, hielt die *Cellesche Zeitung*, das Hausblatt der bürgerlichen Stände, noch im Jahr 1964 in einem Kommentar für unstrittig.

Meine Eltern lasen die Zeitung in den ersten Celler Jahren regelmäßig, um sich über ihre neue Heimat zu informieren. Hauptinformationsquellen waren jedoch die Nachrichten des Deutschlandfunks und vor allem die *Frankfurter Allgemeine Zeitung*. Die *FAZ* hatte mein Vater schon in Lüneburg abonniert. Schnell ergab sich eine interessengeleitete Aufteilung der Lektüre: Meine Mutter las das Feuilleton und schaute nur beiläufig in den – wie sie fand – »rabenschwarzen« politischen Teil. Mein Vater hingegen studierte vor allem diese vorderen Seiten sowie den Wirtschafts- und Finanzteil. Mehrere Versuche meiner Mutter, ein Abonnement der liberalen *Süddeutschen Zeitung* statt der *FAZ* einzurichten, scheiterten am Widerstand meines Vaters.

Meine Mutter wiederum wehrte sich lange erfolgreich gegen die Anschaffung eines Fernsehgeräts, sie betrachtete das Fernsehen an sich als Symptom kulturloser Barbarei. 1968 jedoch setzte sich auch hier mein Vater durch, er wollte die Berichterstattung über die Olympischen Spiele in Mexiko verfolgen. Schon bald saßen die beiden einträchtig vor dem Fernseher, die *Tagesschau* und das Politmagazin *Panorama* wurden stets gemeinsam geschaut, meine Mutter liebte zudem die britische Comedy-Serie *Monty Python's*. Seit 1969 wurde auch der *Spiegel* gelesen, zu meinem 14. Geburtstag hatten mir die Eltern auf meinen Wunsch ein Abonnement geschenkt.

In den sechziger Jahren wählten beide noch die SPD, der nachlässige Umgang mit alten Nationalsozialisten in der CDU und in der FDP schreckte sie ab. Dennoch unterschieden sich ihre Anschauungen mehr und mehr. Dank der Dauerindoktrination durch die *FAZ* gelangte mein Vater zu der Überzeugung, die SPD könne nicht mit Geld umgehen, und wurde irgendwann zum FDP-Wähler – was so lange kein Problem war, wie SPD und FDP in einer Koalition miteinander verbunden waren. Meine Mutter hingegen blieb der Partei, die schon ihre Mutter favorisiert, wenn auch nicht gewählt hatte, lebenslang treu. Dass ihr Bruder Gerhard ein Sozialdemokrat war, spielte sicherlich auch eine Rolle.

Bei den politischen Diskussionen der Eheleute musste sich meine Mutter zumeist den Argumenten meines Vaters geschlagen geben. Seiner Eloquenz, trainiert in den täglichen Fachgesprächen mit seinen Richterkollegen, sowie seinem phänomenalen Gedächtnis war sie nicht gewachsen – was sie natürlich ärgerte. Ihr Alltag bestand nun einmal vornehmlich aus der Fürsorge für die Kinder. Seit der Geburt meiner Schwester Ursula im Mai 1966 blieb ihr noch weniger Zeit für eigene Interessen. Mein Vater kümmerte sich ausschließlich um seine Arbeit, im Haushalt spielte er keine Rolle. Mit seinen Kindern spielte er nur im Urlaub.

Mein Vater hatte nicht ein einziges Hobby. Ihn beschäftigten allein seine Pflichten als Richter und das Wohlergehen seiner Familie. Nur samstagnachmittags setzte er sich zusammen mit mir vor die Braun-Musiktruhe und verfolgte im Radio die Live-Berichterstattung von der Fußball-Bundesliga. Einige wenige Male besuchte er mit mir immerhin ein Fußballspiel, in Celle, Braunschweig und Hannover.

Im Oktober 1967, aus Anlass des 15. Hochzeitstages, ließ er sich von meiner Mutter zu einer gemeinsamen Berlinreise überreden. Sie trafen Verwandte und besuchten eine Aufführung der Schaubühne, auch diverse Museen standen auf dem Programm. »Nachts ein angeregtes Gespräch bis tief in die Nacht bei Kerzenschein und Wein«, notierte meine Mutter im Fotoalbum für den 10. Oktober, »wir aßen sehr gut und tanzten danach im ›black bottom‹«, einem »exklusiven« Nachtclub in der Uhlandstraße.

Theater-, Konzert- oder Kinobesuche fanden fast ausschließlich auf Anregung meiner Mutter statt, im Grunde betrachtete mein Vater das als lästige Pflicht, lieber hätte er weiter über seinen Akten gebrütet. Wenn er dann nach einem Theaterabend heimkam, konnte er aber Inhalt und Aussage der Stücke bis ins Detail rekapitulieren, mit einer Präzision, die meine Mutter nun auch wieder etwas anstrengend fand. Sie liebte den sinnlichen Eindruck, den Klang der Stimmen, die Emotionen, er wollte nur begreifen und verstehen.

Sein extremer Perfektionismus – meine Mutter sprach von »Arbeitswut« – verdross sie zusehends. Warum musste ihr Mann bis in den frühen Morgen an seinen Urteilen arbeiten? Warum konnte er nicht so entspannt zu Werke gehen wie der Kollege im zweiten Stock, der sich nachmittags immer auf den Tennisplatz verabschiedete? Oder so lässig wie der nette Senatspräsident von nebenan, der sich mit ihr ab und zu auf eine Zigarette zum Plaudern traf?

Meine Mutter protestierte auf ihre Weise: Wann immer mein Vater von seiner Arbeit zu erzählen versuchte, ob beim

Mittagessen oder beim Abendbrot, schnitt sie ihm nach kurzer Zeit das Wort ab, so etwas interessiere doch niemanden. Wir Kinder schlugen uns stets auf die Seite unserer Mutter, zumal wir diese juristischen Fragen nun tatsächlich nicht verstanden. Mein Vater ließ sich davon nicht beeindrucken. Er versuchte es wieder und wieder.

Und was meine Mutter vielleicht doch gerne erfahren hätte, erzählte er ihr nicht. In seinen ersten Celler Jahren betreute mein Vater nicht nur eine ganze Reihe von Prozessen gegen DDR-Spione, er war auch mit dem Wiederaufnahmeverfahren eines großen Buchenwald-Prozesses befasst – »das Schlimmste, was ich in meiner ganzen richterlichen Tätigkeit durchmachen musste«, wie er in seinen Memoiren schrieb. Die Richter der Vorinstanz hatten SS-Männer auf der Basis falscher Zeugenaussagen verurteilt:

*In dem Urteil war auf Aussagen von Zeugen Bezug genommen, die damals von einem Gerichtsverfahren zum anderen gereist waren und sich als »Tatzeugen« angedient hatten. So hatte ein Zeuge behauptet, in dem KZ Buchenwald sei auch der im Ersten Weltkrieg vielfach ausgezeichnete jüdische Kampfflieger Jacob Wolff ermordet worden. Tatsächlich war Wolff schon 1926 an den Folgen eines Motorradunfalls gestorben. Es gab noch weitere Ungereimtheiten …*

Das alles behielt mein Vater aber für sich. Kein Wort berichtete er daheim vom Buchenwald-Verfahren, »Ilse hätte das viel zu sehr aufgewühlt«, sagte er später. Schon bald wechselte er in einen Zivilsenat und beschäftigte sich fortan mit Rechtsstreitigkeiten, über die er mit meiner Mutter problemlos hätte sprechen können – wenn sie ihm denn zugehört hätte.

Stattdessen unterhielt sie sich lieber mit den Frauen seiner Kollegen über Privates und all jene Dinge, die ihr wirklich wichtig waren. Mit einer von ihnen, mit Brigitte, verband sie nach kurzer Zeit eine enge Freundschaft – eine Premiere, denn seit ihrer Rückkehr aus England hatte meine Mutter keine wirkliche Freundin gefunden, einmal abgesehen von der Kollegin Renate, die sie schon in Birmingham kennengelernt hatte, und der deutlich älteren Grete in Deutsch Evern, die ihr gegenüber eine eher mütterliche Rolle einnahm. Brigitte war nur knapp drei Jahre älter als sie, hatte ebenfalls drei Kinder sowie einen Mann, der im Krieg U-Boot-Fahrer gewesen war, was wiederum meinen Vater beeindruckte. Brigitte erinnerte sich später an den ersten Besuch bei meiner Mutter:

*Der Einkaufsweg Ilses führte immer an unserem Haus vorbei. Eines Tages, wir waren noch ganz neu in Celle, sagte sie zu mir: Kommen Sie doch mal vorbei. Und dann saßen wir vor ihrem Sekretär. Da stand das Foto einer Frau. Und sie sagte: Das ist meine Mutter, die ist im KZ umgebracht worden. Ich war wie vom Schlag getroffen. Ich wusste natürlich viel darüber, aber so hautnah hatte ich das noch nie gehört. Ilse hat dann nur in kurzen Zügen etwas erzählt und dass ich die Erste sei, der sie das sage, und dass sie auch nicht möchte, dass das in Celle zum Gespräch wird. Selbstverständlich habe ich das versprochen. Und dann hat sie noch ein bisschen erzählt, ich habe ihr auch so dumme Fragen gestellt wie: »Was war denn mit Ihrem Vater?« Dann habe ich gefragt: »Kann ich es denn meinem Mann erzählen?«*
*»Selbstverständlich«, antwortete sie. Als ich nach Hause kam, war ich noch ein bisschen durcheinander. Mein Mann kam vom Dienst und fragte nur: »Was hast du*

*gesagt?« Ich habe geantwortet: »Überhaupt nichts, ich habe geheult.« »Dann musst du das noch richtigstellen«, sagte er daraufhin, »du musst Frau Doerry sagen, dass dein Vater Nazi war. Und zwar gleich, denn sie wird dir kein Vertrauen schenken, wenn sie das irgendwann erfährt.«*
*Mein Mann hatte ja eine weiße Weste, sein Vater war Pastor in der Bekennenden Kirche gewesen. Nazis waren für ihn das Allerletzte. Also er konnte gut reden. Ich habe mich ein bisschen gewunden. Aber dann bin ich doch am nächsten Tag wieder hingegangen. Ach, das war so schrecklich. Und dann habe ich zu Ilse gesagt: »Also ich wollte Ihnen noch sagen: Mein Vater war in der Partei, und zwar ziemlich früh. Meine Großeltern hatten in Ostpreußen einen großen Hof gehabt.«*
*Doch Ilse sagte nur: »Wir können doch eigentlich beide nichts dafür.« Das war auch die Antwort, die ich erhofft hatte. Seitdem hatten wir ein großes Vertrauensverhältnis. Dass ihr Schwiegervater ein Nazi war und dass er gegen die Ehe war, hat sie auch erzählt. Und dass er ihrem Mann lauter krummnasige Judenkinder prophezeit hatte.*

Schon bald tauschten sich die Freundinnen über alles aus, was sie bewegte: die Kinder, Eheprobleme, Lektüreerfahrungen. Brigitte hatte als Lehrerin gearbeitet, ihr Mann war ebenfalls wenig begeistert, als sie nun in die Schule zurückkehren wollte, nahm es aber hin. Meine Mutter unterstützte ihre Freundin beim Neustart im Beruf, schon weil sie selber so gerne gearbeitet hätte. Aber die Jahre als Krankenschwester lagen mittlerweile so lange zurück, dass sie sich eine Rückkehr ins Krankenhaus nicht mehr zutraute, ganz abgesehen vom Widerstand, den mein Vater wohl weiterhin geleistet hätte.

Um intellektuelle Anregungen zu erhalten, besuchte sie mit Brigitte zusammen Lesungen bekannter Autoren in Celle und Literaturkurse bei einem Gymnasiallehrer. Nun, da sie sich den Kauf neuer Bücher leisten konnte, landete vieles von dem, was an wichtigen Neuerscheinungen in den Zeitungen besprochen wurde, irgendwann in ihrer kleinen Bibliothek. Täglich saß sie ein bis zwei Stunden an ihrem Sekretär, vor dem Bild ihrer Mutter, rauchte eine Zigarette, las Romane und Biografien oder schrieb Briefe.

Dass sie dabei keinesfalls gestört werden wollte, hatte schon meine Schwester Beate sehr deutlich spüren bekommen, nun traf es auch die kleine Ursula. Das Mädchen war gerade erst fünf Jahre alt geworden, als meine Mutter in deren Tagebuch notierte:

*Leider kann sie sich manchmal nur schlecht beschäftigen. So ist sie noch immer unser Familientyrann. Sobald ihr etwas nicht gefällt, reagiert sie mit lautem Gebrüll.*

Wenn sich ihre Kinder »nur schlecht beschäftigen« konnten, so hieß das nichts anderes, als dass sie ihre Aufmerksamkeit einforderten und meine Mutter diese Aufmerksamkeit nicht gewähren wollte. Sie machte eine einfache Rechnung auf: Sie erhielt jenen Freiraum, den sie für ihre kleinen Fluchten aus der Gegenwart benötigte – und als Gegenleistung kümmerte sie sich bis ins Detail um alle Fragen des Familienalltags. Sie sorgte dafür, dass wir Kinder unsere Schulaufgaben machten, dass wir privaten Musikunterricht erhielten und Sport trieben, sie kochte täglich (und gut), weil mein Vater zum Mittagessen aus dem Gericht nach Hause kam. Sie organisierte die Besuche bei Verwandten, Familienfeste wie Taufen und Konfirmationen und sämtliche Urlaubsreisen, ob in den Schwarzwald, an die Nordsee oder, gleich mehrmals, in ein Richterheim in Oberbayern.

Sie erledigte das alles mit stoischem Pflichtbewusstsein, doch ohne jede Leidenschaft, ja irgendwie unbeteiligt. Bei uns Kindern entstand so der Eindruck einer gewissen Distanz. Sie besaß jedenfalls keine überwältigende Mütterlichkeit. Ihr Umgang mit uns war liebevoll, aber nicht allzu emotional. Es gab keine ständigen Umarmungen, Liebkosungen oder Küsse.

Ohne sich dessen bewusst zu sein, errichtete sie eine unsichtbare Schranke, etwas, was jede Nähe limitierte. Erst später ahnten wir, dass diese Abwehrhaltung etwas mit dem Verlust ihrer Mutter zu tun haben könnte, mit der Angst, erneut verletzt und verlassen zu werden.

Wann ich überhaupt erfahren habe, was mit ihrer Mutter geschehen war, weiß ich nicht mehr. Ich sah nur immer Lillis Bild in ihrem Sekretär und werde wohl auch schon früh gefragt haben, wer das eigentlich sei. Irgendwann sagte sie dann: »Deine Oma wurde in Auschwitz ermordet, weil sich dein Opa von ihr scheiden ließ« – und wechselte das Thema. Ich fragte nicht nach.

Mit einem so ungeheuerlichen Satz dürfte jedes Kind zum Schweigen gebracht werden, in meinem Fall hielt dieses Tabu mindestens zwei Jahrzehnte. Im Familienalltag wurde Lillis Name denn auch nie erwähnt, als stummer Gast war sie jedoch für jeden von uns stets präsent.

Eigentlich, so sagte meine Mutter später, seien wir ja schon ihre zweiten Kinder gewesen. Ihre ersten, also ihre Schwestern, sowie ihre Schwägerinnen waren so von ihren mütterlichen Qualitäten überzeugt, dass sie ihr die eigenen Kinder im Krankheitsfall manchmal monatelang anvertrauten. Meine Mutter übernahm diese Betreuungsaufgaben anstandslos, so wie sie sich auch um meine inzwischen oft erkrankten Großeltern in Uelzen immer wieder kümmerte, was in Anbetracht der Vorgeschichte meiner Mutter mit ihrem Schwiegervater nicht unbedingt zu erwarten gewesen wäre.

Der Celler Freundeskreis meiner Eltern wurde unterdessen allmählich größer. Kollegen meines Vaters, eher liberale Köpfe zumeist, aber auch solche, die vielleicht konservativ, jedoch keinesfalls politisch belastet sein durften, wurden zusammen mit ihren Ehefrauen zu uns nach Hause eingeladen. Die Rollenverteilung an diesen Abenden entsprach den üblichen Machtverhältnissen. Irgendwann verbissen sich die Männer in juristischen Themen, sie fachsimpelten und urteilten mehr oder weniger freundlich über abwesende Kollegen. Die Frauen beteiligten sich nur mit dem im häuslichen Gespräch erworbenen Halbwissen oder schwiegen gleich ganz. Im Grunde kamen sie nur dann zum Zuge, wenn es um die Kinder oder um einen neuen Roman von Böll, Grass oder Walser ging – eine unglückliche Konstellation, die aber offenbar von allen Beteiligten als normal empfunden wurde. Zum Bekanntenkreis zählte auch ein homosexueller Richter, den meine Mutter besonders schätzte, freilich nur, weil er charmant und klug war. So ganz gehörte er eben doch nicht dazu. »Der ist vom anderen Ufer«, hieß es stets etwas despektierlich, wenn mein Vater oder meine Mutter über ihn sprachen.

1968 heiratete einer der besten Freunde meiner Eltern. Meine Mutter bekam beim Festessen den Ehrenplatz neben dem Vater der Braut. Der grau melierte Herr erwies sich als überaus höflicher und aufmerksamer Tischnachbar. Auch bei Kindstaufen und Konfirmationen begegnete sie ihm in den nächsten Jahren immer wieder. Erst nach seinem Tod erfuhr sie, dass der galante Schwiegervater ihres Freundes ein hochrangiger Offizier der Waffen-SS gewesen war, der nach dem Krieg jahrelang in Frankreich wegen Kriegsverbrechen im

Gefängnis gesessen hatte – ein Schock und Vertrauensbruch, der meine Mutter erschütterte. Warum hatte man sie nicht vor ihm bewahrt, warum stets neben diesen Mann gesetzt?

Auch bei den Celler Juristenbällen war die Quote ehemaliger Nationalsozialisten beträchtlich. Nicht von allen wusste man es, von manchen ahnte man es, aber ein Zusammentreffen ließ sich trotzdem nicht vermeiden. Brigitte, die Freundin meiner Mutter, erinnerte sich an die Vorbereitungen:

*Ilse trug damals noch lange schwarze Haare, die sie zumeist am Hinterkopf zusammensteckte. Als der Ball nun anstand, sagte sie mir, sie gehe eigentlich nicht so gerne zum Friseur. Also sind wir in den kleinen Friseursalon gegangen, wo ich immer hinging. Die Friseusen dort waren begeistert von ihrem kräftigen Haar. Sie haben ihr das Haar wunderschön aufgesteckt. Und sie ließen kleine Löckchen an der Seite. Erst wollte Ilse das nicht, aber dann fand sie das doch recht schön. Sie sah ganz entzückend aus.*

Mein Vater genoss die öffentlichen Auftritte an der Seite seiner Frau. Er überschüttete sie zuweilen so sehr mit Komplimenten, dass sie misstrauisch wurde und ihm entgegnete: »Ach, ich bin doch nur deine Orchidee.« Er fand daran nichts Verwerfliches, sie aber sah sich ausgenutzt und nicht wirklich ernst genommen.

Vor einem solchen Ball wurde im Wohnzimmer manchmal ein wenig geübt, Cha-Cha-Cha, Foxtrott, Tango. Meine Eltern besaßen eine kleine Sammlung mit Schallplatten gängiger Tanzmusik, die sie dazu auflegten. Mein an sich unmusikalischer und damals ziemlich beleibter Vater konnte, wie ich als Teenager feststellte, erstaunlich gut tanzen. Dass sich meine Mutter elegant bewegte, schien mir selbstverständlich. Solche – seltenen – Momente strahlten eine für uns Kinder überraschende Lebensfreude aus. Wenn mein Vater wirklich gute Laune hatte, legte er noch sein Lieblingsstück auf, »Petite Fleur«, gespielt von Chris Barber's Jazz Band, und summte dazu mehr oder weniger schief die Melodie. Eine Platte aus dieser Sammlung habe ich erst nach dem Tod meiner Mutter entdeckt: »A yiddische Mamme«, ein melancholisches Loblied auf die Mutter, gesungen von einer Sängerin namens Belina. Gehört hat meine Mutter das Lied allerdings nie im Beisein ihrer Kinder.

Ihre Strategie des Verschweigens und Verbergens, der Tarnung ihrer jüdischen Herkunft brach 1969 mit der Berufung ihres Bruders Gerhard zum Bundesminister der Justiz in der Regierung Willy Brandts zusammen. Natürlich schrieben die Zeitungen auch über die private Seite des neuen Ministers, auch wenn der von sich aus kein Wort dazu sagte. Was zuvor nur hier und da getuschelt wurde – jetzt wusste es die ganze Richterschaft in Celle: Die Frau des Kollegen Doerry hatte eine jüdische Mutter.

Meine Mutter erlebte im weiteren Bekanntenkreis zunächst keine offenen Diskriminierungen, eher eine gewisse Neugier, ab und an wurde sie nun auf ihre Familiengeschichte angesprochen. Wenn es denn Vorbehalte gab, so kamen sie in einem anderen Zusammenhang zum Ausdruck: Sie und mein Vater setzten 1972 ihre Namen unter eine Anzeige der Initiative »Bürger für Brandt«, die in mehreren Zeitungen erschien und in der für die Ostpolitik der sozialliberalen Bundesregierung geworben wurde. Mein Vater, der in dem Inserat seinen Titel Oberlandesgerichtsrat genannt hatte, wurde sofort zum Chefpräsidenten des Oberlandesgerichts zitiert und von diesem streng getadelt: Er habe damit die richterliche

Unabhängigkeit verletzt – was sicher vorgeschoben war. In Wahrheit empfand das konservative Milieu in Celle die Anzeige an sich als Provokation.

Seit diesem öffentlichen Bekenntnis – und natürlich auch, weil er der Schwager eines sozialdemokratischen Ministers war – galt mein Vater im Gericht als »der rote Doerry«. Zusammen mit einigen gleichgesinnten Kollegen bildete er eine kleine Minderheit kritischer Juristen, die fortan unter besonderer Beobachtung standen.

Meine Mutter war keineswegs stolz auf diese plötzliche Publizität, sie wollte sich nicht exponieren. Wer im Verborgenen lebte – diese Erkenntnis aus ihrer Kindheit befolgte sie immer –, ging auch geringere Risiken ein. Zumal das Leben der Familie noch anstrengender und aufreibender zu werden drohte, als es ohnehin schon war. Das galt vor allem für meinen Vater, der deutlich mehr arbeitete, weil eine weitere Beförderung in Aussicht stand: der Wechsel zum Bundesgerichtshof (BGH) in Karlsruhe. Das galt aber auch für meine Mutter: Familiensorgen nahmen Anfang der siebziger Jahre einen immer größeren Raum in ihrem Leben ein. Die Pubertät ihrer beiden älteren Kinder überforderte sie zuweilen, ihre Schwester Dorle durchlitt eine Magersucht – über einige Monate nahm meine Mutter Dorles Tochter deswegen in ihre Obhut –, schließlich wurde Großmutter Paula in Birmingham zum Pflegefall und musste in ein Altersheim gebracht werden. Im April 1972 reiste meine Mutter mit Beate nach England, um sie ein letztes Mal zu sehen. Wenige Tage nach dem Besuch starb Lillis Mutter im Alter von 97 Jahren.

Den Stress und die damit verbundene nächtliche Unruhe in diesen Jahren haben meine Eltern auch mit Schlafmitteln bekämpft. Ich weiß nicht, wann genau meine Mutter und mein Vater mit der regelmäßigen Einnahme von Valium-Tabletten begonnen haben. Ich kenne nur die Quellen. Zunächst versorgte uns eine Lüneburger Bekannte aus dem Medikamentenvorrat eines Krankenhauses, später war es eine entfernte Verwandte, die eine Apotheke besaß und meine Eltern nach Wunsch belieferte. Erklären lässt sich der Tablettenkonsum auch mit der stimmungsaufhellenden Wirkung von Valium. Meine Eltern waren bis an ihr Lebensende davon abhängig.

## »Er ist unheilbar verletzt worden« Gerhards Geschichte

Im Laufe des Jahres 1971 war mein Vater gefragt worden, ob er eine Berufung an den Bundesgerichtshof in Karlsruhe annehmen würde – eine Auszeichnung für ihn, für meine Mutter ein Schock. Sechs Jahre lebte sie jetzt in Celle, sie und mein Vater hatten sich einen kleinen Freundeskreis aufgebaut, die Kinder hatten sich eingelebt, sie wollte die Stadt nicht verlassen. Ihr Mann, so argumentierte sie, könne doch auch am Oberlandesgericht Karriere machen, seine Beförderung zum Senatspräsidenten stehe bereits an. Immer wieder diskutierten die Eheleute. Am Ende setzte sich erneut mein Vater durch. Ja, er würde die Wahl durch den Richterwahlausschuss des Bundestages annehmen, teilte er dem Chefpräsidenten des Oberlandesgerichts mit.

Monatelang hörte mein Vater dazu nichts mehr – bis er Ende Januar 1972 einen Brief des Oberlandesgerichtspräsidenten erhielt. Es gebe da noch ein Problem: Der Bundesminister der Justiz, Gerhard Jahn, habe ordnungsgemäß beim Berlin Document Center angefragt und erfahren, dass Jürgen Doerry am 20. April 1943, neun Tage nach seinem 18. Geburtstag, in die NSDAP aufgenommen worden sei. Mitgliedsnummer: 9 433 475. In den Personalakten, so schrieb der Chefpräsident, stehe bisher nichts von dieser Mitgliedschaft. Bevor weitere Schritte eingeleitet werden könnten, müsse mein Vater »möglichst bald« eine schriftliche Erklärung abgeben.

Meine Mutter war entsetzt. Nun also auch noch der eigene Ehemann? Mein Vater versuchte, sie zu beruhigen, das sei alles ein Missverständnis. In der von ihm geforderten Erklärung gab er zu Protokoll:

*Bis zur Vollendung meines 18. Lebensjahres war ich Mitglied der sogenannten Flieger-HJ. Anschließend bin ich offenbar in die NSDAP übernommen worden. Dass ich in die NSDAP übernommen worden bin und dass mir eine Mitgliedsnummer zugeteilt worden ist, habe ich erst heute erfahren. Bisher hatte ich geglaubt, dass ich lediglich »Partei-Anwärter« gewesen sei. Ein Mitgliedsbuch habe ich nie erhalten, Beiträge habe ich nie gezahlt, an Veranstaltungen der NSDAP habe ich niemals teilgenommen. Seit Anfang Mai 1943 war ich ohnehin beim Reichsarbeitsdienst, nach meiner Entlassung wurde ich alsbald zur Wehrmacht eingezogen. Irgendwelchen Gliederungen oder angeschlossenen Verbänden der NSDAP habe ich nicht angehört.*

Meine Mutter akzeptierte diese Erklärung, sie hatte auch keine Alternative. Sie wollte an die Unschuld ihres Mannes glauben. Aber merkwürdig schien das schon: Da wird jemand Parteimitglied und weiß es nicht? Konnte er sich nur nicht erinnern? Meine Mutter wusste ja, dass mein Vater in einer nationalsozialistischen Familie aufgewachsen und in der Hitlerjugend gewesen war.

Die Argumentation meines Vaters deckte sich mit jener in vielen ähnlichen Fällen. Auch der damalige Bundesinnenminister Hans-Dietrich Genscher sowie der Rhetorikprofessor Walter Jens behaupteten später, sie seien unwissentlich zu Parteimitgliedern geworden. Im Fall meines Vaters spricht das Datum der Aufnahme, der 20. April, also Hitlers Geburtstag, dafür, dass das NS-Regime hier zur Feier des Tages gleich eine ganze Reihe junger Männer in die Partei geholt hatte, die demnächst an die Front geschickt werden sollten. Wahrscheinlich ging man davon aus, dass die neuen

Parteigenossen ihre Mitgliedschaft erst nach dem Krieg aktivieren würden.

Verglichen mit der nationalsozialistischen Vorgeschichte anderer Bundesrichter, war mein Vater ein harmloser Fall. Und so wurde seine Erklärung auch im Justizministerium betrachtet, einer Wahl stand eigentlich nichts mehr im Wege – bis wenige Wochen später ein neues Hindernis auftauchte. Mehrere Blätter warfen Bundeswirtschaftsminister Karl Schiller, dem Kabinettskollegen Gerhard Jahns, Nepotismus vor. Schiller hatte den Mann einer Schwester seiner Frau zum Präsidenten einer Bundesbehörde gemacht und dabei qualifiziertere Bewerber übergangen. Redakteure der Illustrierten *Quick* entdeckten nun in der Kandidatenliste für die anstehende Bundesrichterwahl den Namen meines Vaters und sahen den nächsten Skandal heraufziehen: Erneut sollte offenbar der Schwager eines Ministers aus dem Kabinett Brandt Karriere auf Staatskosten machen.

Auch wenn alle Beteiligten wussten, dass der Vorschlag zur Beförderung meines Vaters nicht von seinem Schwager stammte, sondern von seinen Vorgesetzten, die ausnahmslos der oppositionellen CDU nahestanden, wurde seine Kandidatur auf Eis gelegt. Erst ein Jahr später kam mein Vater zum Zuge. Am 1. Juli 1973 wurde ihm in Bonn die Ernennungsurkunde überreicht, jedoch nicht – wie sonst üblich – vom Bundesjustizminister, seinem Schwager, sondern von einem Staatssekretär.

Gerhard Jahn, der Bruder meiner Mutter, war das Musterbeispiel eines auf äußerste Korrektheit und Fachkompetenz bedachten Politikers. Nichts hätte ihm ferner gelegen, als sich mit Kumpanei und Vetternwirtschaft angreifbar zu machen. Sein gelegentlich steifes Auftreten gab sogar Anlass für versteckten Spott. Niemand schien an ihn heranzukommen.

Er sei »wie gepanzert«, beobachteten Weggefährten. Vom Habitus her – stets Anzug und Krawatte, dazu eine Pfeife, mit der er fast ununterbrochen hantierte – entsprach er zwar den Politikern seiner Generation, doch eigentlich war er in der Welt der Hinterzimmer und Parteiversammlungen fehl am Platze.

Sein Weg in die Sozialdemokratie hatte unmittelbar nach dem Krieg begonnen. Das erste Amt, die Leitung der Immenhäuser Kartenstelle, verdankte er 1945 einem SPD-Bürgermeister, der bis 1933 amtiert hatte und nun erneut eingesetzt worden war. Das sozialdemokratische Milieu war ihm also vertraut, hier, so konnte er sicher sein, gab es einen klaren Bruch mit der Vergangenheit und ein ebenso klares Bekenntnis zur Demokratie. 1949 trat er der SPD bei, 1950 übernahm er als Unterbezirkssekretär sein erstes Parteiamt. Während seines Jurastudiums in Marburg trat er dem Sozialistischen Deutschen Studentenbund (SDS) bei und erwarb sich dort schnell den Ruf eines effizienten Organisators und guten Redners. Sein Marburger Kommilitone Burkhard Hirsch, in den siebziger Jahren FDP-Innenminister in Nordrhein-Westfalen, erinnerte sich später an gemeinsame Studienjahre:

*Er war ein nicht sehr großer, eher schlanker Mann, dessen Gesicht von einer außerordentlich dichten Haarmähne und einer schweren Brille beherrscht wurde, mit einer präzise formulierenden, etwas knarzenden Stimme, die immer bestimmend wirkte, irgendwie abschließend und entschieden. So war er schon Anfang der 50er Jahre Vorsitzender des Marburger SDS, ideologisch gefestigt, immer ernst und ernsthaft wirkend. Sein persönliches Schicksal kannten wir nicht. Er sprach nicht darüber.*

Andere wussten sehr wohl Bescheid. Als Gerhard 1957 erstmals im Wahlkreis Marburg-Biedenkopf für den Bundestag kandidierte, wurden seine Wahlplakate mit dem Schriftzug »Jude« beschmiert. Ein CDU-Wahlkämpfer machte mit antisemitischen Ausfällen gegen ihn Stimmung. Jahn dürfe nicht gewählt werden, weil er Jude sei, erklärte der katholische Volksschullehrer auf einer Dorfversammlung. Der Vorgang wurde nicht zuletzt deswegen bekannt, weil Gerhard den Mann verklagte und recht bekam.

In der SPD-Bundestagsfraktion wusste man durchaus, dass der neue Kollege jüdische Wurzeln hatte. In der Wiedergutmachungsdebatte vom 22. Januar 1959 bekam er seinen ersten großen Auftritt. Gerhard nutzte die Chance und hielt eine immer wieder von starkem Beifall seiner Fraktion unterbrochene Rede, in der er den, wie er formulierte, »patzigen« Umgang mit der deutschen Vergangenheit anprangerte. Er kritisierte den erneut aufflammenden Antisemitismus und den Widerstand großer Teile der CDU gegen eine Wiedergutmachung nationalsozialistischen Unrechts. Er attackierte Bundeskanzler Konrad Adenauer, weil er den einflussreichen Kommentator der Nürnberger Rassengesetze, Hans Globke, zum Chef des Bundeskanzleramtes gemacht hatte, und er setzte sich gleich mit einer ganzen Reihe skandalöser Fehlurteile deutscher Richter aus den vergangenen Monaten auseinander – Urteile, die jene begünstigten, die gegen Ende des Krieges für die Ermordung von Fremdarbeitern und anderen Unschuldigen verantwortlich gewesen waren. Ein Auszug aus seiner Rede:

*Es geht darum, dass wir auch im Bereich der Rechtsprechung ein so klares Verhältnis zu unserer politischen Vergangenheit bekommen, dass wir sagen können, dieser Staat hat seine eigenen Grundlagen und seine eigene Ordnung – auch im Verhältnis zur Vergangenheit – gefunden. Wenn wir nicht den Mut haben, diese Auseinandersetzung zu führen und in dieser Auseinandersetzung auch durch die Justiz ein eindeutiges Nein zu dem Unrechtsstaat zu sagen, dann gefährden wir bereits die Grundlagen unserer eigenen Demokratie, an deren Aufbau wir doch noch arbeiten. Sicherlich ist dieser Teil der Auseinandersetzung mit der Vergangenheit unbequem. Das ändert aber nichts daran, dass man die Probleme nicht dadurch erledigen kann, dass man sie totschweigt.*

Gerhard hätte seinen Worten noch deutlich mehr Gewicht verleihen können, wenn er die eigene Geschichte bei seiner Rede im Bundestag erwähnt hätte, oder besser: die Geschichte seiner Mutter. Aber hier war er es, der schwieg, vielleicht, weil er allein auf die Kraft seiner Argumente bauen und Lillis Schicksal nicht für politische Zwecke nutzen wollte. Vielleicht aber auch, weil er gar nicht in der Lage war, diese persönliche Betroffenheit zu artikulieren.

Seine öffentlichen Auftritte wurden auch in Israel registriert. Am 19. Dezember 1960 schrieb ihm ein alter Bekannter der Familie, Bernhard Friedemann, aus Haifa: Ob er mit den Jahns aus Immenhausen verwandt sei? Die Familie Friedemann hatte in Immenhausen ein Lebensmittelgeschäft betrieben, in dem auch Lilli einkaufte, war aber noch in den dreißiger Jahren nach Israel ausgewandert. Gerhard antwortete sofort und berichtete vom Schicksal seiner Mutter und seiner Geschwister. Die Friedemanns waren fortan bemüht, Lillis Kindern Gutes zu tun. Meine Mutter bekam viele Jahre lang im Winter eine Kiste mit Apfelsinen aus Israel geschickt.

Gerhard selbst reiste 1962 privat nach Jerusalem und füllte in der Gedenkstätte Yad Vashem einen Opferbogen für Lilli aus, außerdem pflanzte er an Dorotheas 22. Geburtstag, am 25. September, im Wald der Märtyrer zwei Bäume zur Erinnerung an seine Mutter. In den dazu notwendigen Formularen gab er immer nur seinen Beruf als Rechtsanwalt an. Dass er auch Bundestagsabgeordneter war, also eine Person des öffentlichen Lebens, verschwieg er in Yad Vashem.

Nur wer ihn genauer kannte, konnte in seiner politischen Arbeit eine Verbindung zu seiner persönlichen Geschichte erkennen. Dass er etwa Mitte der sechziger Jahre zu den Gründern der Deutsch-Israelischen Gesellschaft zählte und deren erster Präsident wurde, erklärte sich natürlich auch mit seinem biografischen Hintergrund. Die Argumente, mit denen er am 10. März 1965 im Bundestag für eine Aufhebung der bis dahin auf 20 Jahre festgelegten Verjährungsfrist für Mord plädierte, waren zwar sachlich begründet. Schließlich ging es darum, die Untaten des NS-Regimes auch nach dem 8. Mai 1965 weiter verfolgen zu können. Aber aus der Leidenschaft, mit der er seine Rede vortrug, und aus der Empörung, mit der er auf die Gegenstimmen konservativer Abgeordneter reagierte, die lieber einen Schlussstrich ziehen wollten, sprach eine persönliche Betroffenheit, die andere Redner nicht besaßen.

Die »entscheidende Frage«, so sagte er damals, sei doch:

*Soll das ungeheuerliche Ausmaß an Verbrechen, wie sie in dieser Form, in dieser Größenordnung, in dieser Grausamkeit in der Geschichte einmalig sind, einfach mit nur juristischen Erwägungen beantwortet werden, oder sind wir aufgefordert, hier auch und in erster Linie eine politisch-moralische Entscheidung zu treffen?*

Die Gegner einer Aufhebung der Verjährungsfrist, so argumentierte Gerhard, würden ihre wahren Motive nur »hinter rechtsstaatlichen Bedenken verstecken«. Emotionale Ausbrüche waren ihm eigentlich fremd, aber seine Rede schloss dann doch etwas pathetisch:

*Meine Damen und Herren, es geht darum, auch darauf zu achten, dass Schaden von unserem Volk abgewendet wird. Wir werden nichts von dem, was war, ungeschehen machen können. Aber wir werden durch die Form der sauberen Auseinandersetzung mit denjenigen, die zu kriminellen Verbrechern geworden sind, eine wichtige Lehre nicht nur für unser Volk, sondern vielleicht auch darüber hinaus geben können. Daran, wie ernst wir es mit diesem notwendigen Teil der Auseinandersetzung mit denjenigen, die Unrecht begangen haben, nehmen, werden wir eines Tages gemessen werden in der Frage, ob wir uns nach jener schrecklichen Zeit bewährt haben.*

Die Debatte endete mit einem Kompromiss. Erst 1979 wurde die Verjährungsfrist für Mord endgültig aufgehoben. Doch Gerhards Karriere profitierte von seinen kompetenten Auftritten im Parlament. Zuerst wurde er Vorsitzender des Wiedergutmachungsausschusses, dann Parlamentarischer Geschäftsführer seiner Fraktion, Anfang 1967 avancierte er in der ersten Großen Koalition zum Parlamentarischen Staatssekretär im Auswärtigen Amt.

Am 20. Juli 1967 hielt er in der Bonner Beethovenhalle die Festansprache zum Jahrestag des gescheiterten Attentats auf Adolf Hitler. An diesem Tag erzählte er erstmals vor einem größeren Publikum aus seiner eigenen Biografie:

*Am 20. Juli 1944 war ich noch nicht ganz 17 Jahre alt, aber schon fast 1 1/2 Jahre lang als Luftwaffenhelfer im soldatischen Dienst einer schweren Flakbatterie. Der Tag hat sich eingeprägt. Unruhe, spürbare Unsicherheit bei Vorgesetzten, Gerüchte mündeten in einen Appell der ganzen Batterie, der mit einem merkwürdigen Vorgang begann und abschloss: Der Batteriechef nahm die Meldung entgegen und grüßte nicht durch das gewohnte Handanlegen an die Mütze, sondern er hob seinen Arm zum Hitlergruß. Nichts machte äußerlich die Schwere der Erschütterung für uns deutlicher als dieser Zwang, den international üblichen militärischen Gruß durch den Gruß der Partei zu ersetzen.*
*Was manche wussten, viele von uns ahnten, hier war es sichtbar und erkennbar geworden: Es gab auch etwas anderes als das uns täglich vorgespielte Bild. Dass es Gegner des Regimes gab, wussten viele. Da gab es in dem Bereich, in dem ich aufwuchs, die sozialdemokratischen und kommunistischen Arbeiter, von denen man in der kleinen Gemeinschaft des heimischen Landstädtchens wusste, dass sie vor Jahren für ihre Überzeugung brutal zusammengeschlagen worden waren, die sich und ihrer Sache ungebrochen treu geblieben waren und daraus niemals ein Hehl machten … Da gab es den protestantischen Pfarrer im Kreis der elterlichen Bekannten, dessen bekennender Mut ihn immer wieder zu Verhören und Verhaftungen durch die Gestapo brachte und seine Freunde oft wochenlang bangen ließ um ihn.*
*Da gab es hinter der vorgehaltenen Hand geflüsterten Ruhm jenes Kardinals Graf Galen in Münster, dessen Predigten unter größter Vorsicht von Hand zu Hand*

*weitergegeben wurden und die die Eltern vor dem jugendlichen Sohn mit Eifer verborgen hielten.*
*Jetzt aber, am 20. Juli 1944, wurde deutlich: Es waren nicht nur Einzelne, es waren große Gruppen, Beamte, Arbeiterführer, Diplomaten und Soldaten, die gemeinsam aufgestanden waren gegen jenen Staat, in dessen unerschütterlich scheinende Ordnung wir hineingewachsen waren …*

Mindestens so bemerkenswert wie sein Bericht über die eigenen Erinnerungen an den Tag des gescheiterten Aufstands gegen Hitler war das, was er nicht sagte. Mit keinem Wort erwähnte er in der Beethovenhalle, dass seine eigene Mutter von den Nationalsozialisten wenige Wochen vor dem 20. Juli 1944 umgebracht worden war und dass er das am Tag des Putschversuchs auch schon wusste. Wann, wenn nicht jetzt, hätte er das öffentlich sagen können?

Als Bundeskanzler Willy Brandt 1969 das Amt des Bundesjustizministers zu besetzen hatte, galt Gerhard, der Jurist und erfahrene Rechtspolitiker, als gesetzt. Brandt wollte die bundesdeutsche Gesellschaft modernisieren, wollte »mehr Demokratie wagen«, der Justiz und dem Justizminister kamen dabei eine entscheidende Rolle zu.

Gerhard nahm schnell eine Reihe großer Projekte in Angriff, die Reform des Abtreibungsparagrafen 218 etwa oder ein neues Ehescheidungsrecht, das auf dem Zerrüttungsprinzip beruhen sollte. Doch bald zeigte sich, dass es ihm an der notwendigen Geschmeidigkeit fehlte, um seine politischen Ziele in diesen hochumstrittenen Fragen durchzusetzen. Fachkompetenz allein, so musste er feststellen, reichte nicht aus; man brauchte auch eine starke Hausmacht in der eigenen Partei – etwas, was er nie besessen hatte. Außerdem isolierte ihn sein gelegentlich herrisches, besserwisserisches Auftreten. Als er im Mai 1974 beim Kanzlerwechsel von Willy Brandt zu Helmut Schmidt aus dem Kabinett gedrängt wurde, hieß es, er sei ein »Minister ohne Fortüne« gewesen. Die großen Reformen, die er angestoßen hatte, wurden erst in der Ära seines Nachfolgers Hans-Jochen Vogel gesetzlich verankert. 1990, nach 33 Jahren parlamentarischer Arbeit, schied Gerhard aus dem Bundestag aus.

Der Charakterzug, der ihm im politischen Geschäft manche Niederlage zugefügt hatte, machte sich auch in seinem Privatleben bemerkbar. Meiner Mutter und ihren Schwestern gegenüber verhielt er sich stets wie ein Patriarch, er duldete keinen Widerspruch. Wenn er sprach, hatten andere zu schweigen; was er sagte, musste befolgt werden. Und Lillis Töchter, die ihren Bruder nie anders gekannt hatten, unterwarfen sich seinem Familienregime auch als erwachsene Frauen widerspruchslos.

Nicht viel besser erging es seinen drei Schwägern, zwei von ihnen immerhin auch Juristen. Abweichende Meinungen wurden von ihm mit strafenden Blicken quittiert oder gar nicht zur Kenntnis genommen. Unter den vier Männern bestand allerdings auch ein Konkurrenzverhältnis. Vor allem mein Vater sah sich durch Gerhards erfolgreiche Karriere zunächst herausgefordert und betrachtete dessen Entlassung aus dem Ministeramt dann mit einer gewissen Genugtuung. Er, der Richter, konnte nicht entlassen werden.

Wie jeder Patriarch legte Gerhard großen Wert auf den Zusammenhalt der Familie. 1976 organisierte er ein erstes Treffen der Kinder aus beiden Ehen seines Vaters. 1977, bei seiner Ernennung zum Ehrenbürger Marburgs, lud er alle Geschwister zu den Feierlichkeiten ein. Erst nach seinem Ausscheiden aus der Politik wurde er umgänglicher und fast schon nahbar, die

Panzerung, über die so viele Weggenossen geklagt hatten, fiel von ihm ab.

An seiner Strategie des Beschweigens der Geschichte seiner Mutter hielt er allerdings bis zu seinem Lebensende fest. Bei der Trauerfeier nach seinem frühen Krebstod im Oktober 1998 war es der kurhessische Bischof Christian Zippert, der erstmals eine Reihe von Details aus der Geschichte von Gerhard und Lilli öffentlich machte. Er begründete dies so:

*Ich habe das vergleichsweise ausführlich zur Sprache gebracht, weil Gerhard Jahn damit sehr vorsichtig und zurückhaltend war. Obwohl dies sein Leben erklärt. Er ist unheilbar verletzt worden in seiner Jugend durch den menschenverachtenden, ja menschenverderbenden Nationalsozialismus.*

Erst mit der Veröffentlichung der Biografie seiner Mutter Lilli Jahn im Jahr 2002 erfuhren viele seiner Parteifreunde von seiner Geschichte, darunter auch Hans-Jochen Vogel, sein Nachfolger im Amt des Bundesjustizministers. In einem Brief an mich äußerte sich Vogel damals über den Umgang seines Freundes Gerhard Jahn mit der Vergangenheit:

*Ein Schweigen, das ich verstehen und nachvollziehen kann. Auf einem anderen Blatt steht, ob er sich nicht selbst durch ein Gespräch hätte Erleichterung verschaffen können. Aber das ist im Nachhinein eine müßige Frage.*

## *»Eine starke Erschöpfung«*
## Der Umzug in die Provinz

Nach seinem Termin im Bonner Justizministerium reiste mein Vater nicht zurück nach Celle, sondern gleich weiter nach Karlsruhe an seinen neuen Dienstort, er hatte sich dort eine bescheidene Studentenbude in der Nähe des Bahnhofs genommen. Meine Mutter blieb erneut allein mit den Kindern, diesmal immerhin war das Ende der Trennung absehbar: Nach meinem Abitur im Juni 1974 sollte die Familie zum Vater in den Süden ziehen.

Ein Jahr lang sahen sich meine Eltern nur in Abständen von mehreren Wochen, mal fuhr meine Mutter nach Karlsruhe, mal kam mein Vater zu Besuch. Meine Mutter war darüber nicht unglücklich. Sie genoss es, ihr eigenes Leben führen zu können, in Konzerte und ins Theater zu gehen und sich nun noch öfter mit Brigitte und anderen Freundinnen zu treffen.

Auch Grete in Deutsch Evern wurde nun häufig besucht. Meine Mutter ließ sich dabei gern von mir chauffieren, das waren willkommene Gelegenheiten für intensive Gespräche, etwa über meine Zukunft, von ihrer Vergangenheit war allerdings nie die Rede. Sie war mir gegenüber nun so zugewandt, wie ich sie noch nie erlebt hatte. »Lange Gespräche. Martin ist glücklich – und mit ihm seine Mutter«, notierte sie im Januar 1974 in dem Tagebuch, das sie noch immer über mich führte.

Sie nahm mich auch deswegen gerne mit nach Deutsch Evern, weil sie sich vor der Fahrt etwas fürchtete und auf meinen Beistand hoffte. Ihre Freundin Grete hatte einem Bauern gestattet, seine Ackergäule auf dem die Villa umgebenden

Grundstück weiden zu lassen. Die Pferde kamen sofort angetrabt, wenn wir mit dem Wagen vorfuhren und das Tor öffneten, sie beschnupperten meine Mutter und mich und bedrängten uns. Wenn es uns dann gelungen war, wieder ins Auto zu steigen und den kurzen Weg bis zur Villa zu fahren, waren die Ackergäule sofort wieder zur Stelle. Erneut streckten sie uns ihre riesigen Köpfe entgegen. Meine Mutter hatte große Angst vor den Tieren, und ich konnte sie ihr nicht nehmen.

Im Januar 1974 gingen meine Eltern ein letztes Mal zum Celler Juristenball, danach machten die beiden ihre Abschiedsbesuche bei Freunden und Kollegen. Wenn etwas meine Mutter für den Verlust dieses Bekanntenkreises entschädigen konnte, dann war es die Aussicht auf ein Leben in der Großstadt Karlsruhe. Doch hier wartete bereits eine neue Enttäuschung auf sie. Aus den Erinnerungen meines Vaters:

*Ich habe ihr gesagt: Wenn wir in die Stadt ziehen, dann kann ich dort nicht arbeiten. Da kriege ich keine Luft. Ich hatte diesen furchtbar heißen Sommer 1973 in Karlsruhe erlebt. Es war wirklich unerträglich schwül gewesen; etwas besser, so sagten mir die Kollegen, sei es nur außerhalb der Stadt, im Nordschwarzwald. Also sind wir durch die Dörfer bis Bad Herrenalb gefahren und haben uns umgesehen. Ilse war überhaupt nicht begeistert, dass wir aufs Dorf ziehen sollten. Sie sagte: Das können wir den Kindern nicht antun, wir müssen in die Stadt.*

Ob meine Mutter wirklich bei dieser Entscheidung an ihre Kinder gedacht hat, sei dahingestellt. Sicher ist jedenfalls, dass sie selbst unbedingt in die Stadt ziehen wollte, sie träumte vom urbanen Leben und hoffte auf einen neuen Freundeskreis in der städtischen Gesellschaft. Damit wiederholte sich der

Konflikt, den Lilli fünfzig Jahre zuvor mit Ernst ausgetragen hatte. Ilses Mutter hatte sich lange dagegen gewehrt, aus dem schönen Köln in die hessische Provinz nach Immenhausen zu ziehen. Doch Ernst hatte ihr keine Wahl gelassen. So erging es nun auch Lillis Tochter: Mein Vater setzte sich erneut durch, und sie mieteten ein gerade erst errichtetes Einfamilienhaus in Langensteinbach, 15 Kilometer südöstlich von Karlsruhe. Meine Mutter organisierte im September 1974 den Umzug und meldete meine Schwestern in den Schulen an. Ich selber war im Juli zur Bundeswehr eingezogen worden und blieb vorerst in Norddeutschland.

Vier Jahre lang lebten meine Eltern in dem rund 5000 Einwohner zählenden Dorf am Nordrand des Schwarzwalds. »Das Haus ist unbeschreiblich elegant und geräumig«, schrieb meine Mutter kurz nach dem Einzug ihrer Freundin Grete. Jedes Kind hatte ein eigenes Zimmer, von den Nachbarn war nichts zu hören, sie genoss die Ruhe und den Komfort.

Andererseits blieb sie, wie von ihr befürchtet, weitgehend isoliert. Die Menschen im Dorf empfanden sie als fremd und zu intellektuell. Auch die Hoffnung, ein paar Kontakte nach Karlsruhe knüpfen zu können, wo Lottes Sohn Peter, inzwischen ein angesehener Rechtsanwalt und Stadtrat der SPD, mit seiner Familie wohnte, erfüllte sich nicht. In Peters Leben war kaum Platz für die neu hinzugezogene Verwandtschaft. Lotte selbst besaß inzwischen eine Wohnung in Freiburg und verbrachte nur wenig Zeit in Karlsruhe.

Allein die Frauen der Kollegen meines Vaters lernte meine Mutter bald kennen. Zu den gesellschaftlichen Pflichten der Ehefrau des BGH-Präsidenten zählte die Ausrichtung eines Kaffeekränzchens für die Gattinnen der Richter. Mit einigen Teilnehmerinnen dieses Kreises freundete sich meine Mutter nun an.

Daheim verfolgte sie mit wachsender Sorge die sich schnell abzeichnende Überlastung meines Vaters. Später, im Rückblick, sagte er, die Jahre am Bundesgerichtshof seien »eine einzige Quälerei« gewesen. Sein Perfektionismus kostete ihn jetzt noch mehr Zeit, die Aufgaben waren anspruchsvoller denn je. Bald stellte er fest, dass seine Senatskollegen produktiver waren als er. Er arbeitete also noch mehr und noch länger. Und meine Mutter musste sich eingestehen, dass ihre etwas glamourösen Vorstellungen vom Leben der Familie eines Bundesrichters unrealistisch gewesen waren. Mit der nächtelangen Schreibtischarbeit ruinierte sich mein Vater den Rücken, er musste operiert werden und gönnte sich auch weiterhin keine Schonung. Für sie und ihre Wünsche blieb da keine Zeit.

Auch für meine Schwestern brachte der Umzug nach Langensteinbach zunächst nur Nachteile mit sich. Beate, die in Celle eine sehr gute Schülerin gewesen war, kämpfte jetzt plötzlich mit den deutlich höheren Anforderungen eines baden-württembergischen Gymnasiums und litt unter dem Verlust ihres Celler Freundeskreises. Beate »wurde schwierig«, wie es meine Mutter auszudrücken pflegte – ein Verhalten, mit dem sie nicht umzugehen wusste. Heftige Konflikte brachen aus.

Und schließlich bereitete auch ich ihr Sorgen. Die ersten Monate bei der Bundeswehr waren für mich eine Tortur. Ich litt unter den Schikanen der Unteroffiziere und unter den unsinnigen Ritualen des militärischen Alltags. Meine Entscheidung, Wehrdienst zu leisten und nicht zu verweigern, hatte ausschließlich politische Gründe, eigentlich fehlte mir jede Eignung als Soldat. Meine Mutter spürte meine Verzweiflung und schickte mir tröstende Briefe in die Kaserne, so auch am 20. November 1974:

*Mein lieber Martin,*
*wenn Du diesen Brief in den Händen hältst, ist wieder eine Woche überstanden. Am letzten Sonntag warst Du ja arg deprimiert. Hoffentlich fühlst Du Dich jetzt etwas wohler. Ich kann mir vorstellen, wie stumpfsinnig Dein Alltag verläuft. Aber das geht doch vorüber, und am Abend kannst Du Dich etwas regenerieren …*
*Ich habe in der Synagoge in Karlsruhe noch einmal das Collegium Musicum Judaicum Amsterdam gehört. Diesmal hatten sie außer Querflöte, Violine, Sopran auch noch eine Harfe und einen Bass dabei. Martin, das war enorm!*
*Du, ich freue mich schon riesig auf Dein Kommen!*
*Übersteh die nächste Woche noch gut!*
*Sei ganz lieb gegrüßt von Deiner Mutti*

Ich hatte mich bis dahin weitgehend konfliktfrei mit allen Autoritäten arrangiert, auch mit meinen Eltern. Jetzt aber traf ich auf ein auf blindem Gehorsam beruhendes System, das mich überforderte, und meine Mutter wusste das: »Für mich war es ganz erschütternd zu beobachten, wie ihn der Ton und die Behandlung bei der Bundeswehr fast gebrochen hat«, schrieb sie damals in einem Brief an ihre Freundin Grete.

Seit dem Umzug der Familie in den Süden bekam ich in kurzen Abständen Briefe von meiner Mutter. Hatte ich als Teenager noch den Eindruck gehabt, dass sich meine Mutter nicht allzu sehr für mich interessierte – zu offensichtlich waren ihre Versuche gewesen, uns Kinder auf Distanz zu halten –, so wurde mein Verhältnis zu ihr nun intensiver und enger. Sie hielt mich auf dem Laufenden über den Alltag in Langensteinbach, über die Schulprobleme meiner Schwestern, über Reisepläne und Verwandtenbesuche.

Ein Thema allerdings blieb in allen Briefen an mich stets ausgespart, nämlich ihre eigene Vergangenheit. Seit den fünfziger Jahren bemühten sich meine Eltern um eine Restitution der Villa in Halle, die einst dem Patenonkel meiner Mutter, Josef Schloß, gehört hatte. Wegen der deutschen Teilung war das Haus selbst nicht erreichbar, aber den Erben, darunter meine Mutter und Lillis Cousin Georg, standen Entschädigungen zu. Meine Eltern wollten jetzt einen letzten Versuch unternehmen. Am 19. Juni 1976 schrieb meine Mutter an das Landratsamt Karlsruhe:

*Ich bin testamentarisch eingesetzte Miterbin meines Großonkels, des in Halle/Saale, seinem letzten Wohnsitz, verstorbenen Sanitätsrats Dr. Josef Schloß. Der Erblasser war Jude. Er beging unmittelbar vor seinem Abtransport ins KZ Selbstmord. Eine Sterbeurkunde besitze ich nicht. Seine bei ihm lebende Schwester, die Miterbin Marie Klein, geb. Schloß, ist von Theresienstadt nicht zurückgekommen.*
*Mein Großonkel hatte seinen in Halle/Saale, Königstraße 62, gelegenen Grundbesitz im Jahre 1939 verkaufen müssen. Es handelte sich um ein in bester Gegend gelegenes 3620 qm großes Anwesen, bestehend aus einem Wohnhaus mit Nebengebäuden, zwei Hofräumen und Garten. Alle Überlebenden der Familie sind davon überzeugt, dass er das von seinen Eltern ererbte Grundstück niemals veräußert haben würde, wenn er hierzu nicht gezwungen worden wäre.*

Der Fall war ein Fest für detailversessene Bürokraten. Warum, zum Beispiel, gab es keine Sterbeurkunde für Josef Schloß? Da müsse man mal in Halle anfragen, dort müssten die Dokumente doch vorliegen. Ein aussichtsloses Unterfangen, wie meine Eltern feststellten. Am Ende ließ meine Mutter die folgende Aussage notariell beurkunden:

*Der Erblasser müsste jetzt weit über 100 Jahre alt sein, wenn er noch am Leben wäre. Ich habe mich wiederholt bemüht, beim Standesamt in Halle eine Sterbeurkunde zu bekommen. Dort ist jedoch bekannt, dass der Erblasser Jude war und dass der Erbschein deshalb nur für Entschädigungsansprüche benötigt wird. Aus diesem Grunde wird eine Sterbeurkunde nicht erteilt, so dass weitere Bemühungen aussichtslos erscheinen.*

Noch schwieriger verhielt es sich mit dem Schicksal der Miterbin Marie Klein. Josefs Schwester durfte schließlich nicht übergangen werden. Was, so fragten die Behörden die Antragsteller, wisse man denn über deren Verbleib? Marie Klein, 1877 geboren, wäre 1976 theoretisch 99 Jahre alt gewesen. Vergeblich bemühten sich mein Vater und Lillis Cousin Georg um Dokumente. Die Familie wusste zwar definitiv, dass Marie im Mai 1942 zur »Abwanderung« nach Theresienstadt gezwungen worden war. Leidensgefährten bezeugten zudem, dass sie dort 1944 gestorben sei. Aber amtlich dokumentiert war das nicht. Am 26. April 1977 veröffentlichte das Bonner Amtsgericht folgendes »Aufgebot«:

*Herr Georg Louis Moritz Schloß in 5300 Bonn-Bad Godesberg, Schenkendorfstraße 10, hat beantragt, die verschollene Tante Marie Klein, geb. am 10. Juni 1877 in Oberlauringen/Unterfranken, für tot zu erklären. Die Verschollene wird aufgefordert, sich bis zum 15. Juli 1977 bei dem oben bezeichneten Gericht, III. Stockwerk,*

*Zimmer 319 zu melden, da sie sonst für tot erklärt werden kann.*

Marie hat sich natürlich nie in Zimmer 319 gemeldet. Drei Monate später wurde ihr Tod amtlich festgestellt, 33 Jahre nachdem sie im Konzentrationslager Theresienstadt umgekommen war. Im Mai 1978, nach diversen Notar- und Gerichtsterminen und schriftlichen Eingaben, erhielten meine Mutter und Lillis Cousin Georg eine Entschädigung von jeweils 8050 Mark zuzüglich Zinsen.

Wenn es nach meiner Mutter gegangen wäre, hätte man längst vorher kapituliert. Ihr fehlte die Kraft für solche Konflikte. »Ilse geht es im Moment nicht sehr gut, weil sie unter besonders niedrigem Blutdruck leidet«, schrieb mein Vater am 21. April 1978 an Georg. Doch die Formel vom »niedrigen Blutdruck«, die nun immer wieder gewählt wurde, entsprach nicht der ganzen Wahrheit. Eine Depression kündigte sich an, auch wenn zunächst niemand diesen Begriff verwendete.

Seit Ende 1977 bauten meine Eltern ein eigenes Haus in Spielberg, einem Nachbardorf von Langensteinbach. Das war ein lang gehegter Traum der beiden gewesen, doch die üblichen Handwerkerquerelen belasteten meine Mutter extrem, hinzu kamen ihre Aufgaben als Mitglied des Elternrats in Ursulas Gymnasium und andere Verpflichtungen, die sie nun mehr und mehr überforderten. Am 25. April 1978 schrieb sie an ihre Freundin Grete in Deutsch Evern:

*Leider ging es mir seit Wochen gar nicht gut. Gestern bin ich schließlich zu einer Internistin gegangen. Sie hat einen viel zu niedrigen Blutdruck und einen starken Erschöpfungszustand festgestellt. Ich bekomme Medikamente und soll viel Ruhe haben. Das ist bei dieser lebhaften Familie fast unmöglich. Aber ich werde schon wieder gesund werden. Viel Verständnis hat natürlich niemand hier.*

Die Medikamente, die meine Mutter damals bekam, waren Antidepressiva. Doch so genau ließ sie das Grete nicht wissen. Ich selber beobachtete diese Veränderungen nur in größeren Abständen, seit dem Ende meiner Bundeswehrzeit studierte ich in Tübingen. Ende April 1978 erhielt ich folgenden Brief von meiner Mutter:

*Mein lieber Martin,*
*schade, dass ich nicht zu Hause war, als Du hier angerufen hast. Ich hätte Dir schon längst einen Gruß geschickt, aber es geht mir nicht so gut. Ich glaube, ich habe nur eine starke Erschöpfung, aber ich bin ganz »flügellahm«. Dabei gibt es pausenlos etwas anderes zu bedenken oder zu versorgen. Ich wollte wegen meines weniger guten Befindens auch gar nicht mehr nach Brüssel, aber es hat mir gutgetan, dass ich einmal 48 Stunden von allem fort war. Es war eine Fahrt von Bundesanwaltsfrauen, ein paar Bundesrichterfrauen waren dazu eingeladen. Wir waren zu Vorträgen bei der Nato.*
*Beate hat aus Israel eine Zusage. Sie wird von Ende Mai bis Ende August im Kibbuz sein. Toll, nicht wahr!*
*Nun wünsche ich Dir alles Gute und viel Freude und Erfolg. Sicher wirst Du vor Pfingsten noch einmal kommen, oder?*
*Sei ganz herzlich gegrüßt, auch von Papa und den Schwestern.*
*Es hat Dich lieb*
*Deine Mutti*

Dass meine Schwester nach dem Abitur zum Apfelsinenpflücken nach Israel gehen würde, hatte meine Mutter angeregt. 1976 war sie erstmals in Israel gewesen, allerdings ohne meinen Vater. Meine Mutter hatte erkennen müssen, dass er ihre Neugier auf fremde Länder und Kulturen nicht teilte. Und so wählte sie ihre Reisebegleiterinnen aus dem Bekannten- und Freundeskreis. Mit Georg und dessen Frau Christel fuhr sie an die Nordsee und in die Schweiz, mit ihrer Hausärztin und Freundin Christa in die Provence, mit ihrer Schwägerin Astrid flog sie nach Portugal und nach Kreta, dreimal ging es mit alten Schulfreunden in die Türkei. Und immer wieder fuhr sie zu ihrer Schwester Eva nach England. Oft war sie mehrmals im Jahr mehrere Wochen lang unterwegs, mein Vater kümmerte sich unterdessen um meine Schwestern. Das Reisen wurde zu einem alternativen Lebenskonzept für sie, zur Flucht aus der wenig geliebten Normalität mit ihren Pflichten und Routinen.

Auch die dreiwöchige Rundreise durch Israel im Mai 1976 unternahm sie zusammen mit Astrid und einer Freundin ihrer Schwägerin. Neben dem touristischen Programm besuchte sie Verwandte in Tel Aviv und Jerusalem. Meine Mutter kam begeistert zurück und schwärmte von dem »schönen Land mit diesen wunderbaren Menschen«. Diese Reise, so schrieb sie nach der Rückkehr ihrer Schwester Eva, sei das »schönste Erlebnis« ihres Lebens überhaupt gewesen. Später erzählte sie mir:

*Als ich in Tel Aviv aus dem Flugzeug stieg, schoss mir der Gedanke durch den Kopf: Hier sind alle Menschen Juden. Endlich bist du wie alle anderen. Aber es war auch alles fremd. Doch es blieb das Faktum, dass niemand mehr sagen konnte, du bist ein Außenseiter. Man gehörte dazu.*

Ganz anders als in Deutschland, hätte sie noch hinzufügen können. Längst hatten Lillis Töchter erkannt, dass alle Hoffnungen auf eine vollständige Integration in die nichtjüdische Mehrheitsgesellschaft vergebens gewesen waren. Selbst drei Jahrzehnte nach dem Ende des Krieges empfanden sie sich noch als Außenseiterinnen. Nicht nur meine Mutter litt darunter, auch ihre Schwester Johanna registrierte die fortbestehende Ausgrenzung. Am Abend des 7. Juli 1974 – an dem Tag, an dem man in Deutschland in einem Rausch nationaler Begeisterung den Gewinn der Fußballweltmeisterschaft feierte – schrieb Johanna an ihre Schwester Eva in Birmingham:

*Ich finde es faszinierend, wie gut Du uns verstehst. Als Du am Donnerstag anriefst, war ich ziemlich deprimiert. Ich wusste aber, dass Du das Bedürfnis verstehen würdest, ein Leben eher am Rande unserer Gesellschaft zu führen; nach allem, was geschehen ist, werden sie uns nie als ihresgleichen akzeptieren. Diesen Gedanken könnte ich allerdings nie gegenüber unseren Kindern aussprechen, und ich sollte es wohl auch nicht. Denn sie müssen sich integrieren – so kann es nicht weitergehen.*

Während meine Mutter stets auf äußere Anerkennung bedacht war, zog sich Johanna schon früh und bewusst in die Nische von Familie und Beruf – sie arbeitete als Lehrerin – zurück. Hier drohten keine Enttäuschungen, hier gab es Sicherheit und Geborgenheit. »Wenn man bei unserer Mutter nach den Spuren ihrer Traumatisierung sucht«, so erinnert sich Johannas Sohn Christoph, »dann zeigten sie sich wohl in ihrer Overprotection für ihre vier Kinder. Sie kümmerte sich um alles und ließ uns nie aus dem Blick.«

Eva verstand ihre Schwester Johanna auch deswegen so gut, weil sie in England ebenfalls antisemitischen Vorurteilen begegnet war und sich entsprechend defensiv verhielt. Als Eva in den Siebzigern – sie leitete damals eine Schule für Physiotherapeuten in Birmingham – ihre Kollegin und spätere Lebensgefährtin Margaret kennenlernte, verschwieg sie ihr zunächst die jüdische Herkunft, aus Angst, ihre Freundin könnte sich deswegen von ihr abwenden. Als sie Margaret dann nach einigen Jahren doch von Lilli erzählte, war ihre Partnerin ein wenig enttäuscht, sie empfand Evas Schweigen als Ausdruck mangelnden Vertrauens.

Dass sich all diese Ängste in Israel sofort verflüchtigen würden, wusste damals nur meine Mutter; weder Johanna noch Eva oder Dorothea waren bis dahin dort gewesen. Im Kreis ihrer Schwestern warb meine Mutter nun bei jeder Gelegenheit für eine Reise nach Israel.

Bei ihrer Tochter Beate war sie damit ja bereits erfolgreich gewesen. Meine gerade erst 18 Jahre alt gewordene Schwester reiste freilich aus anderen Motiven nach Israel: Vor allem suchte sie das Abenteuer, aber sie sah darin auch eine Möglichkeit, den Konflikten im Elternhaus zumindest vorübergehend zu entkommen. Meine Mutter brachte sie Ende Mai 1978 zum Flughafen nach Frankfurt. Schon bald durfte man sich in Spielberg über die in rascher Folge eintreffenden Reiseberichte Beates freuen. Am 19. Juli, nach fast zwei Monaten im Kibbuz, schickte meine Schwester auch mir ein paar Zeilen:

*Liebes Brüderchen,*
*die Zeit geht in dieser Idylle verdammt schnell um, und es ist eine beruhigende Vorstellung, noch zwei Monate vor sich zu haben. Dann krieg ich auch noch was von der*

*Peanuts- und der zweiten Orangenernte mit. Hoffentlich kann ich as long as possible in dem paradiesischen Gartengelände hier arbeiten. Ja überhaupt, die alten Leute sind unheimlich nett hier, von denen wird man öfters eingeladen, aber die jungen Leute, bei denen blicke ich noch nicht richtig durch. Das Schreckgespenst Armee, für jeden ab 18 Jahren mindestens drei Jahre lang, macht sie politisch und zum Teil allgemein uninteressiert.*
*Muss doch sagen, dass das Haus unserer entfernten Verwandten in Jerusalem, Familie Lazarus, für mich besonders in Beziehung auf Musik eine Oase darstellt. Auch sonst, diese Leute sind wahnsinnig nett, haben Töchter in meinem Alter, ein herrliches altes Haus, von Schatten spendenden Ranken und Bäumen umgeben, mit Marmorfußboden und Bastmatten an der Wand. Talia, meine eine Cousine zehnten Grades, wird mich im August besuchen kommen, ich war schon zweimal ein paar Tage bei ihnen.*
*So, Brüderchen, studier nicht zu viel. Schalom! Deine Schwester*
*P.S. Keine Gefahr, dass ich zum Judentum konvertiere, sind Atheisten hier, trotz allem aber hat mich mein treuer lieber Gott mit nach Israel begleitet.*

Doch die »Gefahr« war größer, als Beate zu diesem Zeitpunkt ahnte. Daheim in Langensteinbach hatte sie noch einen evangelischen Jugendkreis besucht. Anfang August 1978 traf sie am Mittelmeer eine junge Frau, die ihr von einer Jeshiva in Jerusalem erzählte, in der man mehr über die jüdische Religion erfahren könne. Das weckte die Neugier meiner Schwester, sie fuhr nach Jerusalem und fragte in der Touristeninformation am Jaffator nach der Adresse. Nach einem kurzen Fußmarsch auf den Zionsberg am Rande der Altstadt stand sie vor der »Diaspora-Jeshiva«.

Der amerikanische Rabbiner Mordechai Goldstein hatte die Schule 1967 nach dem Sechstagekrieg gegründet und ihr ein modernes Image gegeben – attraktiv für junge Leute aus aller Welt, die vom Judentum fasziniert waren. In einer Jeshiva studieren eigentlich nur Männer, aber hier wurden auch Frauen aufgenommen, die sich mit dem Regelwerk einer orthodox-jüdischen Familie vertraut machen wollten. Beate wurde herzlich begrüßt, sie nahm an einem Sabbatabend in der Frauenabteilung teil – und war zutiefst berührt. »Ich hatte bis dahin nie Kontakt zur jüdischen Religion gehabt«, erinnerte sie sich später. »Nun aber fühlte ich plötzlich, wie mich diese Energiewellen erfassten und in mir ein enormes Bedürfnis nach etwas noch ganz Unbekanntem auslösten.«

Den Eltern erklärte sie, dass sie das Rückflugticket verfallen lassen und in Israel bleiben werde. Mein Vater war verzweifelt, seine Tochter schien ihre Zukunft zu verspielen. Meine Mutter verstand zwar gut, dass Beate nach Israel ziehen wollte, immerhin machte ihre Tochter genau das, wovon sie selbst einst geträumt hatte. Aber wenn sie an Israel dachte, dann hatte sie das Land der Kibbuzim vor Augen, das Land der aus Europa geflohenen Ärzte, Künstler und Intellektuellen. Dass sich ihre Tochter stattdessen für die orthodoxe Welt des osteuropäischen Schtetls entschieden hatte, stieß bei meiner Mutter auf Unverständnis. Ich selber schrieb wütende Briefe an meine Schwester und fragte sie, warum sie unseren Eltern einen solchen Schmerz zufüge. Ihre Antwort:

*Ich habe nur örtlich mein Zuhause verlassen, mein Verhältnis zu meinen Eltern ist klarer und tiefer geworden. Ich bin auch nicht vor mir selber geflohen, sondern folge konsequent meiner Sehnsucht nach Gott. Israel ist für mich kein Exil, sondern ein frei gewähltes, geliebtes Land. Vielleicht kannst Du Dir vorstellen, was es bedeutet, in Jerusalem direkt auf dem Zionsberg zu studieren, dem Brennpunkt sowohl des Christentums als auch des Judentums. Jerusalem inspiriert unheimlich. Solange ich mich erinnern kann, habe ich mich für Gott interessiert. Dieses Interesse ist vielleicht nicht ganz für voll genommen worden, doch kann ich mich erinnern, dass Mutter mich als »glücklich« bezeichnet hat, weil ich an Gott glaube.*

Das lateinische Wort »beatus« heißt glücklich. Schon kurz nach ihrem Einzug in der Jeshiva übersetzte Beate ihren Namen sinngemäß ins Hebräische. Seither nennt sie sich »Simcha«, die Glückliche.

# Späte Jahre in Spielberg

## *»Mir fehlt ein bisschen Wärme«* Eine Depression überschattet alles

Im September 1978 konnte das neue Haus in Spielberg endlich bezogen werden, ein großzügiges, weiß verputztes Einfamilienhaus mit Blick auf die Berge des Nordschwarzwalds. Das Wohnzimmer war jetzt mit modernen Ledersesseln und dänischen Designerlampen eingerichtet, an den Wänden hingen nicht mehr Kunstdrucke, sondern Originale: signierte Holzschnitte des Expressionisten Erich Heckel und Bilder von Reinhold Nägele, einem Stuttgarter Maler, der mit seiner Ehefrau Alice, einer Cousine Lillis, rechtzeitig vor dem Krieg nach New York geflohen war.

Doch in den Stolz auf das Erreichte mischte sich bei meinen Eltern eine große Enttäuschung. Beates Zimmer würde vorerst leer bleiben. Irgendwann in den ersten Wochen ließ meine Mutter ihren Sekretär aus dem Schlafzimmer in das leere Zimmer stellen, so hatte sie immerhin einen eigenen Rückzugsort.

Ihr 50. Geburtstag im Januar 1979 verlief still, meine Eltern waren zu erschöpft, die Feier sollte im Frühjahr nachgeholt werden. Meine Mutter hatte in den vergangenen Monaten deutlich an Gewicht verloren, sie war nun wieder fast so schlank wie in jungen Jahren, ihr Gesicht noch schmaler als ohnehin schon. Lotte Paepcke schenkte ihr zum Geburtstag eine Mappe mit Gedichten, die sie gerade geschrieben hatte, für »meine Ille«. Gleich das erste Gedicht beschrieb Erfahrungen, die die beiden Frauen miteinander teilten:

*Gute Frau*

*Ich war einmal*
*eine gute Frau.*
*Ich war so gut*
*das ganze Leben lang,*
*denn ich wusste schon früh:*
*sei gut!*
*Vielleicht sind sie es auch.*
*So gut bin ich alt geworden*
*wie ich es dann war.*
*Sie waren nicht gut.*
*Sie drohten und machten*
*aus meinen Freunden*
*Feuer.*
*Sie waren nicht gut.*
*Sie verwendeten Gas*
*und Wagen und Kammern.*
*Ich war nach wie vor gut,*
*denn ich wusste:*
*wenn sie dich leben lassen,*
*musst du nur gut sein.*
*Sie vergessen es dann.*

Dieses »Nur gut sein«-Wollen entsprach der Haltung, mit der meine Mutter ihr Leben bewältigte, ziemlich genau. Auch sie verhielt sich möglichst unauffällig und tat stets, was von ihr erwartet wurde. Was sie an Belastungen und Erschütterungen erlebt hatte und nun mit sich trug, ging ja niemanden etwas an, wie sie meinte. Noch sprach sie mit möglichst wenigen Menschen über ihre Geschichte. Wirklich entspannt konnte sie nur in Gegenwart jener sein, die diese Geschichte kannten, die darüber allerdings ebenfalls schwiegen. Zu diesem sehr kleinen Kreis zählten neben Lotte vor allem Lillis Cousin Georg und dessen Frau Christel. Kurz nach ihrem Geburtstag fuhr meine Mutter für zwei Wochen in eine Kurklinik im Bayerischen Wald, wo sich Georg und Christel in den Wintermonaten einquartiert hatten. Am 10. Februar schickte sie mir einen kurzen Bericht:

*Mich umgeben zurzeit etwa 250 Menschen. Alle meistens älter als ich. Aber ich habe ein wunderschönes Zimmer mit Bad, bekomme gutes Essen, und es ist herrlich ruhig. Wir wandern täglich durch den verschneiten Wald. Abends ab 19 Uhr bin ich in meinem Zimmer und genieße das Ungestörtsein. Noch eine Weile Ausruhen liegt vor mir.*

Auch meinem Vater schrieb sie mehrmals aus der Kurklinik. Während er arbeitete und nebenher die Handwerker beaufsichtigte, die noch Ausbesserungen im neuen Haus zu erledigen hatten, nutzte sie die Gelegenheit, um sich Gedanken über den Zustand ihrer Ehe zu machen, so auch im Brief vom 15. Februar:

*Mein lieber Mann,*
*vor mir liegen nur noch wenige Tage, bis ich wieder zu Hause bin. Es geht mir hier sehr, sehr gut. Ich habe viel Ruhe und genieße das herrliche Müßigsein und Ungestörtsein. Die Gesellschaft von Georg und Christel ist in Maßen sehr nett. Ich ziehe mich sehr viel auf mein Zimmer zurück.*

*Dann gehen meine Gedanken aber immer nach Hause. Deine Telefongespräche, die wie starke Gewitter über mich herabstürzen, lassen mich immer schuldbewusst im Sessel zurück. Da hast Du nun so furchtbar viel Arbeit, Aufregung und Ärger mit den Handwerkern! Es tut mir unsagbar leid, dass ich dabei nicht helfen kann. Ich weiß doch, wie groß die Anforderungen sind, die Dein Beruf an Dich stellt. Ich habe das Bewusstsein, dass Du überhaupt nicht zur eigentlichen Arbeit kommst. Das belastet mich stark.*
*Dann fürchte ich mich auch davor, in ein Chaos zurückzukehren. Ich habe das Gefühl, dass ich mich meinen Pflichten entzogen habe. Bedenke doch bitte einmal, dass ich mich ebenso wie Du mit dem Haus und seinen Problemen verbunden fühle. Ich gehöre doch dazu! Bei aller Bewunderung, aller Anerkennung Deiner Leistung, Deiner Tatkraft, Deines Erfolges fehlt mir in den Gesprächen mit Dir ein bisschen Wärme. Ich hatte mir so sehr gewünscht, dass Du in der kurzen Trennungszeit auch ein wenig über unsere Beziehung nachdenken würdest. Bei aller Wichtigkeit des Hauses und seiner Reparaturen ist doch unser zukünftiges Miteinander nicht bedeutungslos geworden. Gewiss, Du kommst kaum zur Besinnung – aber ich sehne mich halt nach einem stillen, behutsamen liebevollen Wort von Dir. Vielleicht kannst Du bis zu meiner Rückkehr doch ein paar Minuten diesem Gedanken widmen. Ich hab' Dich doch lieb.*
*Deine Isch*

Meine Mutter zog sich immer stärker auf sich selbst zurück und forderte zugleich mehr Nähe und Verständnis von ihrem Mann. Mein Vater war mit dieser Situation überfordert, zudem brütete er inzwischen fast rund um die Uhr über seinen Akten. Um ungestört arbeiten zu können, ließ er im Sommer sogar seine Frau und Ursula allein in den Urlaub an die Ostsee fahren, wo man sich mit Dorle und deren Familie treffen wollte. Auf der Fahrt in den Norden verursachte meine Mutter einen kleinen Autounfall – was ihre ängstliche Grundstimmung noch einmal verstärkte. Am 7. August 1979 schrieb sie an meinen Vater:

*Mein lieber Mann,*
*Ursula sitzt unten und sieht* King Kong *im Fernsehen. Ich genieße das Alleinsein. Uschi ist zwar sehr lieb, und wir kommen ausgezeichnet miteinander aus. Aber sie ist halt immer da, und man muss auf sie eingehen. Draußen regnet es in Strömen …*
*Ich danke Dir für Deine vielen Telefonate. Oft komme ich mir trotz reicher Gesellschaft sehr verlassen vor. Verstehst Du denn nicht, dass ich gerne auch die guten Tage, Urlaubstage, mit Dir verbringen möchte?? Täglich sehe ich, wie fürsorglich und liebevoll Jochen zu Dorle ist. Vielen Dank dafür, dass Du meine Unfallangelegenheit so gut regelst. Nimm das Geld von meinem Sparbuch.*
*Mir geht es recht wechselhaft. Gestern bin ich mit Zittern nach Hohwacht und zurück gefahren. Heute die Fahrt in das sehr belebte Lübeck hat mir kaum Unruhe verschafft. So hoffe ich, dass eines Tages endlich, endlich wieder Ruhe in mich zurückkehrt. Die geringste Belastung wächst manchmal ins Überdimensionale.*
*Lass es Dir recht gut gehen, viel Erfolg bei der Arbeit. Es hat Dich lieb,*
*Deine einsame Isch*

Doch mein Vater war vorerst nicht dazu zu bewegen, seinen Schreibtisch für längere Zeit zu verlassen. Auch die nächste Reise, im Herbst desselben Jahres, musste meine Mutter ohne ihn machen. Erneut flog sie mit Astrid und deren Freundin nach Israel. Und natürlich traf sie diesmal Beate in Jerusalem. In Beates Tagebuch trug sie ein:

*Mit warmer Herzlichkeit wurde ich von den Frauen der Jeshiva begrüßt. Mit Rabbi Dr. Goldstein und seiner Frau hatte ich ein langes Gespräch. Sie haben mich beeindruckt, und sie waren mir fremd zugleich. Die Mädchen und die jungen Frauen waren alle sehr sympathisch. Ich kann gut verstehen, dass Beate sich in der Gemeinschaft wohlfühlt.*

In Jerusalem sprach sie auch mit ihrer entfernten Cousine Miriam, die von ähnlichen Fällen aus anderen Familien berichtete und ihr wenig Hoffnung machte. Beate, so viel war klar, würde die orthodoxe Welt vorerst nicht verlassen. Enttäuscht kehrte meine Mutter nach Spielberg zurück.

Im nun folgenden Winter mehrten sich die Anzeichen einer schweren Depression. Nur mit großer Mühe absolvierte meine Mutter noch zwei Familienfeiern im Frühjahr 1980. Dann begab sie sich endlich in psychologische Behandlung. Eines Tages bat die Psychotherapeutin meinen Vater darum, seine Frau beim Besuch in ihrer Sprechstunde zu begleiten. Natürlich wollte sie mehr über die Beziehung meiner Eltern erfahren. Gleich zu Beginn des Gesprächs fragte sie meinen Vater, woran er denn auf der Fahrt zu ihr in die Praxis gedacht habe. Die Antwort kam prompt und empörte meine Mutter noch Jahre später: Er habe sich Sorgen gemacht, ob er den Weg finden würde. Kein Gedanke offenbar an sie, an ihre Erkrankung.

Meine Mutter sah darin einen Ausdruck seines Desinteresses, seiner Unfähigkeit zur Empathie. Aber das war wahrscheinlich ungerecht. Schon damals hegten nicht wenige Freunde meiner Eltern den Verdacht, dass die Erklärung für Ilses Depression weniger in den Problemen der Gegenwart als in der Vergangenheit, in ihrer Kindheit zu finden sei.

Doch noch wurde diese Hypothese nicht weiter verfolgt. Im Sommer 1980 verschlimmerte sich die Lage: Meine Mutter wurde für sechs Wochen in die Psychiatrie der Städtischen Kliniken Karlsruhe eingewiesen, die Ärzte sahen das Risiko eines Suizids. Da mein Vater, von den vergangenen Monaten völlig erschöpft, in derselben Zeit eine Kur antrat, wurde meine Schwester Ursula in Dorles Obhut gegeben, die Familie befand sich vorübergehend in Auflösung.

Bei einem Besuch im Krankenhaus fand ich meine Mutter merkwürdig verändert vor, durch die starken Medikamente in ihren Reaktionen leicht verlangsamt und zugleich fast euphorisch: Ja, es gehe ihr schon besser, bestimmt sei sie bald wieder die Alte, wir sollten uns keine Sorgen um sie machen.

Auch sie musste nun zur Kur. Nach einem weiteren, kürzeren Krankenhausaufenthalt fuhr sie schließlich mit Lotte zusammen in den Schwarzwald, nach Menzenschwand. Doch ihre Freundin wurde selber immer wieder von depressiven Schüben erfasst, und bei meiner Mutter trat keine Besserung ein. Tagelang lag sie nur auf ihrem Bett und starrte an die Decke. Im Frühjahr 1981 sollte ihr eine Reise nach Birmingham zu Eva neue Kräfte verschaffen. Aber alle Bemühungen schienen vergeblich. Bei einem Klassentreffen wenige Wochen nach ihrer Rückkehr aus England traf sie ihren Schulfreund Horst zum ersten Mal nach mehr als zwanzig Jahren wieder. Und der registrierte mit Schrecken eine deutliche Veränderung in ihrem Wesen, einen »traurigen Grundzug«, den er so bisher nicht von ihr kannte.

Im Spätsommer 1981 flog sie wieder mit Astrid und deren Freundin in die Ferne, diesmal nach Armação de Pêra in Portugal. Am 28. September schrieb sie an meinen Vater:

*Mein lieber Mann,*
*als wir heute Nachmittag vom Strand zurückkamen, lag Euer lieber Brief auf dem Tisch! Ich habe mich ganz riesig darüber gefreut!!!! Mir geht es sehr gut. Nur manchmal ist mir weh ums Herz: Häufig sehe ich Paare in unserem Alter im Gleichklang der gemeinsamen Ferienstimmung an mir vorübergehen. Dann denke ich traurig an Dich – dann spüre ich das Alleinsein. Und ich frage mich hoffend, ob wir nicht durch irgendein Wunder das gemeinsame Glück unserer ersten Jahre wiederfinden können.*
*»Von all' dem Wunderbaren,*
*das je mein Herz gespürt,*
*will ich zutiefst bewahren,*
*was mich zu Dir geführt.«*
*Jürgen D.*
*Ob es Euch noch immer gut geht? Kommst Du mit Deinem Vortrag voran? Hier ist es herrlich. Das Wetter ist nicht ganz so beständig wie in Israel. Aber es ist immer warm. Es fehlt uns hier an nichts – abgesehen von meiner Sehnsucht nach Dir und Ursula. Grüße sie lieb von mir.*
*Sei ganz liebgehalten, Deine Isch*

Als Beate für den Herbst des folgenden Jahres ihre Hochzeit ankündigte, wollte meine Mutter zunächst nicht nach Israel fliegen. Sie konnte die Vorstellung, dass ihre Tochter nun dauerhaft als orthodoxe Jüdin leben würde, nicht ertragen. Zudem wurde sie von einer Borreliose geplagt, entstanden aus einem Zeckenbiss, der zu spät erkannt und nicht behandelt worden war. Heftige Kopf-, Muskel- und Gliederschmerzen befielen sie – Symptome, die auch in den kommenden Jahren immer wieder auftraten.

Aber dann reiste sie doch nach Israel, zusammen mit meinem Vater, Ursula und mir. »Ich gebe nach und füge mich dem Unabänderlichen«, schrieb sie mir im August 1982.

Beate heiratete, auf Anregung des Rabbiners und seiner Frau, einen Jeshiva-Studenten, der aus einer jüdischen, aber nicht religiösen Familie stammte. Shmuel war in den USA aufgewachsen, auch seine Eltern und weitere Verwandte kamen zur Hochzeit nach Israel. Das große Fest fand in einem Saal neben der Jeshiva statt, meine Mutter spielte die Rolle der eleganten, immer freundlichen Brautmutter, nichts deutete darauf hin, welche Kraft sie dieser Auftritt kostete.

Die Zeremonie verlief nach orthodoxem Ritus, also mit einer strengen Trennung der Geschlechter – sowohl bei den Vorbereitungen, der Unterzeichnung des Ehevertrages und den Gebeten als auch danach bei der Hochzeitsfeier. Auf der einen Seite aßen und tanzten die Frauen, auf der anderen, durch einen Vorhang getrennt, die Männer. Lange, hochgeschlossene Kleider bei den einen, Hüte und dunkle Anzüge bei den anderen bestimmten das Bild einer ansonsten ausgelassenen, fröhlichen Gesellschaft.

Die einzigen wirklichen Gäste waren hier die Gastgeber, die Eltern des Brautpaares. Verlegen lächelten sie über ihre Kinder, die begeistert von den Freundinnen und Freunden aus der Jeshiva gefeiert wurden, über Simcha und Shmuel, die für sie immer noch Beate und Seth hießen.

Shmuel sah in seiner Schwiegermutter eine Jüdin, weil sie die Tochter einer Jüdin war – die Zugehörigkeit zum Judentum wird stets über die mütterliche Linie weitergegeben. Er schrieb ihr damit eine Identität zu, die sie nicht besaß. Bei den ersten Besuchen meiner Mutter in der schnell wachsenden Familie meiner Schwester kam es deswegen zu mehreren Konflikten. Shmuel verlangte von seiner Schwiegermutter die Einhaltung der orthodoxen Verhaltensregeln, sie sollte auch an heißen Sommertagen den strengen Dresscode der Frauen befolgen, sie sollte die Sabbatregeln beachten und an den Ritualen dieser ihr fremden Welt teilnehmen. Meine Mutter war durchaus zu Kompromissen bereit, aber nicht zu einer totalen Unterwerfung. Sie litt unter den dauernden Vorhaltungen. Irgendwann entschied sie, nicht mehr in der Wohnung meiner Schwester zu übernachten, sondern bei Verwandten oder im Hotel.

Noch war meine Mutter nicht dazu bereit, sich mit der Geschichte ihrer Mutter auseinanderzusetzen, geschweige denn darüber zu sprechen, auch nicht mit ihren Kindern. Möglicherweise war es aber gerade Beates Hinwendung zum Judentum, die dieses Tabu nun langsam auflöste. Jedenfalls drückte mir meine Mutter Anfang der achtziger Jahre Lottes Erinnerungsbuch *Unter einem fremden Stern* in die Hand. »Da steht auch was über Lilli drin«, sagte sie nur. Und ich begann zu lesen und zu begreifen. Das Buch aus dem Jahr 1952 stand in der Bibliothek meiner Eltern, aber niemand hatte es bis dahin erwähnt.

Von 1982 an fuhr meine Mutter fast jedes Jahr nach Israel. Zur Geburt ihrer ersten Enkeltochter, Miriam, im Sommer 1983 begleitete sie meine Schwester Beate bis zum Kreißsaal. Und fast schien es, als wolle sie das, was sie ihren eigenen Kindern zuweilen an Aufmerksamkeit schuldig geblieben war, jetzt nachholen. Intensiv bemühte sie sich um jedes ihrer Enkelkinder, sie spielte mit ihnen, sie las ihnen vor, sie tröstete sie und lachte mit ihnen.

Die Konstellation war freilich ideal: Immer blieb sie nur eine Woche oder zehn Tage lang, ob in Jerusalem oder in Hamburg bei meiner jungen Familie oder später in England, wo meine Schwester Ursula von 1994 an lebte. Sie konzentrierte sich in diesen überschaubaren Zeiträumen ganz auf ihre Rolle als Großmutter – um sich danach in Spielberg von diesen Anstrengungen wieder zu erholen und ungestört den eigenen Interessen nachzugehen. Schließlich hatte sie 16 Enkelkinder, allein zehn davon in Israel. Auch aus der Ferne nahm sie großen Anteil an deren Entwicklung, sie schrieb ihnen Briefe und telefonierte mit ihnen.

Wahrscheinlich hat die immer größer werdende Familie ihren Blick auf die Welt wieder aufgehellt. Langsam entwickelte meine Mutter Energien für neue Aufgaben. Sie trat dem Spielberger Kirchenchor bei und lernte dort einige Frauen aus dem Dorf näher kennen. Als »Grüne Dame« betreute sie im Langensteinbacher Krankenhaus schwerkranke Patienten. Und sie verdiente nach drei Jahrzehnten zum ersten Mal wieder eigenes Geld: Im Auftrag eines Meinungsforschungsinstituts führte sie mehrstündige Interviews mit Führungskräften aus Industrie und Wissenschaft in der Region Karlsruhe. Mein Vater zeigte freilich erneut wenig Verständnis für ihre Berufstätigkeit. »Das, was du da verdienst, wird alles von der Steuer aufgefressen«, erklärte er ihr. Nach einiger Zeit gab sie den Zuverdienst wieder auf.

Gleichfalls wenig begeistert war er über das politische Engagement meiner Mutter in der Friedensbewegung, die im Zuge der Nachrüstungsdebatte Anfang der achtziger Jahre entstanden war. Die Frau eines Kollegen meines Vaters hatte meine Mutter angesprochen und gefragt, ob sie an Aktionen der örtlichen »Friedensinitiative« teilnehmen wolle. Am 18. Oktober 1983 bildete meine Mutter erstmals zusammen mit sechs

Frauen und zwei Männern an der Langensteinbacher Hauptstraße einen sogenannten Schweigekreis. »Schweigen für den Frieden« lautete das Motto der Runde. Meine Mutter nahm an der Aktion einige Male teil; zur großen Menschenkette zwischen Ulm und Stuttgart fuhr sie dann aber nicht, wohl aus Rücksicht auf meinen Vater.

Kirchenchor, Grüne Damen, Friedensbewegung: Auch wenn meine Mutter nicht religiös war, nutzte sie nun das protestantische Milieu ihrer unmittelbaren Umgebung, um soziale Kontakte aufzubauen. Ein ehemaliger Pfarrer in Spielberg hatte einen Gesprächskreis gegründet, in dem theologische, aber auch politische und soziale Fragen der Zeit diskutiert wurden. Meine Mutter überredete meinen Vater, dort doch einmal teilzunehmen. Tatsächlich verbrachten meine Eltern dann viele Abende in dem Gesprächskreis. Eines Tages war dort von der anstehenden Kirchenvorstandswahl die Rede und vom Mangel an geeigneten Kandidaten. Ein Teilnehmer der Runde fragte meine Mutter, ob sie nicht kandidieren wolle. Sie ließ sich auf das Abenteuer ein, gewählt wurde sie am Ende aber nicht, es fehlten ein paar Stimmen. Der ehemalige Pfarrer war trotzdem wütend: Sie sei ja »gar keine richtige Christin«, wie könne sie sich anmaßen, bei einer solchen Wahl mitzumachen und anderen, qualifizierteren Kandidaten Stimmen wegzunehmen? Offen blieb, ob er damit ihren fehlenden Glauben meinte oder ihre jüdische Herkunft. Wahrscheinlich beides.

In den achtziger Jahren weitete sich der Freundeskreis meiner Eltern bis nach Karlsruhe aus. Immer ging die Initiative von meiner Mutter aus, meistens lernte sie zunächst die Ehefrauen anderer Bundesrichter kennen, dann wurde man abends eingeladen, und schließlich genoss auch mein Vater die geselligen Runden. Er konnte lebhaft und humorvoll erzählen. Dass er sich daheim nur hinter seinen Akten verschanzte und bis zur Erschöpfung arbeitete, blieb den meisten Bekannten verborgen.

Ein enger Kontakt entwickelte sich zu Alice, einer guten Freundin von Lotte. Alice stammte aus einer angesehenen Hamburger Familie und hatte einen jüdischen Großvater gehabt. Ihr Mann freilich, ein angesehener älterer Kollege meines Vaters am BGH, war während des Zweiten Weltkriegs Richter im besetzten Polen gewesen. 1971 berichtete der *Spiegel*, dass er damals eine Festschrift zum Jubiläum des Landgerichts Litzmannstadt verfasst habe, die antisemitische Ausfälle enthalte. Der BGH-Präsident zitierte ihn zu sich. Doch Alices Mann bestritt, mit dem Autor der Festschrift identisch zu sein. Und offenbar konnte ihm niemand das Gegenteil nachweisen.

Als ihm mein Vater eines Tages von Beates Emigration nach Israel erzählte, erklärte ihm Alices Mann spöttisch, sie beide könnten doch einen »Club der vom Judentum Geschädigten« gründen. Mein Vater war sprachlos. Psychologen würden von einem klaren Fall von Schuldumkehr sprechen.

Selbst am Bundesgerichtshof gab es damals also noch Richter und Staatsanwälte mit NS-Vergangenheit. Meine Mutter wusste das durchaus, aber sie nahm es hin, so wie sie es schon in Lüneburg und Celle hingenommen hatte. Wichtiger war ihr, dass sie dazugehörte, dass sie nicht ausgeschlossen war. Sie wollte Teil der Gesellschaft sein und nie wieder im Abseits stehen.

Meine Mutter hatte ein dezidiert bürgerliches Klassenbewusstsein. Handwerker, Putzfrauen und andere Zeitgenossen ohne akademischen Hintergrund behandelte sie mit freundlicher Herablassung. Auch ihr betont bildungsbürgerlicher Habitus war Ausdruck des Wunsches, sich von den »einfachen Menschen«, wie sie sagte, abzusetzen. Auf Reisen ließ sie kein

Kloster, keine gotische Kathedrale aus, alles wurde besichtigt und fotografiert. Zusammen mit ihren Freundinnen besuchte sie in rascher Folge Ausstellungen, Opern- und Theateraufführungen. Wenn sie abends das Haus verließ, um ins Konzert zu fahren, rief sie meinem Vater beim Gang zum Auto noch ein ironisch-triumphierendes »Tschüss, du Kulturbanause« zu.

Ihr eng getaktetes Kulturprogramm entsprach durchaus ehrlicher Begeisterung, aber es passte eben auch in ihr Selbstbild einer intellektuellen, kulturaffinen Person. Dass sie damit das Vorbild ihrer Mutter zu kopieren versuchte, liegt auf der Hand.

Bei meinem Vater stieß sie mit diesem Programm auf wenig Gegenliebe, er interessierte sich nicht besonders für Konzerte und andere Kulturveranstaltungen. Allerdings war er in seinem Selbstbewusstsein auch ungefährdet und entsprechend unprätentiös. Er musste nicht in die Oper gehen, um seinen Status zu demonstrieren.

Für meine Mutter war die Teilhabe an dem, was sie für Hochkultur hielt, ein zentraler Bestandteil ihres Lebensentwurfs. Mein Vater hätte das für sich selbst ebenfalls gelten lassen, aber am Ende waren sich die beiden nur in einem einig: in ihrem Interesse an Büchern. Mein Vater las, solange er berufstätig war, vor allem in den Ferien, dann allerdings mit großem Tempo und sehr intensiv. Meine Mutter hingegen nahm sich täglich ein, zwei Stunden Zeit für die aktuellen Neuerscheinungen. Seit den achtziger Jahren führte sie ein Lektüretagebuch, in dem sie alle Titel aufführte, die sie gelesen hatte, sowie kurze Kommentare. In guten Jahren brachte sie es auf 60 bis 70 Bücher, zumeist Romane oder Biografien, also auf mehr als ein Buch pro Woche. Sie folgte in der Regel den Rezensionen der *FAZ*, aber auch ihrer Schwester Johanna, mit der sie wöchentlich telefonierte und die ihr viele Tipps gab.

Mindestens ein Drittel der Autorinnen und Autoren ihrer Leseliste waren jüdischer Herkunft. Ruth Klüger, Grete Weil und Ernst Weiß, Meir Shalev und Leon de Winter zählten zu ihren Favoriten. Anfangs notierte sie nur kurz, ob ihr die Werke gefallen hatten, irgendwann ging sie dann zu einem Punktesystem über. Gute Bücher bekamen zwei oder gar drei Sternchen. Amos Oz' *Eine Geschichte von Liebe und Finsternis* etwa erhielt die höchste Wertung.

Auch sie war eine schnelle, aber wohl eher flüchtige Leserin, keine wirklich gründliche Interpretin. Sie las Bücher fast im Akkord, weil sie eine Leserin sein wollte und weil sie den Zustand des Lesens liebte, die Abwesenheit von Gegenwart. Sie saß dabei in ihrem kleinen Zimmer, das bis auf eine Leselampe abgedunkelt war, mit einer Zigarette in der Hand und der Fotografie ihrer Mutter vor ihr im Sekretär.

## *»Die entsetzliche Bilderflut«* Alte Wunden brechen auf

Im Frühjahr 1985 reiste meine Mutter mit ihrer Freundin Christa und einer von ihrem Schulfreund Horst geführten Reisegruppe in die Türkei. Horst hatte einige Jahre als Lehrer an der Deutschen Schule in Istanbul gearbeitet und wollte seinen Freunden das Land zeigen. Meine Mutter fühlte sich wohl in der Gruppe, abends saß man beim Wein im Hotel beisammen, und einer der Teilnehmer, Michael, gewann ihr besonderes Vertrauen. Horst hatte ihm von Lillis Schicksal erzählt. Und so fragte Michael vorsichtig bei meiner Mutter nach. Er berichtete mir später von diesen Abenden:

*Ihrer Mutter gingen unsere Gespräche immer so nah, dass ihre mitreisende Freundin, eine Ärztin, mich bat, das Thema nicht mehr anzusprechen, weil es Ihrer Mutter nicht guttäte, wenn sie immer wieder an die schrecklichen Vorkommnisse und das Schicksal ihrer Mutter erinnert würde. Da hatte ich schon von Ihrer Mutter erfahren, dass sich ein Karton mit Briefen von Lilli auf einem Schrank befinde, den sie aber gar nicht anrühren wollte. Ich habe Ihrer Mutter erzählt, dass sich in Breitenau inzwischen eine Gedenk- und Bildungsstätte befindet, in der die Geschichte dieses Ortes erforscht und für Besucher und Schulklassen aufbereitet und präsentiert wird. Die Bitte der mit Ihrer Mutter befreundeten Ärztin konnte ich natürlich gut verstehen. Ich habe dann allerdings trotzdem Ihre Mutter unter vier Augen behutsam, aber eindringlich gebeten, diese Briefe zugänglich zu machen.*

Meine Mutter willigte ein. Michael informierte daraufhin den Historiker Dietfrid Krause-Vilmar, der damals die Geschichte des Arbeitserziehungslagers Breitenau erforschte. Im Februar 1987 schickte Krause-Vilmar meiner Mutter eine Broschüre über Breitenau und bat im Begleitschreiben darum, einen Blick in Lillis Briefe werfen zu dürfen. Eine Reaktion darauf erhielt er zunächst nicht. Erst zehn Monate später, am 5. Dezember 1987, antwortete ihm meine Mutter:

*Sehr geehrter Herr Professor Krause-Vilmar,*
*entschuldigen Sie bitte, dass ich erst jetzt auf Ihren Brief antworte. Ich habe ihn ganz zufällig in dem großen Umschlag entdeckt, als ich ihn wiederverwenden wollte. Nur zögernd schicke ich Ihnen die Briefe meiner Mutter. Bitte, geben Sie mir diese Briefe bald zurück! Ich bewahre sie als Kostbarkeit. Lesen kann ich sie nur unter Tränen.*
*Mit freundlichen Grüßen, Ilse Doerry*

Ob meine Mutter den Brief wirklich nicht entdeckt hatte oder ob sie ihn erst einmal wieder zurück in den Umschlag steckte und dann vergaß oder verdrängte, weiß ich nicht. Jedenfalls bereitete der Professor mit Erlaubnis meiner Mutter eine erste Veröffentlichung von Lillis Briefen vor, er fotokopierte und transkribierte neun Briefe aus Breitenau und einen aus Dresden, Lillis Zwischenstation auf dem Weg nach Auschwitz. Im Oktober 1988 erschien die Edition in vier Exemplaren, eines davon war für die Gedenkstätte Breitenau bestimmt, ein anderes für meine Mutter. Sie bedankte sich freundlich, legte den Band zur Seite und sprach vorerst nicht darüber.

Mein Vater war wenige Monate zuvor in den vorzeitigen Ruhestand getreten. Seine Frau zeigte sich einerseits erleichtert, dass er sich nicht mehr mit seinen Urteilen herumquälen musste. Andererseits beschäftigte sie die Frage, ob seine Pension hoch genug sein würde, um ihre Urlaube zu finanzieren. Immer öfter trat sie schon wenige Tage nach einer Reise gleich die nächste an. Doch mein Vater beruhigte sie, er schenkte ihr sogar Reisegutscheine zu Weihnachten und zum Geburtstag. Nach seiner Pensionierung begleitete er sie zu einigen längeren Urlauben, flog mit ihr nach Israel zu Beate, nach Russland und in die USA. Im September 1992 schrieb meine Mutter meinem Vater zum 40. Jahrestag ihrer Verlobung einen Brief aus der Türkei, sie befand sich auf einer weiteren Rundreise zusammen mit Horst und dessen Freunden:

*Mein lieber Mann,*
*an diesem Jubiläumstag gehen meine liebevollen Gedanken zu Dir. Ich möchte, dass Du heute an all das Verbindende denkst, das in den vergangenen vierzig Jahren zwischen uns gewachsen ist. Wir haben Anlass, uns über vielerlei zu freuen. Lieber Mann, ich wünsche mir, dass Du weiter freudig mit mir lebst und mir das auch hin und wieder zeigst.*
*Ich danke Dir für alle Großzügigkeit.*
*Deine Isch*

Wenige Wochen später fuhr meine Mutter erstmals in die Gedenkstätte Breitenau bei Kassel. Dort war eine Vitrine aufgestellt worden, in der Dokumente aus Lillis Haftmonaten gezeigt wurden, darunter einige Kopien ihrer Briefe an die Kinder.

Dank der Edition Krause-Vilmars hatten nun auch andere Menschen Zugang zu diesen Briefen. Der Historiker selbst zitierte aus ihnen in Vorträgen, ein Kasseler Pfarrer ließ im Rahmen seiner Gottesdienste Lesungen veranstalten.

Eines Tages erfuhr Gerhard Jahn aus einem Zeitungsartikel von einer solchen Veranstaltung und schickte dem Pfarrer einen scharfen Verweis: Diese Briefe seien nicht für die Öffentlichkeit bestimmt. Der Pfarrer verteidigte sich, aber Gerhard ließ sich nicht umstimmen. Krause-Vilmar wandte sich erneut an meine Mutter und warb um Verständnis für das Verlesen der Dokumente. Sie antwortete ihm am 17. April 1995:

*Zu meinem Bedauern muss ich den Briefen meines Bruders inhaltlich zustimmen. Ich kenne Ihr Bemühen um das Wachhalten der Erinnerung und bin dankbar dafür. Es gibt aber anscheinend eine Dimension der Betrachtung, die nur den Angehörigen der Opfer zugängig ist.*

Noch war sie nicht bereit, ihre Geschichte mit anderen öffentlich zu teilen. Dass man wenig später auch in Immenhausen Lillis Schicksal zur Kenntnis nahm und eine Straße nach ihr benannte, verschwieg sie ihren Kindern und Freunden. Alles, was an den Leidensweg ihrer Mutter erinnerte, konterkarierte ihre Strategie des Vergessens und Verdrängens.

Das galt auch für die vielen Gedenkveranstaltungen, die 1995 an den 50. Jahrestag der Befreiung des Konzentrationslagers Auschwitz erinnerten. Wenn im Fernsehen Fotos aus Auschwitz gezeigt wurden, schaute meine Mutter sofort weg. Sie hatte große Furcht davor, ihre eigene Mutter auf einem der Bilder zu sehen. Immer wieder fuhr sie in diesen Tagen zu Lotte Paepcke, um sich vor dem Ansturm der Erinnerungen zu schützen. Einer guten Freundin, Ina Paulusch, berichtete sie darüber am 2. Februar 1995:

*Liebe Frau Paulusch,*
*für mich waren die vergangenen Wochen kaum erträglich. Mit Mühe gelang es mir in den vergangenen Jahren, das Grauenvolle, das in meinem Leben steht, zu verdrängen oder auszuhalten. Diese Prägung meines Herzens, meines Seins begleitet mich bis ans Ende meines Lebens. Für mich waren die vielen gut gemeinten Gedenkfeiern geradezu quälerisch. Und dazu die entsetzliche Bilderflut in allen Medien. Erneut arbeitete meine Phantasie. Was war meiner Mutter im Einzelnen widerfahren? Wie kamen die zahlreichen anderen Verwandten um? Es gab Stunden in den letzten Wochen, die mich zu zerreißen drohten. Schweigend verbrachten meine Tante und ich einige Nachmittage.*
*Und der Gedanke an Menschen wie Sie gab mir auch Kraft und Hoffnung, wieder Ruhe zu finden. Es sind sehr wenige. Doch das ist für mich hilfreicher, als Sie sich denken können. Ihr lieber Brief hat mir gutgetan. Ich bin sicher, meine Mutter möchte nicht, dass ihre Kinder in ständiger Trauer leben. Dieser Gedanke wird bald wieder die Oberhand in meinem Leben gewinnen.*
*Ich danke Ihnen für Ihre liebevolle Anteilnahme.*
*Herzlich grüßt Sie Ihre Ilse Doerry*

Nach Jahrzehnten eines nur lockeren Kontakts näherten sich meine Mutter und Lotte in den neunziger Jahren wieder an. Sie trafen sich regelmäßig, schrieben einander Briefe. Unklar ist, ob diese Annäherung Folge oder Ursache einer erkennbar stärkeren Hinwendung meiner Mutter zum jüdischen Teil ihrer Identität war. Lotte und sie besuchten jetzt gemeinsam Veranstaltungen der jüdischen Gemeinde in Karlsruhe. Am Türrahmen des Zimmers meiner Mutter wurde eine Mesusa befestigt, eine kleine Schriftkapsel, die ein jüdisches Gebet enthält. Mein Vater schenkte seiner Frau einen vergoldeten siebenarmigen Leuchter, den sie im Wohnzimmer gut sichtbar auf ein Sideboard stellte.

Zugleich löste sich meine Mutter immer mehr aus dem kirchlichen Umfeld, in dem sie zuletzt noch so aktiv gewesen war. Zuerst hängte sie die Madonnenbildnisse ab, dann verließ sie den Spielberger Kirchenchor und verzichtete auf den Besuch von Weihnachtsgottesdiensten, in die sie bis dahin noch gemeinsam mit ihren Kindern und Enkeln gegangen war. Den letzten Anstoß dazu gab der örtliche Pfarrer, ein eifernder Pietist, der sich in der Judenmission engagierte.

Seit Anfang der neunziger Jahre kamen Tausende Juden aus der ehemaligen Sowjetunion nach Deutschland, die nach einer neuen Heimat suchten, aber mitunter nur wenige Bindungen an ihre jüdische Herkunft besaßen. Die jüdischen Gemeinden bemühten sich um diese Menschen, doch zuweilen waren die evangelischen erfolgreicher. Meine Mutter schrieb daraufhin einen empörten Brief an den Stuttgarter Bischof und forderte die Einstellung der Missionierung. Die Antwort verärgerte sie dann noch mehr. »Im Haus meines Vaters gibt es viele Wohnungen«, schrieb der Bischof unter Bezugnahme auf das Johannesevangelium. Mit anderen Worten: Er werde niemandem in den Arm fallen, der den Gemeinden neue Mitglieder zuführe.

Eine weitere Enttäuschung erlebte sie beim Besuch einer Lesung der Auschwitz-Überlebenden Ruth Klüger. Meine Mutter hatte Klügers Erinnerungsbuch *weiter leben* gelesen, seither hielt sie es für möglich, dass Ruth Klüger Lilli persönlich begegnet war. Nach der Lesung stellte sie sich in die lange Reihe der Besucherinnen und Besucher, die ein Buch von der Autorin signieren lassen und auch ein paar Worte mit ihr wechseln wollten. Als meine Mutter schließlich vor Ruth Klüger stand, überfiel sie sie geradezu mit Lillis Geschichte und der Frage, ob sie die Mutter getroffen habe. Ruth Klüger antwortete etwas barsch, dass sie sich unmöglich an alle Häftlinge erinnern könne, die sie in Auschwitz getroffen habe – eine schmerzhafte Zurückweisung für meine Mutter, zumal sie diese Frage ohnehin schon große Überwindung gekostet hatte.

Meine Mutter suchte nach Gemeinschaft, nach Zugehörigkeit. Und nur wenige Menschen konnten ihr das Gefühl des Alleinseins, der Verlorenheit nehmen. Dazu zählten vor allem ihre Schwestern. Die vier Frauen teilten dasselbe Schicksal, sie mussten sich ihre eigene Geschichte nicht mehr erzählen und wussten doch, was jede von ihnen erlebt und erlitten hatte. Sie trafen sich oft, aber über Lilli sprachen sie wenig. 1998, immerhin, ließen Lillis Töchter eine Inschrift zum Gedenken an ihre Mutter in den Grabstein des Großvaters Josef auf dem jüdischen Friedhof in Köln-Bocklemünd gravieren. Wenn es schon kein Grab gab, sollte an diesem Ort an Lilli erinnert werden. Zuvor diskutierten meine Mutter und ihre Schwestern, wie man Lillis Tod auf dem Grabstein näher bezeichnen sollte. Man wusste ja keine Details. War sie im Konzentrationslager gestorben oder umgekommen, wie es oft beschönigend hieß? Am Ende entschieden sie sich für den ehrlichen Begriff: »Ermordet im Juni 1944 in Auschwitz«.

Neben Johanna, Eva und Dorle zählte meine jüngere Schwester Ursula zu den engsten Vertrauten meiner Mutter. Wie es der Zufall wollte, lebte und arbeitete Ursula mittlerweile als Ärztin in Birmingham, also in jener Stadt, die meine Mutter vor mehr als 40 Jahren verlassen hatte. Nun gab es noch einen weiteren Anlass für Reisen nach England und unzählige Telefonate mit der Tochter.

Zum Kreis ihrer Freundinnen gehörte auch Doris, eine Psychologin, die nur ein paar Straßen entfernt in Spielberg lebte. Meine Mutter hatte Doris im Gesprächskreis des ehemaligen Pfarrers kennengelernt. Mit ihr fuhr sie Ende der neunziger Jahre erstmals in die Schweizer Berge, nach Sils, zu einem gemeinsamen Urlaub. Danach schickte Doris ihr Hermann Hesses Gedicht »Bäume«. In der vorletzten Strophe heißt es dort:

*Wandersehnsucht reißt mir am Herzen, wenn ich Bäume*
*höre, die abends im Wind rauschen.*
*Hört man still und lange zu, so zeigt auch die*
*Wandersehnsucht ihren Kern und Sinn.*
*Sie ist nicht Fortlaufenwollen vor dem Leide, wie es schien.*
*Sie ist Sehnsucht nach Heimat, nach Gedächtnis der*
*Mutter, nach neuen Gleichnissen des Lebens.*
*Sie führt nach Hause.*
*Jeder Weg führt nach Hause, jeder Schritt ist Geburt,*
*jeder Schritt ist Tod, jedes Grab ist Mutter.*

Besser hätte man die Reiselust meiner Mutter kaum erklären können. Sie bedankte sich umgehend bei Doris:

*Liebe Frau Seitz,*
*wie soll ich Ihnen zeigen, welche Freude Sie mir mit*
*Ihrem Brief bereitet haben? Ich kann nur einfach und still*
*sagen: Ich danke Ihnen.*
*Ich kann nur genau wie Sie sagen, dass ich so froh und*
*dankbar bin, Ihnen begegnet zu sein. Etwas pathetisch*
*ausgedrückt soll das heißen, dass auch ich von Anbeginn*
*unserer Begegnung an einen Gleichklang unserer Seelen*
*gespürt habe.*

*Beim wiederholten Lesen der Zeilen von Hermann Hesse habe ich Tränen der Trauer, des Glücks und der Dankbarkeit geweint. Leise begleiteten mich die Klänge von Schuberts Klaviersonaten.*
*Diese Worte Hesses sind so einfühlsam und zutreffend, auch übertragbar auf unser Leben, mein Leben. Ich werde das Gedicht hüten wie einen Schatz. Und wann immer ich es lesen werde, werden meine dankbaren Gedanken auch zu Ihnen wandern.*
*Es wird uns sicher gelingen, bald wieder die Einsamkeit, die Stille von Sils gemeinsam auf uns wirken zu lassen. Vorläufig betrachte ich das herrliche Foto eines Baumes in Sils, das Sie mir geschenkt haben. Ich danke Ihnen für Ihr einfühlsames Mitdenken, Ihre liebevolle Teilnahme an mir.*
*Ich grüße und umarme Sie in Zuneigung und Freundschaft.*
*Ihre Ilse Doerry*

Die Frauenfreundschaften meiner Mutter bildeten eine Art Parallelwelt. In dieser Welt ging man nur freundlich, ja liebevoll miteinander um, ein leicht schwelgerischer Ton prägte die Briefe der Beteiligten. Man nahm Anteil an allen Empfindungen und Kümmernissen, unterstützte und half, bestätigte und bestärkte die jeweils andere.

In hartem Gegensatz zu dieser Kultur der Empfindsamkeit stand der Umgang meiner Mutter mit meinem Vater. Er, dem diese Fähigkeit zur empathischen Rede nicht gegeben war, wurde in diesen Jahren fast täglich zum Ziel verbaler Attacken. Ilses seltsame Streitlust irritierte nicht nur ihn, sondern auch ihre Kinder und sogar ihre Enkel. Ständig mussten neue, meist harmlose Anlässe für Beschimpfungen und Nörgeleien herhalten. Es gab Tage, an denen mein Vater nichts richtig machen konnte: Er aß zu viel, er schaute Fernsehen, er ging nicht mit ihr ins Konzert, er interessierte sich für Fußball, er hatte eine zu alte Hose an oder bei der letzten Wahl wieder FDP oder CDU gewählt – alles machte er falsch.

Ihr Mann verteidigte sich durchaus, heftige Wortgefechte waren die Folge, Streitereien, die meine Eltern auch vor den eigenen Kindern und Enkeln bedenkenlos austrugen, als ob sie sich von den übrigen Anwesenden bestätigen lassen wollten, dass das Recht auf ihrer oder seiner Seite war. Die Zeugen schwiegen meistens verstört.

Mein Vater erklärte sich ihre Aggressionen mit einem Mangel an Selbstbewusstsein. Er wusste, dass er selbst davon eher zu viel besaß, und spürte vielleicht auch, dass er ihr damit das Leben nicht leichter gemacht hatte. Das Minderwertigkeitsgefühl seiner Frau führte er auf ihre materielle Abhängigkeit von ihm zurück – woran er ja zumindest einen Teil der Schuld trug. In den neunziger Jahren setzte er auch aus diesem Grund seinen Kampf um die Villa des Patenonkels Josef in Halle fort. Meine Mutter, so sein Plan, sollte ihren Teil des Hauses endlich übernehmen und aus den Mieteinnahmen ein eigenes monatliches Einkommen erzielen.

Die Auseinandersetzung mit den bisherigen Eigentümern und diversen Ämtern dauerte mehrere Jahre. Auch die Jewish Claims Conference mischte sich ein, sie betrachtete die Immobilie als herrenloses Gut und stellte Ansprüche, die abgewendet werden mussten. Meine Mutter hatte schon nicht mehr an einen Erfolg geglaubt, als sie dann gegen Ende des Jahrzehnts dank der Beharrlichkeit meines Vaters tatsächlich noch zur Miteigentümerin der Villa wurde und jeden Monat eine nennenswerte Summe aus den Mieteinnahmen ausgezahlt bekam.

An ihrer Befindlichkeit, an ihren feindseligen Ausbrüchen gegen meinen Vater änderte seine Unterstützung wenig. In ihrem Umfeld sprach man von Unausgeglichenheit und Erschöpfung, und in der Tat meldete sich die Depression in unregelmäßigen Abständen zurück. Am 15. Januar 1999, auf der Feier zu ihrem 70. Geburtstag, ließ mein Vater in seiner Gratulationsrede erstmals anklingen, dass er die wahren Ursachen ihres Verhaltens zu kennen glaubte. Er erinnerte zunächst an seine Rede vor zehn Jahren:

*Ich habe damals hervorgehoben, dass du von dem Tage an, an dem man euch eure Mutter nahm, für deine Geschwister sorgend da gewesen bist. Deine Bereitschaft zur Hilfeleistung ist seitdem nicht geringer geworden. Du hast die Gabe des Zuhörenkönnens und die Fähigkeit, im Interesse des Gesprächspartners nur dann von dir selbst zu sprechen, wenn du damit dem anderen hilfst. Das ist nicht selbstverständlich. Du spielst dich nicht in den Vordergrund und willst nicht deine Umgebung »beherrschen«. Du nimmst dich – um es mit anderen Worten auszudrücken – immer zurück. Und dabei weiß ich, dass du, je älter du geworden bist – und insofern ist da eine Verschlechterung der vor zehn Jahren bestehenden Lage eingetreten –, um so schwerer an dem Trauma leidest, das man dir in deiner Kindheit zugefügt hat. Die Zeit heilt eben nicht immer alle Wunden.*

Meine Mutter hat nie einen Psychiater konsultiert, der auf die Behandlung solcher Traumata spezialisiert war. Und selbst wenn sie einen Experten dieser Art gekannt hätte: Die Scheu, sich in den Vordergrund zu spielen, die mein Vater beobachtet hatte, hätte sie wohl auch davon abgehalten, sich bei einer solchen Fachfrau oder einem solchen Fachmann psychologische Hilfe zu holen.

William G. Niederland, ein amerikanischer Psychiater mit deutschen Wurzeln, befragte nach dem Krieg viele Holocaust-Überlebende und prägte Ende der sechziger Jahre den Begriff des »Überlebenden-Syndroms« für eine Kette von Merkmalen, die diese Menschen kennzeichneten. Anders als die meisten seiner Kolleginnen und Kollegen war Niederland nicht der Überzeugung, dass psychische Störungen abklingen würden, sobald ihre Ursachen, zum Beispiel Stresssituationen, weggefallen seien. Mit anderen Worten: Die Traumata der Verfolgung und Ausgrenzung ließen sich nicht abschütteln.

Niederland benannte sechs »destruktive Faktoren« als Ursache für das »Überlebenden-Syndrom«. Mindestens drei davon trafen auf meine Mutter zu: Auch sie wuchs »in einer Atmosphäre der ständigen Bedrohung und eines immer näher rückenden Verhängnisses« auf; auch sie erfuhr in ihrer Kindheit eine »Verunsicherung aller mitmenschlichen Bezüge und Kontakte«; auch sie erlebte eine »Überflutung des geistigen Ich-Gefüges durch den unaufhörlichen Ansturm von öffentlichen und persönlichen Beschimpfungen, Verleumdungen und Anschuldigungen, ohne Möglichkeit einer Zufluchtnahme zum behördlichen Rechtsschutz«.

Aber was waren die Folgen dieser Erfahrungen? Niederland diagnostizierte ein »allgemeines Beschwerdebild der am Überlebenden-Syndrom leidenden Menschen«, das ebenfalls eine klare Übereinstimmung mit dem Verhalten meiner Mutter aufweist. Das gilt vor allem für das »Auftreten von Konzentrationsschwierigkeiten« und »nervöser Reizbarkeit«, für die »Neigung zu Jähzornesausbrüchen«, »emotionaler Unausgeglichenheit«, das Auftreten von »Gemütsschwankungen und Affektstörungen« sowie »Schlafstörungen«.

Streng genommen war meine Mutter keine Überlebende des Holocaust, sie war nicht versteckt oder in einem Konzentrationslager eingesperrt worden, also wurde sie von den Überlebenden auch nie als eine der Ihren angesehen. Aber sie zählte zweifellos zu den Opfern des Holocaust, sie war zur Zeugin der schließlich tödlichen Verfolgung ihrer Mutter geworden, sie hatte miterleben müssen, wie das Bollwerk, mit dem Eltern ihre Kinder im Normalfall vor der Außenwelt schützen, zusammenbrach, sie wurde auch selber verstoßen und musste am Ende des Krieges um ihr Leben fürchten.

Wie viele Überlebende des Holocaust litt meine Mutter unter Schuldgefühlen. Sie hatte nicht verhindern können, dass Lilli getötet wurde, sie durfte weiterleben, während viele Mitglieder ihrer Familie in den Lagern gequält und getötet worden waren. Nach dem Krieg jedoch musste sie mit den für das Terrorregime Verantwortlichen zusammenleben, mit Nachbarn, die ihre Mutter vielleicht denunziert hatten, mit Männern und Frauen, die überzeugte Nationalsozialisten gewesen waren. Auch deswegen konnte sich ihre Angst vor Ausgrenzung und Diskriminierung nie ganz auflösen.

Eine lebendige Gemeinschaft oder gar eine Organisation der als »Mischlinge« Diskriminierten gab es nicht. Gemeinsame Erinnerungsräume und Hilfsorganisationen existierten vor allem für jene, die Opfer des Holocaust gewesen und den Lagern entkommen waren. Meine Mutter teilte damit das Schicksal vieler Nachfahren von Holocaust-Opfern, die in jüdisch-christlichen Familien aufgewachsen waren. Sie blieben vereinzelt, ohne Verbindung zu ihren Leidensgenossen.

Psychologen und Mediziner vermuten, dass Überlebende ihre Traumata an die nächste und übernächste Generation weitergegeben haben, möglicherweise sogar genetisch. »Die Kinder des Holocaust«, schreibt die amerikanische Autorin

Helen Epstein in ihrem gleichnamigen Buch, seien als Folge ihrer Fixierung auf die Trauer um ihre Eltern mit der Erziehung ihrer eigenen Kinder häufig überfordert gewesen. Eine an sich normale Lebhaftigkeit der Kinder, zum Beispiel, wurde von ihnen als zusätzliche Belastung empfunden. »Dies hat zur Folge, dass die Kinder ängstlich werden und noch mehr Störungen verursachen.« Ich fürchte, Epsteins Beschreibung traf zumindest auf meine Schwester Beate und mich durchaus zu.

Meine Mutter hat die Bücher von William G. Niederland und Helen Epstein nicht gekannt. Wenn sie sie gelesen hätte, wäre sie darin auch ihrem eigenen Schicksal begegnet.

## *»Hier hilft nur Barmherzigkeit«*
## Ilse blickt zurück auf ihre Kindheit

Im Frühjahr 1999, wenige Wochen nach dem 70. Geburtstag meiner Mutter, trafen sich Lillis Töchter aus einem besonderen Anlass: Im Nachlass ihres Bruders Gerhard, der am 20. Oktober 1998 in Marburg gestorben war, hatte seine Witwe einige Schachteln und Umschläge mit etwa 250 alten Briefen gefunden. Jene Briefe, die Lillis Kinder während der Haftzeit in Breitenau an die Mutter geschrieben hatten – Briefe, an die sich die Schwestern zwar erinnern konnten, von deren Fortexistenz sie aber nichts wussten; ihr Bruder hatte nie von ihnen gesprochen.

Zum ersten Mal nach mehr als 50 Jahren schauten sich Lillis Töchter nun diese Dokumente an. Sie lasen einander daraus vor, manchmal lachten sie, manchmal weinten sie, wenn die Erinnerung sie übermannte. Naive Kinderbriefe, so dachten sie zunächst, nichts Besonderes. Sie legten das Konvolut zur Seite und versuchten, nicht mehr daran zu denken.

Aber so einfach war das jetzt nicht mehr. Zu viele Erinnerungen waren zuletzt geweckt worden, so auch bei einem Festakt in Immenhausen im selben Jahr. In Anwesenheit der vier Schwestern hatte die örtliche Grundschule den Namen »Lilli-Jahn-Schule« erhalten.

Wenig später erzählte mir meine Mutter erstmals von den Briefen. Am meisten bewegte sie die Tatsache, dass Gerhard ihr nie gesagt hatte, dass er im Besitz der Dokumente war. Sie empfand das als Vertrauensbruch, nicht wirklich schlimm, aber merkwürdig. Im Grunde wusste sie jedoch, dass Gerhard nur dieselbe Strategie befolgt hatte wie sie: vergessen und beschweigen, solange es irgendwie möglich ist.

Nun übernahm ich die Initiative: Ein Erinnerungsbuch sollte entstehen, mit Briefen von und an Lilli. Ihre Töchter waren zunächst nicht mit einer Veröffentlichung einverstanden, zu privat schien ihnen das ganze Thema. Meine Mutter lenkte als Erste ein und überzeugte schließlich ihre Schwestern, nicht zuletzt, um mir einen Gefallen zu tun.

Bald beteiligte sich die ganze Familie an der Suche nach weiteren Quellen, nach Fotos und Briefen aus dem Leben meiner Großmutter. Für die Geschwister waren diese Recherchen mitunter belastend. Meine Mutter, zum Beispiel, hatte Angst, dass genauere Informationen über den Tod ihrer Mutter auftauchen könnten. Aus dem letzten Brief aus Auschwitz hatte sie geschlossen, dass Lilli an einer Krankheit gestorben sei. Aber es ließ sich auch nicht ausschließen, dass sie in der Gaskammer ermordet worden war – eine unerträgliche Vorstellung für meine Mutter. Lieber wollte sie gar nichts wissen.

Zwei Jahre lang sprachen meine Mutter und ich in unseren sonntäglichen Telefonaten fast nur noch über Lillis Schicksal. So holten wir nach, was wir jahrzehntelang versäumt hatten. Einerseits schien meine Mutter erleichtert zu sein, dass endlich all das, was ihr ohnehin ständig präsent war, nun auch ausgesprochen wurde. Andererseits weckten diese Gespräche auch schmerzhafte Empfindungen. »Weißt Du, sich erinnern zu müssen, ist nicht leicht, solltest Du aber noch mehr wissen wollen, so lass es mich wissen«, schrieb sie mir in einem Brief am 22. Juni 2000.

Von ihren Freundinnen wurde das Buchprojekt zunächst mit Skepsis aufgenommen. Man registrierte wieder ihre depressiven Stimmungen und brachte sie mit der Erinnerungsarbeit in Zusammenhang. »Ich glaube schon, dass da so eine gewisse erneute Traumatisierung stattgefunden hat«, sagt heute ihre Freundin Ina. »Natürlich wächst eine Haut über eine Wunde. Aber vieles kam wieder hoch, was sie mühsam unterdrückt hatte.« Zudem belastete sie der Tod Lottes im August desselben Jahres. Nun war auch Lillis letzte Freundin gegangen. Meine Mutter ließ ein Blumengesteck auf das Grab legen, die Schleife in den israelischen Nationalfarben Blau und Weiß, mit der Aufschrift: »Shalom. In Liebe Ilse, Johanna, Eva, Dorothea«.

Selbst nach Erscheinen des Buches *»Mein verwundetes Herz«* im August 2002 blieb es bei einer gemischten Bilanz: Das starke öffentliche Echo – Rezensionen, TV- und Radio-Berichte, eine hohe Auflage, Übersetzungen in viele Sprachen – schien jene zu bestätigen, die für eine Veröffentlichung von Lillis Lebensgeschichte plädiert hatten. Man müsse »kein Prophet« sein, schrieb Volker Ullrich in der *Zeit,* um vorauszusagen, dass dieses Buch »in der Literatur über den Holocaust künftig einen bedeutenden Platz einnehmen wird«. Besonders beeindruckt zeigte sich Ullrich von den Briefen meiner Mutter an die inhaftierte Lilli: »Erstaunlich, wie sicher vor allem Ilse den Ton trifft, wie sie es versteht, durch Andeutungen und Verschlüsselungen die Zensur zu umgehen.«

Meine Mutter freute sich über den Erfolg – und doch empfand sie die Zurschaustellung so privater Details auch als Enteignung ihrer persönlichen Geschichte. Ihren Schwestern erging es nicht anders. Und als eine britische Boulevardzeitung eine Doppelseite mit großen Fotos von Lilli und Adolf Hitler illustrierte, verlangte Eva empört, die Werbung für die englische Ausgabe des Buches sofort zu stoppen.

In Deutschland veröffentlichten fast alle größeren Zeitungen und Magazine Besprechungen. Als besonders bewegend empfand meine Mutter die Rezension der Auschwitz-Überlebenden Cordelia Edvardson in der *Welt.* Anders als meine Mutter es im Gespräch mit Ruth Klüger erlebt hatte, zeigte hier eine Leidensgenossin von Lilli tiefe Empathie. Meine Mutter besorgte sich ihre Adresse und schrieb ihr am 8. August 2002:

*Liebe Frau Edvardson,*
*zu Beginn meiner Zeilen möchte ich Ihnen sagen, dass ich Lilli Jahns älteste Tochter, Ilse, bin.*
*Soeben habe ich unter Tränen Ihre einfühlsame, ausführliche Besprechung der Biografie meiner Mutter gelesen. Sie haben sich mit hoher Intensität in Lilli hineinversetzt.*
*Für diese beeindruckende Würdigung danke ich Ihnen von ganzem Herzen. Sie haben unserer Mutter ein Denkmal gesetzt! Ich bin normalerweise einmal im Jahr in Jerusalem. Unsere Tochter Beate (Simcha) lebt dort in einer ultraorthodoxen Gemeinschaft. Sobald die politische Situation ruhiger geworden ist, komme ich wieder.*
*Ob wir uns dann einmal persönlich kennen lernen können? Sollten Sie mir antworten wollen, können Sie mir auf Englisch schreiben. Mit guten Wünschen für Ihr Wohlergehen*
*grüße ich Sie herzlich.*

Cordelia Edvardson antwortete umgehend, ein freundschaftlicher Briefwechsel begann. Die Gelegenheit zum Kennenlernen ergab sich früher als gedacht. Der damalige *FAZ*-Herausgeber Frank Schirrmacher sowie die Redakteurinnen Eva Menasse und Felicitas von Lovenberg luden Cordelia Edvardson und meine Mutter zu einem Interview in ihre Redaktion. Ein Thema stand dabei im Mittelpunkt, das von nun an viele Gespräche über das Buch beherrschte: die Rolle von Ernst, seine Verantwortung für Lillis Schicksal. Cordelia

Edvardson verurteilte sein Verhalten entschieden und sprach ihm eine Mitschuld an Lillis Tod zu. Und so antwortete meine Mutter:

*Man kann seine Schuld nicht wegreden, das will keiner von uns. Aber mit der Zeit haben wir alle versucht zu begreifen, was ihn dazu gebracht hat, so zu handeln. Natürlich war es eine persönliche Entscheidung von ihm zu Ungunsten meiner Mutter, und darin liegt seine Schuld, wenn man dieses harte Wort einmal benutzt. Aber er hat die Jahre, die ihm noch blieben nach dem Tod meiner Mutter, als gebrochener Mann zugebracht. Vor wenigen Tagen habe ich seinen letzten Brief an uns gefunden. Er schreibt: »Ihr habt mich so grenzenlos in unverdienter Weise verwöhnt.« So war auch sein Gesamtverhalten. Insofern ist es mir und meinen Schwestern heute nicht mehr möglich, den Vater zu verurteilen. Wir erkennen die Schuld, aber wir haben doch gelernt oder uns dazu durchgerungen, Barmherzigkeit gelten zu lassen. Es ist ein großes Wort, das ist mir wohl bekannt. Aber in diesem Fall hilft nur Barmherzigkeit mit einem Menschen, der einmal eine Fehlentscheidung getroffen hat.*

Auf die Nachfrage der *FAZ*-Redakteurinnen, ob sie denn nach dem Krieg ihren Vater zur Rede gestellt habe, sagte sie:

*Das haben wir alle fünf nicht getan. Das kann ich heute nicht erklären, aber es war so. Als der Vater aus der Kriegsgefangenschaft zurückkehrte, kam er zu uns und sagte: »Was zwischen Mutti und mir war, könnt ihr nicht verstehen.« Das ist der einzige Satz, der je aus seinem*

*Mund gefallen ist. Was hätten wir ihn auch fragen sollen? Er hatte die Mutter im Stich gelassen … Es war die Zeit des absoluten Schweigens. Wir haben das Thema nie besprochen. Es blieb ganz tief in uns drin.*

Anfang 2003 erreichten erste Anfragen meine Mutter, ob sie sich in der Lage sehe, öffentlich aus dem Buch über Lilli vorzulesen. Sie sagte sofort zu. Von nun an wurde die Erinnerung an Lilli für sie zu einer Mission. Sie las in evangelischen Gemeinden und in Rathäusern, in Synagogen und Bibliotheken. In den anschließenden Gesprächen antwortete sie stets offen auf alle Fragen des Publikums. Wenn sie Ernsts Verhalten erklären sollte, sagte sie oft, er sei ein »Feigling« gewesen. Aber nicht selten korrigierte sie sich auch gleich wieder und warnte davor, den Druck, den die Nationalsozialisten auf ihn ausgeübt hätten, zu unterschätzen.

Bei einzelnen Lesungen ließ sich meine Mutter von Schauspielerinnen oder Freundinnen begleiten. Man las dann mit verteilten Rollen, sie selbst übernahm entweder Lillis Briefe oder, häufiger, die ihrer Kinder und damit auch ihre eigenen. Anfang 2004 reiste sie zu einer Lesung nach Pforzheim. Anschließend berichtete eine lokale Zeitung:

*Sie saß da hinter dem Tischchen auf dem Podium des überfüllten Raumes in der Pforzheimer Stadtbibliothek, kluge Augen hinter der modern-unauffälligen Brille, gab Auskunft mit sachlichem Ton, routiniert fast, und nur manchmal schien die Festigkeit der Stimme zu brechen. Die Tochter Lilli Jahns beherrscht sich bei ihrem Vortrag, kein sentimentaler Zungenschlag färbt die anschauliche Schilderung der Zeitzeugin. Nur dann und wann ein tiefes Atemholen und ein kurzes Verstummen nach dem*

*Vorlesen eines der Briefe lässt ahnen, welche Kraft diese Begegnung mit dem mörderischen Schauder der Vergangenheit kostet.*

Doch meine Mutter wahrte nur äußerlich die Fassung. »Bedenken Sie bitte, dass das Lesen der Briefe mich emotional stark bewegt«, schrieb sie der Organisatorin einer Lesung, »eine mehrfache Unterbrechung«, etwa für Musikeinlagen, würde sie unnötig »irritieren«. Allenfalls am Anfang und am Ende des Abends könne etwas gespielt werden. Viele Veranstalter schlugen für diesen Anlass Klezmer-Musik vor, was meine Mutter aber strikt ablehnte. Mit »jüdischer Folklore«, so erklärte sie, habe Lilli nichts im Sinn gehabt. Wenn es denn sein müsse, könne man gerne etwas von Schubert oder Beethoven spielen.

Ihre öffentlichen Auftritte absolvierte sie mit einer alle Beteiligten überraschenden Professionalität. Nie schien sie verunsichert oder gar ängstlich, wenn sie vor einem größeren Publikum sprach. Bei einer Buchvorstellung in Madrid meldete sich nach der Lesung eine junge Zuhörerin zu Wort und setzte die Judenverfolgung der Nationalsozialisten mit der Politik Israels gegenüber den Palästinensern gleich. Meine Mutter dachte nicht eine Sekunde daran, diese Bemerkung unkommentiert zu lassen. In Israel gebe es weder Konzentrationslager noch Gaskammern, erwiderte sie, ebenso freundlich wie bestimmt, der Vergleich sei völlig unpassend.

Wenn sie bei Lesungen hingegen auf antisemitische Anschläge oder die Schändung jüdischer Friedhöfe angesprochen wurde, erkannte sie darin durchaus eine Parallele zur Vergangenheit. Auch die Naziherrschaft habe mit kleinen Übergriffen gegen die jüdische Minderheit angefangen, sagte sie. Das Hauptproblem damals sei die Gleichgültigkeit der übrigen

Zeitgenossen gewesen. Auch deswegen bat sie die Zuhörerinnen und Zuhörer, niemals unempfindlich zu werden gegenüber dem Schicksal von Außenseitern. Solche Appelle waren Teil ihrer Mission.

Das öffentliche Interesse an Lillis Schicksal hatte das Leben meiner Mutter verändert. Ihre Freundin Ina beschrieb diesen Prozess in einer Rede zum 75. Geburtstag ihrer »lieben Ilse«:

*Vor etwa 20 Jahren sind wir uns das erste Mal begegnet – und du hast mich sofort beeindruckt. Zunächst durch deine große Belesenheit, deine fundierten Musikkenntnisse, dein waches Interesse am Zeitgeschehen, aber vor allem auch durch deine freundlich-gelassene Klarheit.*

*Erst bei weiteren Begegnungen habe ich das Glück gehabt zu spüren, dass das nur eine Seite deiner Persönlichkeit ist … Bald erfuhr ich zu meiner Erschütterung, dass du, diese so stark und sicher wirkende und fest im Leben verankerte Frau, schon in ganz jungen Jahren Schlimmstes erleben und Unsägliches durchleiden musstest und es durchlebt und wunderbarerweise überlebt hast und auch deinen Schwestern ermöglicht hast zu überleben.*

*Marie von Ebner-Eschenbach hat gesagt: »Wir werden vom Schicksal hart oder weich geklopft. Es kommt auf das Material an.« Welch besonderes Material nun muss es sein, liebe Ilse, das dich nicht hat hart werden lassen!*

*Ein Material, das dir von deinen Eltern mitgegeben wurde – ich schreibe bewusst »von deinen Eltern«! – und das du an deine Kinder weitergeben konntest. Ich darf aber vielleicht vermuten, dass dieses »Material« in deinen ersten Lebensjahren in erster Linie und in besonderer Weise von deiner Mutter »bearbeitet« worden ist. Sie hat,*

*so entnehme ich ihren Briefen und deinen eigenen Erzählungen, ihre große Liebesfähigkeit und ihre überragende menschliche Kraft und Wärme auf dich übertragen und dich damit stark gemacht für die unglaubliche Aufgabe, die auf dich wartete und die du so vorbildlich und bewundernswert gemeistert hast. Dass du so erstaunt und bescheiden auf die Frage, wie man überhaupt so etwas als 13-, 14-, 15-Jährige schaffen könne, antwortest: »Aber ich konnte doch gar nicht anders. Es waren doch meine Schwestern«, macht diese Leistung in meinen Augen nur noch größer.*
*Und nun hast du nach vielen Jahren des Schweigens, des Vergessenwollens, des Heilungsuchens dieses Schweigen gebrochen und dich mit der Geschichte deiner Familie an die Öffentlichkeit gewagt. Und auch das ist wieder aus Liebe geschehen; aus Liebe zu deiner Mutter, gewiss, aber jetzt besonders aus Liebe zu deinem Sohn, um ihn bei seiner Arbeit zu unterstützen. Aber auch er hat, so glaube ich, sein Buch nicht nur geschrieben, weil es für viele Menschen, für uns alle wichtig ist, solche Geschichten zu hören … nein, dein Sohn hat sein Buch auch aus Liebe zu dir initiiert und vollendet, vielleicht auch, um dich vorsichtig anzustoßen, durch die intensive Beschäftigung mit diesen traumatischen Erlebnissen, in deine innere Erstarrung ein wenig Bewegung, Lockerung, Aufweichung, neue Gedanken und Perspektiven zu bringen …*

In diesen Jahren erfuhr meine Mutter so viel Anerkennung für ihre Lebensleistung wie nie zuvor. Kurz nach ihrem 75. Geburtstag erhielt sie die Staufer-Medaille des Landes Baden-Württemberg, Fernsehsender baten um Interviews. Sie erhielt

Hunderte Dankesbriefe ihr unbekannter Leser und Leserinnen. Sie wurde zu Talkshows eingeladen – sagte aber immer ab, weil sie Lillis Geschichte nicht im Kontext anderer, womöglich banaler Beiträge präsentiert sehen wollte.

Auch Angebote, Lillis Schicksal zum Gegenstand eines Spielfilms zu machen, nahm sie nicht an. Bei dieser Geschichte sollte nichts dazuerfunden oder gar verfälscht werden, Authentizität war ihr wichtig. Vielleicht waren es am Ende eher nostalgische Gefühle, die sie dazu bewogen, schließlich einem Filmteam der BBC doch die Genehmigung zu einem Dokumentarfilm über Lilli zu geben. Meine Mutter und ich begleiteten die Fernsehleute zu den Originalschauplätzen in Immenhausen, Kassel und Breitenau. Einen Besuch in der Gedenkstätte Auschwitz-Birkenau verweigerte sie. Diese Reise musste ich allein antreten, sie hätte meine Mutter zu sehr belastet. Kurz vor meinem Flug nach Krakau erhielt ich diesen Brief von ihr, geschrieben am 28. Januar 2004:

*Mein lieber Martin,*
*am kommenden Samstag wirst Du einen schweren Weg gehen. Meine liebevollen Gedanken werden Dich begleiten. Auf diesem Stück Erde hat Deine Großmutter ihre letzten Schritte in ihrem Leben getan.*
*Für Dich wird der Besuch von Auschwitz der Schlussstein Deiner Erinnerungsarbeit sein. Es ist Dir mit dem Buch gelungen, meiner Mutter wieder ein »Gesicht« zu geben. Denke auch daran, wenn Du durch das Lager gehst, dass ich Dir sehr dankbar dafür bin. Du und ich, wir wollen beide gemeinsam an ihr Leben erinnern.*
*Ich grüße Dich und wünsche Dir ein starkes Herz,*
*Deine Mama*

Und auf der Rückseite hatte sie notiert:

*Hüte und bewahre deine Seele gut, dass du die Geschichte nicht vergisst, die deine Augen gesehen haben, und dass sie nicht aus dem Herzen komme dein Leben lang, und tu es deinen Kindern kund.*
*5. Moses, 4,9*

Am Rande einer Lesung in Manchester zeigte ihr der BBC-Redakteur Roger Childs erstmals den fertigen Film *A Letter to Lilli*. Meine Mutter war einerseits beeindruckt von der Qualität der 50 Minuten langen Dokumentation, andererseits aber auch unzufrieden. Sie sah sich sogar ein wenig getäuscht, denn der BBC-Kollege hatte ihr vorher nicht klargemacht, dass er auch Schauspielerinnen für den Film verpflichtet hatte. Sie verließ den Vorführraum am Ende etwas verstört. Erst ein paar Tage später, am 8. Februar 2004, erklärte sie Roger ihre zurückhaltende Reaktion:

*Da ich nicht wusste, dass Du eine Schauspielerin gebeten hattest, die Rolle meiner Mutter zu übernehmen, war ich nicht nur überrascht, sondern auch – sorry, dass ich das jetzt sage – ein wenig schockiert. Sicherlich wirst Du verstehen, dass so etwas ganz anders auf eine Tochter wirkt, die sich sehr gut an die äußere Erscheinung ihrer Mutter erinnert, als auf einen Fremden. Ich verstehe schon, dass Du glaubst, dass so etwas viel eindrucksvoller ist als nur das Vorlesen von Briefen. Vielleicht hat Dir Martin erzählt, dass meine Schwestern und ich selbst bekannten Produzenten nicht erlaubt haben, einen Spielfilm zu machen. Nichtsdestotrotz wünsche ich Dir viele, viele Zuschauer für Deine Dokumentation.*

In den Interviews mit dem BBC-Filmteam sah ich sie zum ersten Mal in ein Fernsehmikrofon sprechen. Sie tat das – so wie später immer wieder – mit großer Gelassenheit, als hätte sie nie etwas anderes gemacht. Im Februar 2005, nach dem Erscheinen der hebräischen Ausgabe des Buches, war sie zusammen mit mir zu einem Live-Interview in der Nachrichtensendung eines israelischen TV-Senders eingeladen. Man gab uns drei Minuten Zeit, um mit dem Moderator über Lillis Geschichte zu sprechen. Ganz selbstverständlich übernahm sie diese Aufgabe, in perfektem Englisch, während ich staunend danebensaß. Offenbar empfand sie das öffentliche Interesse an ihrer Geschichte auch als Genugtuung nach der Ausgrenzung und Stigmatisierung in ihren frühen Jahren.

Am selben Tag hatte bereits die Präsentation des Buches auf der Buchmesse in Jerusalem stattgefunden. Neben meiner Mutter und mir war noch ein guter Freund meiner Eltern zu dem Podiumsgespräch eingeladen worden, Tommy Lapid, früher israelischer Justizminister und nun der letzte Holocaust-Überlebende in der Knesset. Die Eltern hatten Tommy und dessen Frau Shulamit im Urlaub in der Schweiz kennengelernt. Die Lapids fuhren ebenso wie meine Eltern seit Ende der neunziger Jahre jeweils im August in dasselbe Hotel in Sils Baselgia. Hier, in dieser Zauberberg-Atmosphäre, fühlten sich meine Eltern wohl, meine Mutter wegen des bildungsbürgerlichen Ambientes und der Naturschönheiten, mein Vater wegen des guten Essens und der Ruhe. Er war es, der eines Tages Shulamit Lapid angesprochen hatte, weil er ihre Kriminalromane kannte und schätzte; schon bald verband die beiden Paare eine enge Freundschaft.

Und natürlich erzählte meine Mutter Tommy Lapid vom Schicksal ihrer Mutter. Immer häufiger ging sie mit dieser Geschichte nun ganz offen um. Israel wurde zu einem stetig näher rückenden Fixpunkt in ihrem Leben, nicht nur wegen Beate. Wenn jemand jüdische Wurzeln hatte, dann sagte sie gern: »Na, das ist doch auch einer von unsere Leut« – eine Formel, mit der sie den Anschein erweckte, dass sie ebenfalls dazugehörte. Nach ihrer Rückkehr aus Jerusalem schrieb sie in einer E-Mail an meine Frau Inge, dass »unser Aufenthalt in Israel für mich wie ein spätes Ankommen war«. Sie sei »so glücklich« gewesen, mit ihrem Sohn »zusammen im Land meiner Vorfahren gewesen zu sein«.

Diese Jahre waren gute Jahre für meine Mutter. Ihr Bekanntenkreis erweiterte sich noch einmal um einige Freunde aus Jerusalem, Haifa und Tel Aviv, die auch mitunter nach Spielberg kamen. Sie führte damals Tagebuch über die Esseneinladungen in ihrem Haus. Wenn sie nicht gerade wieder auf Reisen war, lud sie mindestens einmal pro Woche Freunde und Bekannte ein und bekochte sie, mein Vater war dabei eher Gast als Gastgeber. Doch er genoss diese Veränderungen mindestens so sehr wie seine Frau. Jahrzehntelang hatte er im Mittelpunkt gestanden, nun fiel diese Rolle plötzlich meiner Mutter zu, ja sie besaß dank ihrer öffentlichen Auftritte eine Prominenz, die er in seinem langen Berufsleben, trotz seiner Erfolge, nie erlangt hatte.

Für die Beziehung meiner Eltern hatte diese Umkehrung der Verhältnisse eine segensreiche Wirkung. Meine Mutter stellte ihre Angriffe weitgehend ein, mein Vater zeigte und sagte ihr immer wieder, wie stolz er auf sie sei. Die Konflikte, die ständigen Streitereien legten sich allmählich.

## *»Eine tapfere, tüchtige Frau«*
## Die letzten Lebensjahre

Im Mai 2005 brach meine Mutter noch einmal zu einer Bildungsreise auf, diesmal nach Budapest. Begleitet wurde sie nicht von einer Freundin, sondern von meinem Vater. Wieder bestückte sie nach ihrer Rückkehr das Fotoalbum mit Eintrittskarten und Restaurantquittungen, so wie sie es schon nach ihrer ersten gemeinsamen Woche 1952 in Hamburg gemacht hatte. Gleich zu Beginn der Fotostrecke findet sich ein Bild der großen Budapester Synagoge, daneben ein Foto des Holocaust-Memorials.

Ein paar Tage nach ihrer Rückkehr erreichte sie ein Anruf meiner Schwester Beate, die ihr mitteilte, dass Shimon das Licht der Welt erblickt hatte, das erste Kind ihrer ältesten Tochter Miriam. Stolz berichtete meine Mutter ihren Freundinnen und Freunden, dass sie nun auch Urgroßmutter geworden sei. Beates Familie wuchs in rascher Folge. Als meine Mutter starb, gab es bereits 15 Urenkel in Israel. Anfangs hatte sie sich die Namen der Kinder noch merken können, doch irgendwann fertigte sie eine Ahnentafel an, um die Übersicht zu behalten.

Nach Israel flog sie nun nicht mehr. Eine Krankheit nach der anderen machte alle größeren Reisepläne zunichte. Erst war es eine fehlerhaft durchgeführte Magenspiegelung, dann kam eine Trigeminus-Neuralgie mit starken Gesichts- und Kopfschmerzen hinzu. Schließlich wurde das Gehen und Treppensteigen für sie so schmerzhaft, dass man ihr im Frühsommer 2005 rechts ein neues Hüftgelenk einsetzen musste.

Trotz allem fuhr mein Vater mit ihr im August desselben Jahres wieder nach Sils. »Wir haben zwei kurze Spaziergänge gemacht, zu mehr reicht es bei mir noch nicht«, schrieb sie am 8. August ihrer Freundin Doris in Spielberg. Und sie fügte hinzu: »Das anhaltende Kranksein macht sich negativ bemerkbar.« Mit anderen Worten, die Depression kehrte zurück.

Nach ihrer Rückkehr verließ sie monatelang kaum noch das Haus. Der Laptop, dessen sie sich seit einigen Jahren bedient hatte, um mit ihren Kindern und Enkelkindern in Verbindung zu bleiben, stand ungenutzt in ihrem Zimmer. Erst am 17. Februar 2006 meldete sie sich bei ihrer Schwiegertochter Inge in Hamburg wieder mit einer Mail. »Zum Schluss«, so schrieb sie, »will ich euch von einer kleinen Sensation berichten: Ich bin heute nach fünf Monaten das erste Mal Auto gefahren.« Ja, es gehe ihr »wesentlich besser«, berichtete sie eine Woche später, fügte jedoch einschränkend hinzu, dass die »Gleichgewichtsstörungen wieder etwas zugenommen« hätten.

Noch blieb der Auslöser dieser Gleichgewichtsstörungen unklar. Doch die Symptome wurden immer deutlicher. Eines Tages beobachtete mein Vater, wie sie beim Blumenschneiden im Garten einfach nach hinten ins Beet fiel. Sie stand sofort wieder auf, konnte sich den Sturz später aber nicht erklären.

Ihre körperliche Unsicherheit ging mit einer wieder stärker auftretenden inneren Verunsicherung einher. Besonders belastete sie ein ganzseitiger Aufsatz des Politologen Konrad Löw in der *Frankfurter Allgemeinen Zeitung* vom 1. März 2007, in dem er behauptete, die Deutschen hätten die Verfolgung der Juden durch die Nationalsozialisten in Wahrheit mehrheitlich missbilligt. Zum Beweis seiner abenteuerlichen These übernahm Löw längere Passagen aus der Biografie Lilli Jahns. Er nannte sogar Lillis Namen im Zusammenhang mit der Behauptung, dass viele Nichtjuden sich mit ihren verfolgten

Mitbürgerinnen und Mitbürgern im »Dritten Reich« solidarisiert hätten. Löws Argumentation enthielt viele Fehler und böswillige Unterstellungen – und ihr Ziel war eindeutig: Die Deutschen sollten als Opfer der Nationalsozialisten dargestellt und so reingewaschen werden.

Meine Mutter empfand den Text als persönlichen Übergriff. Verzweifelt rief sie ihre Schwester Johanna an. Sollte man sich zur Wehr setzen? Sollte man hoffen, dass der Unsinn schnell vergessen sein würde? Am Ende war es mein Vater, der entschieden für einen Leserbrief plädierte, der dann am 17. März 2007 in der *FAZ* auch abgedruckt wurde. Unterzeichnet war er von Johanna und meiner Mutter. Hier ein Auszug:

*Wir, Lillis Töchter, haben das Geschehen in den dreißiger und vierziger Jahren, das unserer Mutter widerfuhr, bewusst miterlebt. Unvergesslich ist uns, wie sie unendlich unter mitleidloser Ausgrenzung, Isolierung und Diffamierung gelitten hat, bevor sie von der Gestapo verhaftet wurde, um schließlich in Auschwitz ermordet zu werden. Auch können wir mit Sicherheit sagen, dass es im unmittelbaren Umfeld keinerlei Anzeichen von Anteilnahme, Bestürzung oder gar Scham gab …*
*Die unverantwortlich selektive Wahrnehmung von Löw steht unseres Erachtens im Widerspruch zur ernst zu nehmenden deutschen und internationalen Geschichtsforschung. Wir können es nicht fassen, dass Löw gegenwärtig ohne Skrupel behauptet, ein Großteil der Deutschen hätte ebenso unter dem Antisemitismus gelitten. Wenn es doch so gewesen wäre. Nicht nur unsere Erfahrung, sondern die von zahllosen zeitgenössischen Juden spricht dagegen.*

Auch Johanna hatte sich inzwischen das Erinnern an Lilli zu ihrer Aufgabe gemacht. Jedes Jahr an Lillis Geburtstag besuchte sie die Immenhäuser Lilli-Jahn-Schule, um den Kindern vom Schicksal der Mutter zu erzählen. Öffentliche Auftritte mied sie sonst; nur im Ausnahmefall, etwa auf der Frankfurter Buchmesse, gab sie Interviews. Lieber überließ sie solche Aufgaben der großen Schwester. Das Rollenverhältnis, so wie es sich 1943 nach Lillis Verhaftung ergeben hatte, blieb bis zu Johannas Tod im Juli 2013 bestehen.

Erinnerungen an ihre Kinder- und Jugendjahre beherrschten nun mehr und mehr das Leben meiner Mutter. Am 10. August 2007 schrieb sie mir aus Sils:

*Lieber Martin,*
*immer wieder wandere ich durch die herrlichen Wälder. Hin und wieder ruhe ich mich auf einem Stein oder direkt auf dem Waldboden aus und höre dem Rauschen der Bäume und dem Geplätscher kleiner Bäche und Wasserfälle zu. Meine Gedanken schweifen umher. Dabei fällt mir ein Foto meiner Mutter ein, wie sie auch im Wald sitzt, ein Buch neben sich. Ich versuche, mich an ihr Lachen, ihre Stimme zu erinnern. Es gelingt mir leider nicht, den Klang ihrer Stimme zu hören. Ihr waren bestimmt auch glückliche Stunden gegeben, so, wenn sie zum Beispiel Klavier gespielt hat. Während der letzten Tage habe ich die Audioaufnahme Deines Buches gehört. Wie trostlos und verlassen ist sie gewesen in den letzten Monaten ihres Lebens. Die Sehnsucht nach ihren Kindern muss unbeschreiblich gewesen sein. Beim Anhören war ich tief bewegt und traurig. Mir wurde dabei wieder bewusst, wie froh und glücklich ich bin, dass es Euch, meine Kinder, gibt. Ihr alle beschenkt mich.*

*Als ich die Aufnahme zu Ende gehört hatte, habe ich still hier gesessen und das Requiem von Fauré gehört. Später am Abend Nocturnes von Chopin. Damit wurde ich getröstet.*
*Das alles musste ich Dir schreiben.*
*Ich umarme Dich liebevoll,*
*Deine Mama*

Zu ihrem 80. Geburtstag im Januar 2009 fand noch einmal ein Empfang im Kreise von Angehörigen und Freunden statt. Mein Vater hielt eine liebevolle Rede und benannte die Verdienste meiner Mutter um die Familie und um die Erinnerung an Lilli. Auf den Fotos dieser Feier machen sich schon erste Veränderungen in ihrem Äußeren bemerkbar. Ihr Gesicht wirkt aufgedunsen, wahrscheinlich durch die Medikamente.

Auch ihre Briefe veränderten sich. Ihre Handschrift verlor die schöne Ebenmäßigkeit, wurde zittrig, meine Mutter machte nun viele Rechtschreibfehler, manche Formulierung missglückte, die Adressaten wunderten sich, schwiegen aber aus Höflichkeit. Ihre E-Mails enthielten eine zunehmende Menge an Schreibfehlern.

Den nächsten – und letzten – Sils-Besuch im August 2010 verbrachte sie vor allem in ihrem Hotelzimmer, lesend oder nur auf dem Bett liegend. Wanderungen waren zu beschwerlich geworden. Im Oktober fuhren meine Mutter und mein Vater noch einmal nach Halle, um dort an der Verlegung von Stolpersteinen für ihren Patenonkel Josef Schloß, dessen Schwester Marie und Josefs Schwägerinnen Gretchen und Eva teilzunehmen. Am 29. Oktober las sie im Stadtmuseum in Halle zum letzten Mal öffentlich aus dem Buch über ihre Mutter. Mehr als fünfzig Lesungen hatte sie bis dahin absolviert. Weitere Anfragen lehnte sie nun ab.

Im Frühjahr 2011 stolperte sie über eine Teppichkante, fiel hin und brach sich einen Brustwirbel. Starke Rückenschmerzen waren die Folge, sie konnte kaum noch gehen. Die für den Spätsommer 2011 geplante Sils-Reise musste abgesagt werden. Bei zwei Operationen, Ende August und im November, wurde ihre Wirbelsäule mit Titanplättchen verstärkt. Der Erfolg blieb gering, die Schmerzen ließen nur langsam nach.

Im Frühjahr 2012 begleitete ich sie noch zweimal in die Karlsruher Oper. Da meine Mutter keine Treppen überwinden konnte, besorgte ich Karten für Plätze am Rand des Parketts, die ebenerdig mit dem Rollator erreichbar waren. Dennoch setzte sie sich in der Pause erschöpft auf eine Bank, zu einem Gespräch über das Gesehene und Gehörte war sie nicht mehr in der Lage. Auch daheim hörte sie nun keine CDs oder Schallplatten mehr. Offenbar konnte ihr Gehirn Musik nicht mehr verstehen oder verarbeiten.

Für das Jahr 2012 finden sich in ihrem Lektüretagebuch nur noch zwei Titel. Das letzte Buch, das meine Mutter las, war Theodor Fontanes Frauenroman *Mathilde Möhring*, von ihr ausgezeichnet mit drei Sternchen. Dazu kritzelte sie in wackeliger Handschrift noch einen Satz zum Inhalt: »Tapfere, tüchtige junge Frau; setzt sich trotz widriger Umstände durch und wird später Lehrerin, Mitte, Ende 19. Jahrhundert.«

Aber warum baute meine Mutter so stark ab? Warum wurde sie von Monat zu Monat apathischer und unbeweglicher? Vieles spricht dafür, dass sie eine sogenannte Multiinfarktdemenz hatte, eine Folge vieler kleiner Schlaganfälle, deswegen die Gleichgewichtsstörungen und Stürze.

Sie brauchte nun rund um die Uhr fremde Hilfe zur Bewältigung des Alltags. Sie nahm an Gewicht deutlich zu und konnte nur noch mit Unterstützung und sehr langsam gehen. Gesichtsausdruck und Mimik schienen fast gänzlich erstarrt.

Zu einem Gespräch war sie nicht mehr fähig. Die Augen schienen bitter, ja böse auf alles zu blicken, was um sie herum geschah. Ihr Anblick war erschreckend.

Täglich nötigte sie mein Vater zu einem kurzen Spaziergang, sie schob den Rollator, er nahm seinen Spazierstock, ohne den auch er nicht mehr sicher gehen konnte. Eines Tages weigerte sie sich ganz, das Haus zu verlassen.

Wenn ich sie in Spielberg besuchte, lächelte sie mich kurz an, meinen Namen nannte sie nicht mehr, aber sie konnte noch zeigen, dass sie sich über meine Anwesenheit freute. Unsere Gespräche beschränkten sich auf den Austausch weniger Worte und Begriffe. Ich stellte möglichst nur solche Fragen, die sie mit Ja oder Nein beantworten konnte, alles Komplziertere bedeutete Stress für sie.

Alzheimer-Patienten können durchaus gesprächig sein, auch wenn sie in ihrer ganz eigenen Welt leben und Dinge sagen, die die Menschen in ihrer Umgebung für unverständlich oder unsinnig halten. Meine Mutter war nicht verwirrt, nie sagte sie etwas Abwegiges oder Falsches, sie sagte einfach gar nichts mehr.

Stundenlang lag sie auf ihrem Bett und starrte die Decke an. In unregelmäßigen Intervallen, manchmal im Abstand weniger Minuten, rief sie dann »Jürgen«, auch nachts, immer wieder »Jürgen, Jürgen«. Und mein Vater musste zu ihr kommen, egal ob er mit irgendetwas beschäftigt war oder geschlafen hatte. Seine Erinnerung:

*Sie hat fast bis zum Schluss nach mir gerufen. Dass sie mich gerufen hat, hatte nur den Grund, dass sie wollte, dass ich da bin. Ich hatte immer alle Türen aufgelassen, damit ich sie hörte. Ich habe sie angefleht, dass sie mich schlafen lassen sollte, ich brauchte meinen Schlaf, aber sie*

*verstand das gar nicht. Manchmal habe ich Tränen in ihren Augen gesehen, da habe ich gewusst, dass sie leidet. Ob sie Schmerzen hatte, weiß ich nicht. Die Sozialstation schickte zuletzt immer zwei Helferinnen, die sie abends bettfertig machten.*
*Wenn ich bei ihr war, sollte ich immer nur reden oder singen. Sie wollte meine Stimme hören, es war völlig egal, was ich sagte. Ich habe ihr stundenlang alte Lieder vorgesungen. »Ein junges Volk steht auf, zum Sturm bereit.« »Ein harter Winter ist, wenn ein Wolf den anderen frisst.« Ich konnte singen, was ich wollte, Hauptsache, ich sang.*

Auch mein Vater wurde bis zuletzt von den Dämonen seiner Jugend verfolgt. Dank seines ungewöhnlich guten Gedächtnisses spukten all die Lieder, die er sich als Hitlerjunge und Soldat einprägen musste, immer noch in seinem Kopf herum. Andere Lieder hatte er nie gelernt. Also sang er das, was er kannte, ganz gleich, wie kontaminiert diese Texte waren, und im Vertrauen darauf, dass seine Frau sie nicht verstehen würde.

Früher hatte sich meine Mutter immer darüber lustig gemacht, dass ihr Mann nicht singen konnte, er traf tatsächlich selten den richtigen Ton, sang aber trotzdem gern. Nun war das alles egal, er sollte nur bei ihr sein. Am Anfang ihrer Demenz hatte sie ihm noch von ihren Albträumen erzählt, in denen es immer wieder um Lillis Schicksal ging. Das Gefühl des Verlassenseins, der Einsamkeit, das sie nach dem Tod ihrer Mutter empfunden hatte, gewann nun, am Ende ihres Lebens, wieder die Oberhand.

Am 90. Geburtstag meines Vaters, am 11. April 2015, setzte man sie in den Rollstuhl und fuhr sie an den Esstisch, wo alte Freunde saßen und mit ihr sprechen wollten. Teilnahmslos nahm sie die freundlichen Worte ihrer Gäste hin, einige meinten, dass sie von ihr erkannt worden seien, die meisten aber verließen irgendwann enttäuscht die Runde.

Am späten Nachmittag des 10. Dezember 2015 fand man sie bewusstlos im Bett, mein Vater alarmierte den Rettungswagen, im Krankenhaus wurde ein schwerer Schlaganfall diagnostiziert. Wenige Minuten nach Mitternacht, am frühen Morgen des 11. Dezember 2015, starb meine Mutter.

Den Text der Todesanzeige hatte mein Vater schon Monate vorher formuliert. »In ihren Träumen«, so stand dort nun, »sah sie die Tränen ihrer in Auschwitz ermordeten Mutter Lilli.«

# Epilog

Am 12. Februar 2016 wurde die Urne mit der Asche meiner Mutter im Familiengrab auf dem Friedhof in Kirchweyhe bei Uelzen beigesetzt, dort, wo schon ihre Schwiegereltern Erna und Albrecht sowie Albrechts zweite Frau Wilma beerdigt worden waren. Die junge Pastorin kannte Lillis Geschichte und fragte mich nach der Zeremonie etwas verwundert, ob meine Mutter wirklich hier bestattet werden wollte. Die Pfarrerin hatte sich die Grabsteine der Eltern meines Vaters zuvor angesehen und mit Entsetzen festgestellt, dass die Inschriften auch völkische Symbole enthielten, die heute verboten sind.

Albrecht hatte 1946 Ernas Geburts- und Todesdatum mit der Lebens- und der Todesrune kennzeichnen lassen, mit Zeichen, die sich an die germanische Mythologie anlehnten und die in der Begräbniskultur der NS-Zeit weit verbreitet waren. In Albrechts Grabstein waren diese Runen 1980 ebenfalls noch eingraviert worden. Meine Mutter nahm das alles in Kauf. Sie wollte dort beerdigt sein, wo auch mein Vater seine letzte Ruhestätte finden würde. Vor allem wollte sie nie wieder ausgegrenzt werden, auch nicht aus dieser Familie.

Mein Vater und seine Geschwister sahen keinen Sinn darin, die Runen entfernen zu lassen. Sie gehörten zur Geschichte ihrer Eltern, nichts wäre dadurch anders oder besser geworden. Aber selbstverständlich ließ mein Vater in den Grabstein seiner Frau – ein kleiner Findling aus einem Feld in der Nähe – nur ihr Geburts- und ihr Todesjahr eingravieren, ohne Runen. Und wie er es mit meiner Mutter verabredet hatte, wurde er nach seinem Tod im August 2022 ebenfalls in Kirchweyhe bestattet.

Ein halbes Jahr später, am 2. Februar 2023, starb auch Eva, in einem Krankenhaus im britischen Hereford. Obwohl sie nie Mitglied einer jüdischen Gemeinde gewesen war, hatte sie sich, anders als ihre Geschwister, am Ende ihres Lebens ausdrücklich zum Judentum bekannt. Beerdigt wurde sie auf dem jüdischen Teil des Friedhofs Brandwood End in Birmingham – dort, wo schon Lillis Schwester Elsa 1949 zur letzten Ruhe gebettet worden war.

# Danksagung

Dieses Buch entstand, als mein Vater starb. Im Februar 2022 musste er sein Haus in Spielberg bei Karlsruhe verlassen, um in meine Nähe in ein Pflegeheim am Rande Hamburgs zu ziehen. Dort verbrachte er das letzte halbe Jahr seines Lebens. Wann immer wir uns sahen, bei ihm im Heim oder bei mir zu Hause, sprachen mein Vater und ich über Ilse, seine Frau, meine Mutter.

Dass ich ein Buch über sie schreiben wollte, wusste und begrüßte mein Vater. Dem 97-Jährigen erschien diese Biografie als späte Wiedergutmachung für das, was seine Frau erlitten hatte, als ein Ausdruck des Respekts für ihre Lebensleistung, als eine Anerkennung, die ihr viel zu lange versagt worden war.

Auch meine Schwestern Simcha Globus und Ursula Doerry sowie die Schwestern meiner Mutter, Eva Jahn und Dorothea Trescher, teilten in langen Gesprächen ihre Erinnerungen mit mir. Besonders hilfreich waren zudem die Freundinnen und Freunde meiner Mutter, die mir ebenfalls Rede und Antwort standen. Zu nennen sind hier vor allem Heinz Doerner, Anita Gabriel, Ina Paulusch, Doris Seitz, Brigitte Stosch und Astrid Doerry. Bei den Recherchen für das verwendete Dokumentationsmaterial haben außerdem Michael Kelbling, Dietfrid Krause-Vilmar, Ortrud Schlichting-Seidel und Karl-Werner Schupmann geholfen.

Ein besonderer Dank gilt Julia Hoffmann von der Verlagsgruppe Random House, die dieses Buchprojekt empathisch und engagiert betreute, sowie meinem Freund Erwin Brunner, der das Manuskript kritisch gelesen und professionell redigiert hat.

Ohne meine Frau Inge schließlich wäre das Buch nicht entstanden. Ihre fortwährende Ermutigung hat es überhaupt erst möglich gemacht, dass ich über meine eigene Mutter schreiben konnte.

# Editorische Notiz

Meine Großeltern Lilli und Ernst schrieben einander Briefe, wenn sie getrennt waren und etwas zur Sprache bringen wollten, das am Telefon nicht genau genug formuliert oder verstanden worden wäre. Auch für ihre Kinder war das Briefeschreiben noch etwas Selbstverständliches. Und als Lilli 1943 in das Arbeitserziehungslager Breitenau bei Kassel gebracht wurde, war dies sogar die einzige Möglichkeit, um mit ihr weiterhin in Verbindung zu bleiben.

Die anrührenden Briefe Lillis und ihrer Kinder standen im Zentrum des Buches *»Mein verwundetes Herz«*. Das vorliegende Buch beruht auf einer Vielzahl weiterer, noch unveröffentlichter Briefe meiner Mutter sowie auf Briefen Lillis, die erst nach dem Erscheinen ihrer Biografie in privaten Archiven entdeckt wurden. Hinzu kommen Briefe von Freunden der Familie, Erinnerungstexte und viele andere, ebenfalls noch nie publizierte Dokumente.

In meiner Familie wurden private Briefe nicht weggeworfen, man legte sie beiseite, um sie vielleicht später noch einmal zu lesen. Das allein erklärt schon die hohe Anzahl überlieferter Dokumente. Dieses Buch beruht auf einem Fundus von mehr als 1000 Briefen. Sie bilden das Rückgrat der biografischen Erzählung, auch wenn nur vergleichsweise wenige wörtlich zitiert werden können.

Viele dieser Texte haben literarische Qualität, schon weil sie mit dem Anspruch verfasst sind, möglichst treffend und schön zu formulieren. Nie schrieb man nur über sich selbst, stets versetzte man sich auch in die Situation des Empfängers. Sicherlich verlor man sich zuweilen in Nebensächlichkeiten, aber die ließen sich im Zuge der Aufarbeitung für dieses Buch durch vorsichtige Streichungen leicht entfernen; nicht selten empfahl sich die wörtliche Übernahme kurzer Auszüge aus den Briefen.

Ich entschied mich, wieder jene Darstellungsform zu wählen, die bereits das Buch *»Mein verwundetes Herz«* kennzeichnet: einen Wechsel zwischen Originaldokumenten und erzählenden Passagen. Die Wahrung der Authentizität war mir dabei besonders wichtig. Auch gelegentlich ungelenke Formulierungen blieben bestehen, nur Grammatik und Rechtschreibung habe ich behutsam korrigiert, nichts wurde erfunden oder ausgeschmückt. Einzig die Namen der zweiten Familie meines Großvaters habe ich anonymisiert, weil deren Geschichte hier nicht behandelt werden soll.

Verändert hat sich freilich die Rolle des Erzählers. In der Einleitung der Biografie meiner Großmutter habe ich mich als »Chronisten« vorgestellt, der hinter die Geschichte zurücktritt und nur Fakten ordnet und erklärt. In der Biografie meiner Mutter trete ich zwangsläufig von Zeit zu Zeit als Person in den Vordergrund: als ein Teil des Lebens meiner Mutter.

Trotz der großen Anzahl schriftlicher Quellen ergab sich eine Reihe offener Fragen im Verlauf der Rekonstruktion des Lebens meiner Mutter. Interviews nicht nur mit meinem Vater, sondern auch mit ihren Weggefährten, mit Schulfreundinnen und Bekannten, mit ihren und meinen Schwestern schlossen diese Lücken weitgehend.

Anders als mein Vater, mein Großvater und viele andere Mitglieder meiner Familie hat meine Mutter keine Lebenserinnerungen geschrieben. In ihrem Nachlass fanden sich aber mehrere großformatige Ahnentafeln, die sie handschriftlich oder mit Schreibmaschine angefertigt hat. Dutzende von Namen sind dort aufgeführt, mit genauen Angaben zu den wichtigsten Lebensstationen. Für die Generationen ihrer Eltern und Großeltern musste sie siebenmal als Sterbeort Theresienstadt oder Auschwitz eintragen.

# Ilses Familie, eine Übersicht

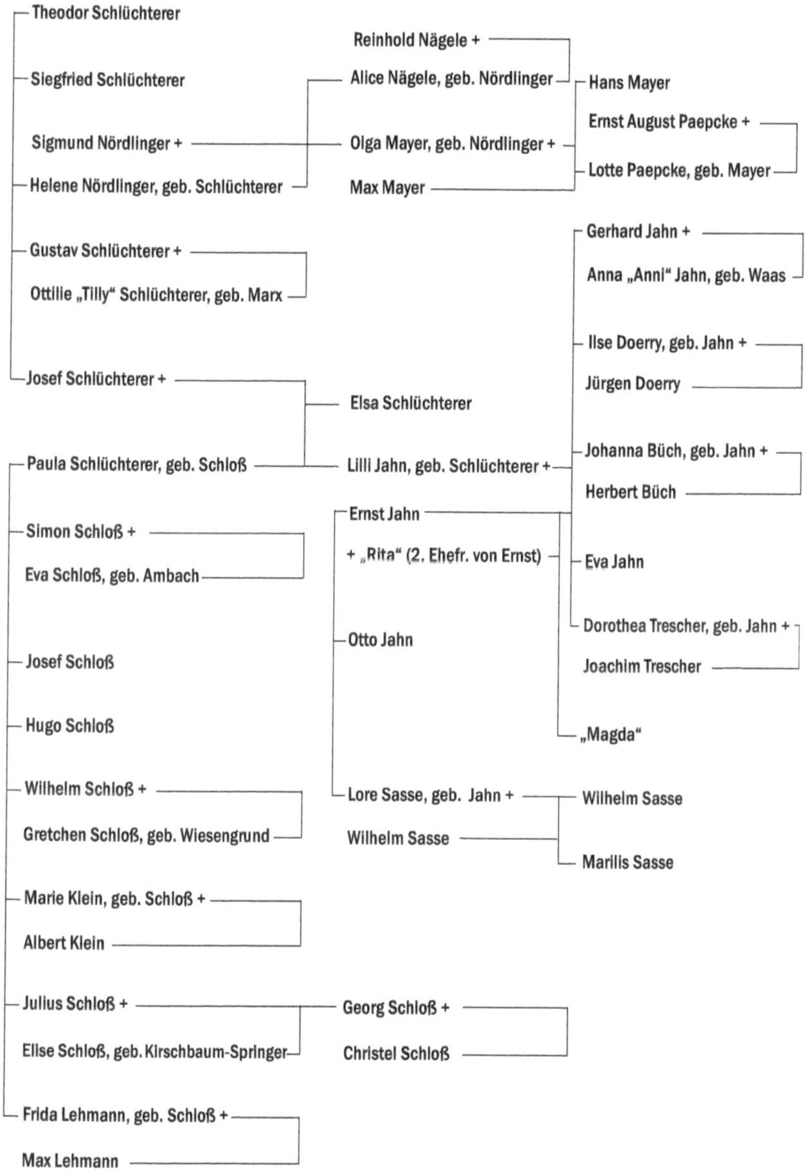

# Quellen- und Literaturverzeichnis

## Briefe, Notizen, Tagebücher

Albrecht Doerry an Jürgen Doerry, 16 Briefe und Karten; 6.10.1952–29.3.1979

... an Martin Doerry, 6 Briefe und Karten; 18.6.1976–20.12.1978

Beate Doerry an Martin Doerry, 24 Briefe; 19.7.1978–2007

Korrespondenz Jürgen und Ilse Doerry mit Georg Schloß zum Nachlassverfahren Josef Schloß, 73 Briefe; 3.8.1956–6.3.1978

Jürgen Doerry, Korrespondenz mit dem Celler OLG-Präsidenten, 2 Dokumente; 17.1./1.2.1972

..., Tagebücher; 12.11.2006–2.9.2012, 8.10.2012–16.10.2012

Bürgermeister Karl Groß an die Kreisleitung der NSDAP in Hofgeismar, 2 Schreiben; 20.1.1942, 22.5.1942

Ernst Jahn an Hanne und Leo Barth, 17 Briefe und Karten; 2.8.1931 bis 21.3.1940

... an Ilse und Jürgen Doerry, 2 Briefe; 21.10.1959, 1.11.1959

... an Lotte Paepcke; 16.7.1952

Eva Jahn an Lilli Jahn, 40 Briefe; September 1943 bis 9.2.1944

Gerhard Jahn an Lilli Jahn, 27 Briefe und Karten; 10.9.1943–20.2.1944

... an Martin Doerry; 20.12.1984

..., Korrespondenz mit hessischen Behörden, 31 Dokumente; 11.9.1945–5.2.1952

Ilse Jahn/Doerry an Eva Jahn, 4 Briefe; 4.6.1976–20.4.1983

... an Grete Doerner, 14 Briefe und Karten; 18.11.1960–18.5.1978

... an Jürgen Doerry, 17 Briefe; 6.2.1979–20.10.1994

... an Martin Doerry, 174 Briefe, Karten, Fax-Briefe und Telegramme; 20.8.1974 – August 2010

... an Cordelia Edvardson; 10.8.2002

... an Lilli Jahn, 89 Briefe; 20.9.1943–20.2.1944

… an Ursel Lazarus; 1.5.2003
… an Lotte Paepcke, 2 Briefe; 28.9.1945, 11.12.1950
… an Ina Paulusch, 19 Briefe und Karten; 2.2.1995–26.1.2005
… an Karl-Werner Schupmann, 2 Briefe; 25.2.1945, 8.2.1946
… an Doris Seitz, 10 Briefe und Karten; 11.1.1999 – Advent 2010
…, Adressbuch; 1984 ff.
…, autobiografische Notizen für die Zeit vom 8. Mai 1945 bis Juli 1953; geschrieben am 21.6.2000
…, 4 Lektüretagebücher, 1988–2012
…, Meldung zur Reifeprüfung; 12.4.1948
…, Oktavheft mit Chronologie der Einladungen in Spielberg; 1999–2011
…, Tagebücher für Martin, Beate und Ursula; 1955 ff., 1960 ff., 1966 ff.
Ilse Doerry, Korrespondenz mit Inge Doerry, 86 E-Mails; 8.8.2004–30.9.2009
…, Korrespondenz mit Dietfrid Krause-Vilmar, 10 Briefe; 25.2.1987–17.4.1995
…, Korrespondenz mit verschiedenen Behörden im Nachlassverfahren Josef Schloß, 19 Dokumente; 2.1.1967–15.2.1978
Johanna Jahn/Büch an Eva Jahn; 7.7.1974
… an Lilli Jahn, 91 Briefe; 11.9.1943–15.2.1944
Paul Lieberknecht an Ernst Jahn; 20.1.1947
Paul und Maria Lieberknecht, Korrespondenz mit Kasseler Behörden, 6 Briefe; 18.5.1946–22.1.1947
Michael Kelbling an Martin Doerry, Mail; 23.8.2021
Lotte Paepcke an Lilli Jahn, 13 Briefe und Karten; 29.8.1943–17.2.1944
… an Elsa Schlüchterer; 26.10.1946
Johannes Rau an Martin Doerry; 27.5.2002
Lore Sasse an Lilli Jahn, zwei Briefe; 18.9.1943, 29.11.1943
Marilis Sasse an Lilli Jahn, 32 Briefe und Karten, 11.9.1943–23.2.1944
Georg Schloß, Korrespondenz mit dem Spezial-Referat für jüdische Angelegenheiten in Kassel, 1 Dokument, 23.11.1945
Josef Schloß an Georg Schloß; 14.10.1940
Marie Schloß an Georg Schloß; 26.11.1940
Josef Schlüchterer an Ernst Jahn, 4 Briefe; 2.1.1926–10.7.1926
Lilli Schlüchterer/Jahn an ihre Kinder, an Ernst Jahn sowie an Lore und Marilis Sasse aus Breitenau, Dresden und Auschwitz, 12 Briefe; 12.9.1943–5.6.1944

… an Hanne und Leo Barth, 39 Briefe; 20.2.1929–12.8.1943
… an Ernst Jahn, 203 Briefe; 3.9.1923–10.6.1930
… an Marilis Sasse, 5 Briefe; 6.5.1943–5.8.1943
… an Wilhelm Sasse, 3 undatierte Karten
Paula Schlüchterer an Ilse und Jürgen Doerry, 3 Briefe; 11.12.1963–7.4.1971
Karl-Werner Schupmann, Tagebücher und Briefe an seine Frau, Auszüge; 1942–1947
Hans-Jochen Vogel an Martin Doerry; 18.5.2002

## Sonstige Quellen

Abgangszeugnis, Ilse Jahn, Reform-Realgymnasium Hofgeismar; 3.7.1944
Zeugnis der Reife, Ilse Jahn; 29.6.1948
Zeugnisse für die »Nurse Ilse Doerry« von Miss Cooper, Miss Moffett und Dr. Malins, Birmingham; Januar 1953
Zeugnis des Landeskrankenhauses Lüneburg für Ilse Doerry; 10.12.1953
Amtsgericht Bonn, Aufgebot für Todeserklärung Marie Klein; 26.4.1977
Amtsgericht Bonn, Todeserklärung Marie Klein; 15.7.1977
Erna Doerry, Ahnenpass, angelegt am 17.4.1939
Ilse Jahn/Doerry, 29 Fotoalben; 1952–2010
Jürgen Doerry, Nachtrag zum Lebensbericht »Im Wechsel der Zeiten« von Albrecht Doerry; 14.10.1997
Anita Gabriel über die Mitschülerin Ilse Jahn; Typoskript 2002
Ernst Jahn, rotes Notizbuch für Ilse mit Kunstpostkarten; 15.1.1950
Gerhard Jahn, Poesiealbum »Meiner lieben Schwester Ilse zu Weihnachten 1944«
…, Wiedergutmachungsantrag beim Hessischen Innenministerium in Wiesbaden für sich und seine Geschwister; 27.3.1950
Kennkarte »Lilli Sara Jahn«, ausgestellt am 31.12.1938
Todesurkunde Lilli Jahn, Auschwitz; 28.9.1944
Einschreiben der Verwaltung des Konzentrationslagers Auschwitz an den Bürgermeister Immenhausen; 16.10.1944
Ina Paulusch, Ansprache zum 15. Januar 2004

Reisepass »Wwe Josef Schlüchterer Paula Sara geb. Schloss«, ausgestellt am 11.3.1939
Josef Schloß, Privatschriftliches Testament, eröffnet am 10.12.1940
Ortrud Schlichting-Seidel, Dokumente Friedensinitiative Karlsbad
Paula Schlüchterer, Gedicht »An meine Lilli!«; 10.4.1956

## Literatur

Götz Aly, Wolf Gruner, Susanne Heim u. a. (Hg.), Die Verfolgung und Ermordung der europäischen Juden durch das nationalsozialistische Deutschland 1933–1945, 16 Bde., München 2008–2021
Friedrich-Karl Baas, Adolf Dick, Immenhäuser Ansichten. Eine Stadtgeschichte in Bildern, hg. von der Ev.-ref. Kirchengemeinde Immenhausen 2014
Johannes Barth, Leo Barth. Mannheimer Journalist zwischen den Weltkriegen, Mannheim 2007
Arthur Bauckner, Einführung in das mittelalterliche Schrifttum, München 1923
Martin S. Bergmann, Milton E. Jucovy, Judith S. Kestenberg, Kinder der Täter. Kinder der Opfer. Psychoanalyse und Holocaust, Gießen 2016
Susanne Beyer, Martin Doerry (Hg.), »Mich hat Auschwitz nie verlassen«. Überlebende des Konzentrationslagers berichten, München 2015
Frank Bösch, Das konservative Milieu. Vereinskultur und lokale Sammlungspolitik in ost- und westdeutschen Regionen (1900–1960), Göttingen 2002
Johanna Büch, Ilse Doerry, Selektive Wahrnehmung, Leserbrief in der Frankfurter Allgemeinen Zeitung, 17.3.2007
Mechthild-Veronika Burckhardt, Pfarrer lic. Paul Lieberknecht – Stimmen, die nie gehört wurden und verstummten …, Typoskript 8.1.2011
Erhart Dettmering (Hg.), Gerhard Jahn 1927–1998. Ehrenbürger der Stadt Marburg (Marburger Stadtschriften zur Geschichte und Kultur, Bd. 69), Marburg 2000
Albrecht Doerry, Im Wechsel der Zeiten, Typoskript, ca.1965
Jürgen Doerry, Mein Leben, Selbstverlag 2014

Martin Doerry, Judentum zwischen Anpassung und Selbstpreisgabe. 143 Briefe Moritz Ellstätters, in: Zeitschrift für die Geschichte des Oberrheins, 132 (1984), S. 271–304
Ders., Übergangsmenschen. Die Mentalität der Wilhelminer und die Krise des Kaiserreichs. 2 Bde., Weinheim/München 1986
Ders., »Mein verwundetes Herz«. Das Leben der Lilli Jahn 1900–1944, Stuttgart/München 2002
Ders., Gelebte Erinnerung. Zum 65. Jahrestag der Pogromnacht vom 9. November 1938. Vortrag für die Gedenkstunde in der Frankfurter Paulskirche am 9. November 2003, in: Stefan Aust, Gerhard Spörl (Hg.), Die Gegenwart der Vergangenheit. Der lange Schatten des Dritten Reichs, München 2004, S. 104–119
Ders. »Nirgendwo und überall zu Haus«. Gespräche mit Überlebenden des Holocaust. Fotografien von Monika Zucht, München 2006
Ders., Lilli Jahn und ihre Kinder, in: Getauft, ausgestoßen – und vergessen? Zum Umgang der evangelischen Kirchen in Hessen mit den Christen jüdischer Herkunft im Nationalsozialismus, hg. von Heinz Daume u. a., Hanau 2013, S. 188–192
Helen Epstein, Die Kinder des Holocaust. Gespräche mit Söhnen und Töchtern von Überlebenden, München 1987
Uta Franke, Heidi Bohley, Falco Werkentin, Verhängnisvoll verstrickt. Richard Hesse und Leo Hirsch – zwei jüdische Funktionäre und ihre Lebenswege in zwei Diktaturen, Halle 2014
Saul Friedländer, Das Dritte Reich und die Juden. Die Jahre der Verfolgung 1933–1939, München 1998
Ders., Das Dritte Reich und die Juden. Die Jahre der Vernichtung 1939–1945, München 2006
Robert Gellately, Hingeschaut und Weggesehen. Hitler und sein Volk, Stuttgart/München 2002
Michael Gosmann (Hg.), Vom Vorzug der Unberühmtheit: Alice Steinmann – ein jüdisches Frauenleben 1908–2008, Arnsberg 2009. Mit Vorworten von Johanna Büch und Hans J. Vogel
Werner Holtfort, Norbert Kandel, Wilfried Köppen, Ulrich Vultejus, Hinter den Fassaden. Geschichten aus einer deutschen Stadt, Göttingen 1982
Gerhard Jahn, Widerstand gegen verfassungswidrig ausgeübte Gewalt ist jedermanns Recht und Pflicht. Gedenkrede am 20. Juli 1967 in der

Bonner Beethovenhalle, Gedenkstätte Deutscher Widerstand 2006
Ders., Verständigung und Frieden, Ansprache am 20. Juli 1970 in der Bonner Beethovenhalle, Gedenkstätte Deutscher Widerstand 2006
Ders., Rechtspolitik mit Augenmaß. Reden und Aufsätze zur Rechtspolitik, Karlsruhe 1972
Lilli Jahn, Briefe aus Breitenau 1943–44, hg. von Dietfrid Krause-Vilmar, Kassel 1988
Jörg Kammler, Dietfrid Krause-Vilmar (Hg.), Volksgemeinschaft und Volksfeinde. Kassel 1933–1945. Eine Dokumentation, Kassel 1984
Victor Klemperer, Ich will Zeugnis ablegen bis zum letzten. Tagebücher 1933–1945. Eine Auswahl. Mit einem Nachwort von Martin Doerry, Hamburg 2006/2007
Dietfrid Krause-Vilmar, Paul Lieberknecht – Der schwierige Weg eines Unabhängigen, in: Getauft, ausgestoßen – und vergessen? Zum Umgang der evangelischen Kirchen in Hessen mit den Christen jüdischer Herkunft im Nationalsozialismus, hg. von Heinz Daume u. a., Hanau 2013, S. 152–157
Paul Lieberknecht (1886–1947) zum Gedenken, hg. von der Evangelischen Kreuzkirchengemeinde, Kassel 2019
Lisa Loer, Der Konflikt Paul Lieberknechts mit seiner Kirche (1941–1947). Eine Dokumentation der Geschichte eines widerständigen und engagierten Pfarrers in Kassel. Wissenschaftliche Hausarbeit zur Ersten Staatsprüfung für das Lehramt an Gymnasien im Erziehungswissenschaftlichen Kernstudium, Universität Kassel, 2011
Konrad Löw, Juden unerwünscht, in: Frankfurter Allgemeine Zeitung, 1.3.2007
Gabriele Lotfi, KZ der Gestapo. Arbeitserziehungslager im Dritten Reich, Stuttgart/München 2000
Felicitas von Lovenberg, Eva Menasse, Frank Schirrmacher, Unser verwundetes Herz. Die Zeit des deutschen Schweigens ist vorüber: Ein Gespräch mit Ilse Doerry, Cordelia Edvardson und Martin Doerry über Opfer und Täter des Nationalsozialismus, Barmherzigkeit und Identität, Frankfurter Allgemeine Zeitung, 12.10.2002
Beate Meyer, »Jüdische Mischlinge«. Rassenpolitik und Verfolgungserfahrung 1933–1945, Hamburg 1999
Dies., Notgemeinschaft der durch die Nürnberger Gesetze Betroffenen,

in: Das jüdische Hamburg. Ein historisches Nachschlagewerk. Herausgegeben vom Institut für die Geschichte der deutschen Juden (www.dasjuedischehamburg.de)
Horst Müller, Der Krieg, er zieht sich etwas hin, Norderstedt 2016
William G. Niederland, Folgen der Verfolgung: Das Überlebenden-Syndrom Seelenmord, Frankfurt a. M. 1980
Lotte Paepcke, Ein kleiner Händler, der mein Vater war, Heilbronn 1972
Dies., Gedichte. Typoskript, 1979
Dies., Gesammelte Gedichte. Mit Holzschnitten von Erich Heckel, Baden-Baden 1989
Dies., Unter einem fremden Stern. Geschichte einer deutschen Jüdin. Vorwort von Martin Doerry, Freiburg i. B. 2004 (Erstveröffentlichung 1952)
Plenarprotokolle des Deutschen Bundestages, 3. Wahlperiode, 56. Sitzung vom 22. Januar 1959; 4. Wahlperiode, 170. Sitzung, vom 10. März 1965
Gunnar Richter (Hg.), Breitenau. Zur Geschichte eines nationalsozialistischen Konzentrations- und Arbeitserziehungslagers, Kassel 1993
Ders., Das Arbeitserziehungslager Breitenau (1940–1945). Ein Beitrag zum nationalsozialistischen Lagersystem, Kassel 2009
David Schoenbaum, Ein Wahlkreis wählt »verkehrt«, in: Zur Soziologie der Wahl, Sonderheft 9/1965 der Kölner Zeitschrift für Soziologie und Sozialpsychologie, S. 320–347
Stadt Immenhausen 1998. Festschrift für das Jubiläumsjahr, hg. vom Magistrat der Stadt, Immenhausen 1998
Dirk Stegmann, Lüneburg 1918–1945. Stadtgesellschaft zwischen Kaiserreich, Republik und Diktatur, Lüneburg 2020
Fritz Stern, Das feine Schweigen. Historische Essays, München 1999
Maximilian Strnad, Privileg Mischehe? Handlungsräume »jüdisch versippter« Familien 1933–1949, Göttingen 2021
L. N. Tolstoi, Der Tod des Iwan Iljitsch, aus dem Russischen übertragen von Rudolf Kassner, Insel-Verlag, Leipzig, Insel-Bücherei Nr. 52
Andrea von Treuenfels, Erben des Holocaust: Leben zwischen Schweigen und Erinnerung, Gütersloh 2017
Tilman Venzl, Lotte Paepcke in Freiburg und Stegen, Spuren 99, Deutsche Schillergesellschaft, Marbach am Neckar 2013
Vereinigung der Verfolgten des Nazi-Regimes – Bund der Antifaschistin-

nen und Antifaschisten, Kreisvereinigung Lüneburg (Hg.), Vom KZ-Friedhof zum Rhododendron-Park. Wie Lüneburg über seine Nazi-Verbrechen Gras wachsen ließ. Ein Beitrag zur Neugestaltung des KZ-Friedhofs, Lüneburg 2016

Dies., Das Landgericht Lüneburg als »Spitze der justizförmigen Kommunistenverfolgung« der 1950er/60er Jahre, Teil I und Teil III, Lüneburg 2015 und 2020

Joseph Walk (Hg.), Das Sonderrecht für die Juden im NS-Staat. Eine Sammlung der gesetzlichen Maßnahmen und Richtlinien – Inhalt und Bedeutung, Heidelberg 1996

Hartmut Wick, Die Entwicklung des Oberlandesgerichts Celle nach dem Zweiten Weltkrieg, in: Festschrift zum 275-jährigen Bestehen des Oberlandesgerichts Celle, Celle 1986, S. 233–295

Thorsten Wiederhold, Auf Spurensuche – Zur Geschichte der Juden in Immenhausen, Hausarbeit im Seminar »Probleme der Geschichtsdarstellung«, Universität Kassel 1998

Werner Wiegand, Sozialdemokraten in Immenhausen. Ein Beitrag zur Geschichte der Arbeiterbewegung. 2 Bde. (Arbeitskreis für Heimatgeschichte der Stadt Immenhausen, Heft 6 und 7), Immenhausen 1990

## TV-Dokumentationen, die Interviews mit Ilse Doerry enthalten

»Die Zeit des Schweigens ist vorbei. Lilli Jahn – das Leben einer deutschen Jüdin«, Hessischer Rundfunk 2002

»A Letter to Lilli«, BBC 2004

»Mein verwundetes Herz. Das Leben der Lilli Jahn«, XXP Vergangenheit 2005

»Lilli Jahn«, ZDF History, 2017

Martin Doerry
»Mein verwundetes Herz«
Das Leben der Lilli Jahn
1900–1944
SPIEGEL
Bestseller